Alain Mabanckou
Abdourahman Waberi

Der Puls Afrikas

Alain Mabanckou
Abdourahman Waberi

Der Puls Afrikas

Eine Liebeserklärung von A bis Z

Aus dem Französischen übersetzt
von Andreas G. Förster und Elsbeth Ranke

RECLAM

Titel der französischen Originalausgabe:
Alain Mabanckou, Abdourahman Waberi: Dictionnaire enjoué
des cultures africaines, Paris: Librairie Arthème Fayard, 2019.

2022 Philipp Reclam jun. Verlag GmbH,
Siemensstraße 32, 71254 Ditzingen

© Librairie Arthème Fayard, 2019

Druck und buchbinderische Verarbeitung: GGP Media GmbH,
Karl-Marx-Straße 24, 07381 Pößneck
Printed in Germany 2022
RECLAM ist eine eingetragene Marke
der Philipp Reclam jun. GmbH & Co. KG, Stuttgart
ISBN 978-3-15-011384-4

Auch als E-Book erhältlich

www.reclam.de

Als die Weißen nach Afrika kamen, hatten wir das Land und sie die Bibel. Dann lehrten sie uns, mit geschlossenen Augen zu beten – und als wir sie wieder öffneten, hatten die Weißen das Land und wir die Bibel.

Jomo Kenyatta

Denkst du so wie ich, bist du wie ein Bruder. Denkst du nicht so wie ich, bist du erst recht mein Bruder, denn du öffnest mir eine neue Welt.

Amadou Hampâté Bâ

Inhalt

Auf der Suche
nach der Anziehungskraft Afrikas

Die Idee, gemeinsam ein Buch zu schreiben, ist nicht gerade neu. Wir kennen uns schon seit Anfang der 1990er: Zwei Studenten in Frankreich waren wir damals, der eine aus Kongo-Brazzaville, der andere aus Dschibuti. Es war eine gute Zeit damals, mit der Freilassung von Nelson Mandela und dem Ende der Apartheid einerseits. Andererseits wandten sich – nachdem Präsident Mitterrand beim französisch-afrikanischen Gipfel in La Baule den Beistand Frankreichs an demokratische Reformen geknüpft hatte – viele afrikanische Länder vom Marxismus-Leninismus ab oder entschieden sich, zumindest auf dem Papier, für ein Mehrparteiensystem (Benin, Cabo Verde, Côte d'Ivoire, Kongo-Brazzaville, Gabun, Niger, Ex-Zaire ...). Doch trotz aller Zuversicht der afrikanischen Völker sollte sich die Begeisterung bald deutlich eintrüben durch den Völkermord an den Tutsi in Ruanda, die Bürgerkriege in Sierra Leone und in Liberia, den Konflikt zwischen Äthiopien und Eritrea sowie durch den Sturz des Regimes von Hissène Habré im Tschad, bei dem dessen Militärberater Idriss Déby auf die Unterstützung von Muammar Gaddafi aus Libyen zählen konnte ...

Trotz dieser düsteren Entwicklungen blickten wir damals optimistisch in die Zukunft unseres Kontinents und waren überzeugt, die Kenntnis Afrikas werde immer unverzichtbarer.

Unsere Unterhaltungen drehten sich um unsere jeweilige Kultur und Prägung: Abdourahman Waberi stammt vom Horn von Afrika, einem Raum unterschiedlichster geopolitischer Ansprüche, und Alain Mabanckou aus Zentralafrika, einem Teil des Freien Frankreich während der NS-Besatzung. In unseren Gesprächen deckten sich einige Realitäten, andere wiederum waren einander diametral entgegengesetzt. Wir sahen darin ein anschauliches Beispiel für die Vielfalt unserer Gewohnheiten, unserer Sitten und Gebräuche. Jedes Mal, wenn wir nach Afrika kamen, lauschten wir gern dem urbanen Wortschatz, in dem das Französische mit den lokalen Sprachen verschmilzt und in dem sich ganz beispiellos erweist: Unsere Epoche ist eine Ära der Mischung, der Vermengung – eine »Bronzezeit« im Sinne der Legierung, um ein Wort des kongolesischen Dichters Tchicaya U Tam'si aufzugreifen.

Für uns ist klar: Afrika ist Teil der Welt und die Welt ist Teil Afrikas. Gleiches gilt für die übrigen Kontinente, denn unser aller Schicksal ist im Guten wie im Schlechten unweigerlich miteinander verbunden. Wir weigern uns, Afrika als einen Hort des Unglücks und als einen Kontinent anzusehen, der seit Urzeiten verflucht und ethnischen Konflikten ausgeliefert sein soll. Uns begeistert der Enthusiasmus der »afrikanischen Diaspora« in allen seinen Formen. Eben dieses Feuer der Leidenschaft wollten wir zwischen zwei Buchdeckel pressen, hatten aber keine genaue Vorstellung, in welcher Form – bis wir eines Tages wieder einmal im 18. Pariser Arrondissement unterwegs waren und auf die Idee verfielen, einen kleinen Spaziergang durch die afrikanischen Kulturen zu unternehmen: Ganz zwanglos sollte uns jeder Buchstabe des Alphabets weiterführen, zu einem Begriff, einer Gepflogenheit, einem Konzept, einem Momentum in der Geschichte, der Literatur, der Malerei, der Politik, der Wirtschaft, der Esskultur etc.

Es versteht sich von selbst: Das Afrika unserer Herzen und unserer Träume ist größer als der Kontinent, und seine Geschichte reicht weiter zurück als die von tausend Wakanda. Kein Wunder, dass alle Communities in der Diaspora (von Kanada über Haiti bis nach Argentinien, von den Inseln und Küsten Ostafrikas über Madagaskar bis nach Mauritius) und die schwarzen Einwohner der großen Metropolen dieser Welt (von Paris bis nach Singapur und Melbourne) ihm liebevoll verbunden sind.

Das vorliegende Buch ist ein wildes Lesebuch, eine Art Porträt oder genauer: eine Mythographie, die den Puls eines überaus großen Kontinents – dessen kulturelle Kraft sich aktuell vor unseren Augen entfaltet – sichtbar und spürbar werden lässt. Gestern noch unterschätzt, ja verlacht, lassen sich heute Stimme und Gewicht des afrikanischen Kontinents in globalen Fragen nicht mehr bestreiten. Sprich: Afrika ist auf bestem Wege, der Welt seine Handschrift, seinen Stil, seine Daseinsweise einzuschreiben, und zwar in Beziehung zum Rest der Welt.

Natürlich ist unser Projekt ganz klar ein Stück weit eine Initiation, und wir haben lange über seine unverwechselbare Identität gesprochen – als wäre es ein Film voller Farben und Gefühle, erzählt von einem eingeschworenen Schauspielerduo, das natürlich immer wieder in Gelächter ausbricht, denn keinesfalls wollten wir für das Unterfangen einen Anzug anlegen. Wir sahen uns dabei eher lässig in Jeans und Sneakers, ohne Schlips, damit wir den Kapriolen unseres Geistes folgen und (wo immer nötig) die Erfahrung unserer unterschiedlichen Erkundungen heranziehen könnten. Vollständigkeit hatten wir nicht im Sinn; vielmehr wollen wir ein Liebeslied auf die Kulturen unseres Kontinents anstimmen, auf seine einstigen wie heutigen Einwohner, auf seine außergewöhnlichen Ressourcen und auf seine spektakuläre Planetarisierung – und das, obwohl noch einige Schmutzwolken unseren Himmel verdunkeln, man denke nur daran, wie beispiellos langlebig in einigen unserer Regionen die Diktaturen sind.

Wir haben unserem Vorhaben eine visuelle Prägung gegeben und zugleich versucht, uns fernzuhalten von Landschaftsbildern und anderen Klischees vom unterentwickelten Afrika auf der Suche nach Brot oder vom Erlöser mit weißer Haut, den man an seinem Heiligenschein aus Hollywood erkennt. Die Bezüge zu Fragen unserer Zeit sind vielfältig, was die Auswahl nicht gerade einfacher machte. Doch die lose Form des Wörterbuchs und seine konzeptionelle Offenheit sind wahrlich kein Makel, sondern bieten dem Leser die Freiheit, auch dort genauer hinzusehen, wo wir uns nicht aufhalten konnten oder wollten. Wir selbst werden weiter zusammenarbeiten, und dies ist natürlich eine Anregung, andere Wörterbücher aufzuschlagen und in anderen Werken der schönen Literatur, der Theorie und der Geschichte, der Bilder und Fotos zu blättern. Das vorliegende Buch ist auch, das wird wohl rasch deutlich, die reife Frucht unseres langjährigen Einvernehmens, seit wir als Studenten den Verlegern die ersten Manuskripte antrugen.

Schlussendlich wollen wir hoffen, dass der heitere Stil des Wörterbuchs in etwa so funktioniert wie eine klassische Kamera, 25 Bilder pro Sekunde, elektrisiert von der magnetischen Anziehungskraft unseres ganzen Kontinents.

Alain Mabanckou, Abdourahman Waberi

PS: Die Begriffe, auf die im Text ein Sternchen folgt, sind mit einem eigenen Eintrag in unserem Wörterbuch verzeichnet.

A

Abacost – Abenteuer Stadt – Addis Abeba – Adwa
(Schlacht von) – Afro – Afrofuturismus – Ali,
Muhammad – Amin, Samir – Annan, Kofi – Arlit

Abacost

In Zentralafrika, insbesondere im ehemaligen Zaire, das sich heute Demokratische Republik Kongo nennt, bezeichnet *Abacost* ein Herrenjackett ohne Revers. Als es 1972 erstmals zu sehen war, kleideten sich die Zairer eher nach westlicher Mode: Die Krawatte war ein Muss, dazu ein Dreiteiler und, nicht zu vergessen, der Mittelscheitel! Präsidialdiktator Mobutu Sese Seko, der das Abacost verordnet hatte, war der Meinung, die Faszination für europäische Mode verschärfe die kulturelle Entfremdung der Afrikaner und bringe sie dazu, die Fülle ihrer eigenen Kultur zu unterschätzen oder sich gar von ihr abzuwenden. Die Afrikaner sollten daher so rasch wie möglich mit den äußerlichen Zeichen der Kolonialvergangenheit brechen und die ›afrikanische Authentizität‹ aufleben lassen. Der Monarch startete in seinem Land also eine Politik der sogenannten ›Zairisierung‹: Die Krawatte wurde verboten und das Tragen des Abacost vorgeschrieben.

Abacost bedeutet *À bas le costume!*, sprich: ›Runter mit dem europäischen Anzug!‹ Es wird noch heute getragen, ohne Hemd, ohne Krawatte, manchmal mit Halstuch, Sonnenbrille und traditioneller Kopfbedeckung. Doch glauben und sagen Sie ja nicht, wer das Abacost zur Schau trägt, trauere der Mobutu-Zeit nach! Man würde Ihnen nur erwidern: ›Das ist Sape* in authentischer Fasson‹!

Abenteuer Stadt

Der afrikanische Kontinent zählt wohl zu jenen Freiluftlaboratorien, in denen sich die aktuelle Entwicklung der Globalisierung beobachten lässt. Diese ›Globalisierung‹ legt sich dabei über die Traditionen, der Afrikaner muss also mit einer ›dreiköpfigen‹ Kultur zurande kommen: der von den Ahnen geerbten, der vom Kolonialismus oktroyierten und schließlich der von seinem Migrantenleben (als Migrant im eigenen Land oder in den Weiten des Kontinents) erzeugte. Diese Koexistenz blieb nicht immer ohne Folgen: Gewinnt einer der drei Köpfe die Oberhand – für gewöhnlich siegt die Globalisierung –, dann lesen wir mitunter in den Zeitungen von Tragödien, die sich auf offener See oder an den Grenzen Europas abspielen, wenn Afrikaner in den Norden gelangen wollen, um der wirtschaftlichen Not oder dem (meist schon jahrzehntelang) herrschenden Regime ihres Landes zu entkommen.

Doch die Migration ist nicht neu. Und man muss auch gar nicht in vorsintflutliche Zeiten zurückgehen, man denke nur an die Kolonialzeit mit ihren Wanderungsbewegungen, seinerzeit meist vom Dorf in die Stadt; dabei war der Ortswechsel für den ›Abenteurer‹ nicht ungefährlich, tauschte er doch sein friedliches Landleben für urbane Illusionen nach europäischem Bilde ein. Der Exodus nahm gar beunruhigende Ausmaße an und bildete eine Gefahr für die ausgebluteten Regionen, deren Landwirtschaft doch für einen Gutteil der afrikanischen Länder den zentralen Wirtschaftssektor darstellte. Die Stadt zog die Dorfbewohner damals magisch an – so wie Europa heute die afrikanischen Städter anzieht –, weil sie wahrgenommen wurde als Ort der ›Zivilisation‹, gar der ›Evolution‹, wie man in Kongo-Brazzaville gern sagt. Viele afrikanische Romane verhandeln diese Spaltung, beispielsweise *Die grausame Stadt* von Eza Boto (Pseudonym von Mongo Beti*) aus dem Jahr 1954. Die Stadt in diesem Klassiker der afrikanischen Literatur trägt den Namen Tanga, sie besteht aus einem europäischen Verwaltungs- und

Geschäftsviertel im Süden und einem »Eingeborenenviertel« im Norden. Der Raum, in dem die Einheimischen leben, hat alles, was wir der ›weißen Zivilisation‹ zu verdanken haben, wie der allwissende Erzähler zu berichten weiß: einen »Hang zu kleinlicher Berechnung, zur Nervosität, zur Trunksucht« und vor allem »zur Verachtung des menschlichen Lebens – wie in allen Ländern, in denen starke materielle Interessen aufeinanderprallen«. Ebendieser Erzähler betont mit Blick auf den verwestlichten Teil: »Es war unsere Stadt, die den Rekord in Morden hielt und … in Selbstmorden! Man tötete, man tötete sich um alles, um ein Nichts, sogar um eine Frau.« Die Südstadt war gewissermaßen das Abbild des Verfalls afrikanischer Werte, ein Spiegel des Westens in all seinen negativen und widerwärtigen Aspekten. Unser Erzähler schildert die Eindrücke seines Helden Banda: »Hatte er nicht schon manches Mal gespürt, wie grausam und hart die Stadt war, die Stadt mit ihren weißen Unteroffizieren, ihren Bezirkspolizisten, ihren bajonettbewaffneten Gebietspolizisten, ihren Verlockungen und ihren Schildern ›Eintritt für Eingeborene verboten‹? Diesmal war er selbst das Opfer der Stadt geworden. Jetzt glaubte er, ihre ganze Unmenschlichkeit zu kennen.« Die Nordstadt, der Ort der Einheimischen, war »ein echtes Kind Afrikas. Kaum geboren, fand es sich ganz allein in der Natur«, so »wie alle Kinder, die sich selbst überlassen sind«.

Von diesem Ort der Stadt vermochte niemand »mit Gewissheit zu sagen, was aus ihm werden würde, nicht einmal die Geographen oder die Journalisten, schon gar nicht die Forschungsreisenden«.

Die ›Physiognomie‹ kolonialisierter afrikanischer Städte hatte dieselben Merkmale: das Zentrum, bewohnt von Weißen, und die »Eingeborenenviertel«, ohne Strom und fließend Wasser, gezeichnet von Elend und Not, die aus den Poren klebriger Bauten und Gässchen drücken.

Trotz ihrer Grausamkeit repräsentierte und eröffnete die Stadt einen Raum für die Begegnung mit anderen Völkern. Sie war der Ort, an dem viele Afrikaner erstmals in Kontakt mit dem Weißen kamen – abgesehen von dem Priester, der das Land durchstreifte, um (so die ›offizielle‹ Version) das Wort Gottes zu verkünden. Andere Afrikaner – insbesondere aus Westafrika – traf man stets in der Stadt, oft in Gestalt der Lebensmittelhändler in den Wohnvierteln oder als Inhaber der Geschäfte entlang der großen Verkehrsadern, die die Stadt zerteilten. Diese Geschäftsleute waren die ›Treiber‹ einer innerafrikanischen Wirtschaftsmigration. So verzeichnete man in Kongo-Brazzaville Anfang des 20. Jahrhunderts Senegalesen, Beniner – die vor dem Hafen von Pointe-Noire auf Fischfang gingen –, Mauretanier und schließlich, Mitte der 1970er Jahre, auch Libanesen, die die afrikanischen Händler ›plattmachten‹, um nun im 21. Jahrhundert ihrerseits von der asiatischen und insbesondere chinesischen Konkurrenz hart bedrängt zu werden. Man hatte sie wohl überhört, die Warnung des früheren gaullistischen Ministers Alain Peyrefitte: »Wenn sich China erhebt ... erzittert die Welt.«

Merkwürdigerweise können wir heute festhalten, dass sich das Migrationsmuster im Grunde nicht geändert hat: Unsere Nationen sind nun das Dorf und Europa ist die Stadt der Träume.[1]

Addis Abeba

Auf dem gesamten afrikanischen Kontinent bildet Äthiopien einen Sonderfall, eine Ausnahmeerscheinung, die frühere wie heutige Reisende verzaubert, ein lange uneinnehmbares Plateau und eine historische Wundertüte. Es ist das Land mit der zweitgrößten Bevölkerung Afrikas, direkt nach dem nigerianischen Riesen. Addis Abeba (Amharisch für ›neue Blume‹) trägt seit 1994 auch wieder seinen ursprünglichen Namen der Oromo. Die Verfassung der Demokratischen Bundesrepublik Äthiopien gewährt seither den ethnischen Großgruppen politische Autonomie. Auf der neuen Landkarte sind neun Regionalstaaten und zwei Städte mit Sonderstatus verzeichnet – darunter Addis Abeba (oder Finfinne), das wohl bald in die Riege der bedeutenden Metropolen von morgen aufrücken wird.

Als Hauptstadt der Bundesrepublik Äthiopien, Hauptstadt des Regionalstaats Oromia und seit deren Gründung 1963 Sitz der Afrikanischen Union legt Addis Abeba (oder Finfinne) heute eine beispiellose Entwicklung an den Tag und ist der lebende Beweis dafür, dass Äthiopien zu den afrikanischen Ländern gehört, die sowohl die Apostel einer westlichen Entwicklungspolitik* als auch die asiatischen Magnaten zu verführen wissen. Seine Wachstumsraten werden heute ebenso besungen wie einst seine Kaffeebohnen, seine Felsenkirchen und die Quellen des Nil.

Im 16. und 17. Jahrhundert richteten sich die vor Bewunderung leuchtenden Augen der Außenwelt eher auf Abessinien, den Norden des heutigen Äthiopien. Die jahrtausendealte Monarchie war so reich an legendären Mythen und glanzvollen Kaisern wie Menelik I., Sohn von König Salomo und der Königin von Saba, als wäre sie dem fiebrigen Hirn eines Drehbuchautors entsprungen. In der Neuzeit verzeichnete dieses Land bekanntermaßen den einzigen afrikanischen Sieg über einen europäischen Kolonisator, als im März 1896 die italienischen Truppen bei Adwa* von den Kriegern Meneliks II. vernichtet wurden. Daher rührt ein berechtigter Stolz.

Mit System und Opfergeist schuf Äthiopien seine Nationalsprache, das Amharische, das seit dem 13. Jahrhundert eine Schriftsprache ist, sowie eine Nationalliteratur, die – oftmals religiös und historiografisch inspiriert – von jedem Souverän eifersüchtig gehegt wurde. Schließlich legte zu Beginn des 20. Jahrhunderts der Regent Ras Tafari und künftige Kaiser Haile Selassie die Grundlagen für eine gigantische, aber effektive Verwaltung: ein Bildungs-, Kultur- und Verlagswesen in Obhut der Äthiopisch-Orthodoxen Kirche. So kommt es, dass die Äthiopier nicht Schlange stehen, um den anglophonen oder ›europhonen‹ Büchermarkt zu bereichern. Sie schreiben auf Amharisch, Oromo und Tigrinya, ja sogar auf Somali.

Äthiopien ist auch Addis Abeba, die Hauptstadt, die uns noch immer in den zarten Farben unserer allerersten Reise leuchtet: Was hatten wir damals für glänzende Augen, fesche Afros*, hohe Stirnen, fette Brillen auf der Nase, aber keine Akne, Gott sei Dank! Die unvergessliche Sorglosigkeit von 17- oder 18-Jährigen: erste Feten, erste Slowfoxes im *Ras Hôtel*, im *Continental* oder unweit des Flughafens Bole in den angesagten Vierteln. Wir rauchten Nyala und andere kubanische Zigaretten. Wir tranken Bier, so lieblich wie ein Kuss der Mädchen vom französisch-äthiopischen Gymnasium. Michael Jackson verzauberte uns morgens, mittags und abends. Ganz ungeniert sangen wir »The Girl is Mine«. Und »Wanna be Startin' Somethin'« war stets unser Mantra. Die Choreographien von »Billie Jean« und »Thriller« kannten wir in- und auswendig. Kein Wunder also, dass ein solcher Strauß von Erinnerungen auch drei Jahrzehnte später noch das schwere Parfüm der Nostalgie verströmt.

In Addis Abeba wird teils Französisch gesprochen, das hat mit den Beziehungen zwischen Frankreich (das in Dschibuti präsent ist) und den örtlichen Monarchen zu tun, verdankt sich vor allem aber den zahlreichen Funktionären der Afrikanischen Union. Doch in unserem Jugendgedächtnis überragte die Geographie oder Mythologie eines Gymnasiums alles andere: Das Lycée Guébré-Mariam in Addis Abeba hat sich seine Reputation seit der Gründung 1947 hart erarbeitet. Unterstützt von der Französischen Laienmission MLF und der französischen Botschaft nimmt die binationale Einrichtung alljährlich mehr als eintausend äthiopische Schüler (aus den besseren Vierteln) auf – nicht zu vergessen natürlich die Kinder der Auslandsfranzosen und der frankophonen Diplomaten der Afrikanischen Union.

Äthiopien ist, das haben wir natürlich nicht vergessen, auch ein Kind des Islam. Fast die Hälfte der 105 Millionen Einwohner sind Muslime, und der Islam spielt eine herausragende Rolle in einer Gesellschaft, die viel zu komplex ist, als dass sie sich auf einen Lobpreis ihrer drei Reformkaiser Tewodros, Johannes und Menelik reduzieren ließe. Oder auf die jüngere Geschichte des Vierten im Bunde: Haile Selassie, den die Rastafari weltweit in

Ehren halten, galt er doch den Anhängern jener mystischen Gemeinschaft – ob sie nun in Jamaika leben, in Harlem, London oder Shashemene – bereits zu Lebzeiten als Prophet. Shashemene ist der Name einer Ortschaft im Süden der Hauptstadt, die Hunderte jamaikanische Anhänger des Rastafarismus aufgenommen und ihnen die Rückkehr zu ihren Wurzeln, ins Land ihrer Vorfahren ermöglicht hat.

Addis reizt Sie noch, oder? Lust auf die Zügellosigkeit aller Sinne? Nur zu, verlieren Sie sich im Labyrinth des Mercato, des größten Marktes unter freiem Himmel in Afrika. Schlängeln Sie sich durch die Obst- und Gemüsestände, vorbei an Bergen aus Secondhandklamotten, Unmengen von Plastikartikeln, Haushaltswaren, billigen Restaurants, Buchhandlungen zu ebener Erde etc. Lange noch werden Sie sich erinnern an den Duft des Eukalyptus, die Gerüche gekochten Fleisches und die Vielfalt menschlicher Gesichter.

Adwa (Schlacht von)

Alles beginnt mit einer Kränkung, genauer: einer bemerkenswerten Niederlage, die die künftigen Militärchefs der unabhängigen afrikanischen Staaten noch im Detail studieren sollten. Im März 1896 besiegen die Soldaten des äthiopischen Kaisers Menelik II. bei dem Marktflecken Adwa im Norden des heutigen Äthiopien ein italienisches Heer. Dessen Verluste belaufen sich auf 6000 Soldaten, fast 70 Prozent der Truppe finden den Tod. Der Nachhall dieser Schlacht sollte ein schwarzes Loch im Nationalmythos hinterlassen. Das zeigen Fachzeitschriften von damals wie von heute, aber auch volkstümliche Geschichten. Ein halbes Jahrhundert später schickte sich der italienische Staat an, diese historische Kränkung – ein Unikum in der Kolonialgeschichte – mit der Eroberung Abessiniens durch Benito Mussolini zu rächen. Aus Rom strömte man im Furor der Rache ans Horn von Afrika.

Auf abessinischer Seite war der Sieg von Adwa eine Premiere, ja ein Gründungsakt. Er konsolidierte das Kaiserreich und symbolisierte die nationale Einheit. Noch heute wird er jedes Jahr gefeiert, am 2. März, dem Nationalfeiertag.

Zurück zum historischen Schauplatz der Revanche: 271 000 Mann und 12 000 Fahrzeuge setzen sich auf den steilen Serpentinen oberhalb von Massaua am Roten Meer in Bewegung. Anfang der 1940er fehlt es dem italienischen Wahn weder an Kraft noch an, wenn auch faschistisch geprägter, Intelligenz. Die Rückeroberung erfordert den Bau der damals längsten Drahtseilbahn (84 Kilometer), die später von den Engländern demontiert und gestohlen werden wird; das gleiche Schicksal sollte unter britischem Mandat (1941–50) die meisten Fabriken in der Kolonie Eritrea ereilen. Die Italiener bringen jedenfalls die notwendige Energie und Ambition auf. Es werden Straßen angelegt, Tunnel gebohrt, Brücken errichtet, eine Eisenbahnlinie neu aufs Gleis gesetzt. Uns bleiben aus dieser Zeit alte Texte und Schlager – beispielsweise das Lied »Faccetta nera« (›Ich sah die schwarze Frau und meine Füße wurden schwer wie Blei …‹), das die Kolonisten und Plantagenbesitzer, vom Begehren zermürbt, zur Stunde des *aperitivo* unweigerlich anstimmten.

Die italienischen Bauarbeiten in Ostafrika blieben überschaubar. Die Italiener litten aufgrund ihrer noch nicht lange zurückliegenden Einigung als Nation (1861) bekanntermaßen unter einem Minderwertigkeitskomplex. Ihr plötzlicher Heißhunger auf Libyen und Tunesien war ein weiterer Versuch, die verlorene Zeit wettzumachen. Mehrere ostafrikanische Städte gerieten bereits vor 1936 unter ihre Knute, doch erst nach dem Niederringen Äthiopiens hielten es die Italiener für nötig, ihren afrikanischen Besitzungen Prestige zu verleihen und sie in einem *Africa Orientale Italiana* zusammenzuführen. Und schon war Italien Imperium.

Ein kleines Scherflein haben die fünf Jahre italienischer Präsenz zum groß-äthiopischen Straßennetz beigetragen. Nicht ganz zu vernachlässigen sind Bauten wie das Postamt in Gonder, die paar Häuschen im Stadtkern von Harar, der Seehafen von Assab mit seinen Seilereien, seiner Raffinerie, seinen Docks und Hangars, sowie die zwei eritreischen Städte Asmara und Massaua voller römischer Palazzi, mit breiten Boulevards zwischen Baumreihen (Zwergpalmen, Lorbeer, Bougainvillea) und Villen im Toskana- oder Rokoko-Stil samt im Hibiskus verborgenen Lauben und von Arkaden gesäumten Straßen. In den Straßen sowohl von Keren als auch von Mogadischu liegt noch dieses transalpine Etwas in der Luft, das sich nicht auf das Grab des unbekannten Askari oder *ascaro ignoto* (eine der Hilfskräfte in Mussolinis Armee beim Kampf gegen die Briten, insbesondere 1940 und 1941), die Spaghettigerichte, die rot-weiß-grünen Fassaden, die Eiscreme oder auch auf linguistische Perlen beschränkt, die sich in der Alltagssprache finden. Am Horn von Afrika, das heute von asiatischen Mischkonzernen hofiert wird, schlugen auch einige tausend Italiener, so die Familie des Venezianers Hugo Pratt, des Zeichners mit den geflügelten Stiefeln und Autors der berühmten Comic-Alben *Die Äthiopier*, Wurzeln wie unverwüstliche Rebstöcke. Hier sind sie heimisch.

Es ist hier natürlich überhaupt nicht angebracht, die italienische Kolonialisierung mit Pfauenfedern zu schmücken: Sie wandelte, nicht anders als die anderen, in den Niederungen von Raub und Entmenschlichung. Die ersten Spuren afrikanischer Einwanderung auf der italienischen Halbinsel gehen auf die Eroberung und den Fall Karthagos zurück. Seit der Renaissance beherbergen die dortigen Adelshäuser schwarze Sklaven, die berühmten *mori nera*, die man auf den Gemälden eines Paolo Veronese oder eines Giovanni Battista Tiepolo sieht.

Afro

Immer wenn wir einen Afro sehen, auf einem Foto, einem Bildschirm oder auf der Straße, ergreift uns eine Sehnsucht, erfassen uns das Brausen und die Wucht der ›Ghettos‹ in den 1960ern, in den Jahren des Aufruhrs und der schwarzen Gegenkultur. Unter der Schädeldecke läuft ein imaginärer Soundtrack. Konzentrieren Sie sich. Sind Sie bereit? Hören Sie den funky Bass, die fließende Wah-Wah-Gitarre und den Tupfer eines Sax oder einer Flöte? Kein Zweifel, es ist die Filmmusik von *Shaft*, den Gordon Parks 1971 drehte (als Mitglied der Académie française sah Léopold Sédar Senghor* ihn womöglich unter dem Titel *Les nuits rouges de Harlem*, ›Rote Nächte in Harlem‹). Natürlich haben Sie die unnachahmliche Handschrift des glatzköpfigen Komponisten erkannt: Isaac Hayes. Sie haben die Schlägereien vor Augen, die Verfolgungsjagden im Cabriolet, die Drogen und die Zuhälter, die Hinterhalte, den Geruch nach Schweiß und Sex, nicht zu vergessen die Afrofrisuren. Kein Zweifel, das hier ist ein »Blaxploitation«-Film. Doch machen wir es uns nicht allzu leicht, man muss nicht in jede Falle tappen, die Hollywood aufstellt: Mehr noch als die *dashikis*, die schwarzen Baretts und die Lederjacken ist wohl der Afro das kraftvollste Symbol, das die politisch-kulturelle Bewegung der *Black Power* in den Vereinigten Staaten und im Rest der Welt hervorgebracht hat. Natürlich waren die Haare in den schwarzen Communities schon lange vorher Ausdruck politischen und oppositionellen Bewusstseins. Es ist eine radikale Geste, die Sklavenlumpen abzuwerfen; sich nach eigenem Gusto zu kleiden und zu frisieren, ist ein Akt des Widerstands und der Wiedergeburt. Man denke nur an die Dreadlocks der Maroons, der flüchtigen, wehrhaften Sklaven, die sich mit dieser Frisur der Glättung ihrer Haare – gleichbedeutend mit Kapitulation und Verlust der Afrikanität – widersetzten ...

Die symbolische Kraft des Afro zieht noch viel breitere Kreise und vereint eine ganze Reihe schwarzer Künstler, Aktivisten und Intellektueller, angefangen mit der Ikone der afrikanisch-amerikanischen Revolution, Angela Davis, bis hin zu Wole Soyinka, dem nigerianischen Schriftsteller und Literaturnobelpreisträger von 1986, nicht zu vergessen natürlich die Jackson Five.

Ende der Fünfzigerjahre war die Afro-Mode bei den Eliten der nun unabhängigen afrikanischen Nationen schwer angesagt, in Accra ebenso wie in Conakry. Von Miriam Makeba bis Nina Simone leistete das schöne Geschlecht beim Lobgesang aufs Kraushaar den Löwenanteil. Die Rückkehr zur Natürlichkeit war inspiriert von einer vielfältigen Ikonographie der 1920er Jahre und huldigte den großartigen Frisierkünsten, wie sie an den afrikanischen Königshöfen vom antiken Ägypten bis zum tausendjährigen Äthiopien, von Ruanda-Urundi bis zum Aschantireich in Mode gewesen waren.

Infolge seiner Vereinnahmung durch Mode und Werbung hat der Afro inzwischen einen Großteil seines politischen Gehalts verloren. Zum Accessoire degradiert, wird er zu allen möglichen Anlässen getragen und verträgt sich mit allen möglichen Kleidungsstilen. Man kann ihm gar eine gewisse Romantik nachsagen, solange nicht eine neue politische Lage den Afro wachküsst, der in jedem von uns schlummert.

Mit ihren vielfältigen Flechten, Zöpfen und komplexen Strukturen erfreuten sich die Frisierkünste, das ist anthropologisch erwiesen, bei den afrikanischen Völkern immer großer Beliebtheit, und so wollen auch die afroeuropäischen Gemeinschaften auf ihre Raffinesse nicht verzichten. Deren Friseursalons sind Orte des Gesprächs (*parlor*), der Körperpflege, der Geselligkeit und des Lebens. Dort entfaltet sich eine Ökonomie ersten Ranges, und die Frauen, die sie führen, sind nicht nur Familienoberhäupter, sondern auch kosmopolitische Firmenvorstände. In Frankreich etwa ließ die Journalistin und Autorin Rokhaya Diallo* zahlreiche Afropäerinnen zu Wort kommen, die zu ihrem natürlichen Haar stehen, ob sie es nun kraus, lockig oder geflochten tragen. Nach einem Besuch bei der US-amerikanischen *Nappy*-Bewegung (*natural and happy*) wandte sich Rokhaya Diallo in ihrem Buch *Afro!* (2015) den politischen Aspekten der Frisur zu: »Schwarze Frauen gehören zu den wenigen Gruppen, die in der übergroßen Mehrheit ihre Haare verbergen oder verändern, und ich will wissen, warum.« Das heißt wohl, dass wir vom famosen Afro noch einige Überraschungen zu erwarten haben. Unabhängig von der persönlichen und politischen Bedeutung, die sich mit der Zeit ändert, ist der Stand der Frisierkünste (insbesondere in schwarzen Communities) stets vielsagender Ausdruck der Machtausübung: der Macht des Weißen über den Schwarzen, des Mannes über die Frau, der Mehrheit über die Minderheiten.

Afrofuturismus

Der als Kunst-, Literatur- und Musikrichtung Anfang der 1990er auf dem Kontinent und in der Diaspora entstandene Afrofuturismus ist ein kraftvolles, vielfältiges und produktives Phänomen. Es ist gar nicht so einfach, ihn auf ein Gebiet, eine Disziplin oder Ästhetik festzulegen. Daher wollen wir mit dem Begriff ›Afrofuturismus‹ alle Energien bezeichnen, die von einer ungestümen, kritischen und künstlerischen Bewegung ausgehen, in der sich verschiedene Ansätze und Stoßrichtungen mischen, in der sich Kultur, Zugehörigkeit, Wissenschaften, Technologien und emanzipatorische Diskurse überschneiden. Natürlich unterhält der afrikanische Afrofuturismus auch enge Beziehungen zu seinem afrikanisch-amerikanischen Alter Ego, das älter und populärer ist, wie der weltweite Erfolg des Blockbusters *Black Panther* beweist, der 2018 unter der Regie von Ryan Coogler zahlreiche afrofuturistische Themen und Motive in Szene gesetzt und verhandelt hat. Einige Beispiele sagen mehr als viele Worte, sie veranschaulichen den magischen und technologischen Realismus, durch den sich der Afrofuturismus ebenfalls auszeichnet: *Pumzi*, der erste Kurzfilm der jungen kenianischen Filmemacherin Wanuri Kahiu, war eine Sensation. Im Vorjahr realisiert und 2009 in Cannes prämiert, verkörpert *Pumzi* ein neues Genre: das subsaharische Science-Fiction-Kino, oder genauer: den subsaharischen Afrofuturismus. Acht Jahre später kehrte Wanuri Kahiu mit ihrem zweiten Spielfilm – mit *Rafiki* (›Freund‹ auf Swahili) – nach Cannes zurück und bekräftigte ihre Absicht, »schöne und positive« afrikanische Geschichten zu erzählen. Ebenfalls 2009 räumte *District 9*, der mit großem Budget ausgestattete Film des südafrikanischen Regisseurs Neill Blomkamp, vier Oscars ab. Und seine Landsmännin Lauren Beukes wurde 2011 für ihren zweiten Roman, *Zoo City*, als erster afrikanischer Autor mit dem begehrten Arthur-C.-Clarke-Preis ausgezeichnet.

Ebenfalls 2011 machte die in Ohio als Kind nigerianischer Eltern geborene Nnedi Okorafor von sich reden: Als erster Autor afrikanischer Herkunft erhält sie den renommierten World Fantasy Award für ihren Debütroman *Wer fürchtet den Tod?*, der 2014 zudem mit dem Prix Imaginales für den besten fremdsprachigen Fantasy-Roman ausgezeichnet wird. Als Leser hängt man am Haken einer klaren und höllisch effizienten Schreibweise: Den Roman legt man nicht mehr so leicht aus der Hand.

»Die Zeremonie wurde am Stadtrand abgehalten, nahe den Sanddünen. Es war mitten am Tag und schrecklich heiß. Seine Leiche lag auf einem festen, weißen Stoff und war von einer Girlande aus geflochtenen Palmwedeln umgeben. Ich kniete im Sand neben seiner Leiche und verabschiedete mich. Ich werde sein Gesicht nie vergessen. Es sah nicht mehr wie Papas Gesicht aus. Papa hatte dunkelbraune Haut und volle Lippen. Dieses Gesicht hatte eingefallene Wangen, schlaffe Lippen und eine Haut, die wie graubraunes Papier aussah. Papas Geist hatte es verlassen.«[2]

Als Novellistin, Romanautorin, Drehbuchautorin und Professorin bespielt Nnedi Okorafor alle Bühnen, die sich ihr bieten. Wenn sie nicht gerade Literarisches Schreiben an der New York State University in Buffalo unterrichtet, komponiert sie ihre Erzählungen. 2017 adaptierte der US-Kabelsender HBO ihr Buch, die neue Serie heißt *Who Fears Death?* Und das Sahnehäubchen: Um die Adaption und Produktion dieses Fantasy-Romans, der uns ein postapokalyptisches Afrika vor Augen führt, kümmert sich George R. R. Martin, der Schöpfer von *Game of Thrones*. Die Erzählerin mit dem vielsagenden Namen Onyesonwu (›Wer fürchtet den Tod‹ auf Igbo) ist eine junge Frau mit magischen

Kräften in einer Welt, die zwischen technologischem Überschwang und spiritueller Sinnsuche hin- und hertaumelt. Vielfältige Intrigen, phantasmagorische Kulissen, schwere Entscheidungen und Dilemmata – all das hat HBO dazu bewegt, sich die Bearbeitungsrechte an diesem vielversprechenden Erstlingsroman zu sichern.

In der Welt der Science-Fiction hatte Afrika stets einen festen Platz, und zwar von Anfang an. Wer die außergewöhnlichen Geschichten von Jules Verne gelesen hat, etwa *Fünf Wochen im Ballon*, *Das Dorf in den Lüften* oder *Das erstaunliche Abenteuer der Expedition Barsac*, der weiß, dass der afrikanische Kontinent Vernes Vorstellungskraft stets beflügelte und dass der Autor von dessen majestätischer Kulisse (die Ufer des Niger, die grenzenlose Sahara) nicht nur träumte, sondern auch dessen Völker, Legenden und Mysterien zu erkunden suchte. Die SF-Autoren afrikanischer Abstammung stellen ihrerseits den Kontinent ins Zentrum ihres Schaffens. Mehr noch, sie verleihen dem Genre eine vollends afrikanische Genealogie, Kosmogonie und Erzählweise.

Der tsunamiartige Siegeszug von *Black Panther* hatte unmittelbar zur Folge, dass der Afrofuturismus – der in der Vergangenheit allein von afrikanisch-amerikanischen Künstlern wie Sun Ra und Octavia Butler über Janelle Monae bis hin zu Jean-Michel Basquiat getragen worden war – unglaublich populär wurde; damit werden nun auch Künstlerinnen und Künstler vom schwarzen Kontinent in den Augen der großen Film- und Kinoproduktionsfirmen sichtbar und attraktiv. Ob in der bildenden Kunst, der Literatur oder im Kino, die Zukunft wird auch an der Tür Afrikas anklopfen, ja sie tut es bereits. Und zweifellos ist Nnedi Okorafor das Gesicht dieser zukunftsorientierten Strömung.[3]

Ali, Muhammad

Die Stadt Louisville im US-Bundesstaat Kentucky ahnte 1942 noch nicht im Entferntesten, dass sie die Geburtsstadt eines der größten Sportler aller Zeiten werden sollte: Cassius Marcellus Clay Jr. Wir kennen ihn eher unter dem Namen, den er als 22-Jähriger annahm: Muhammad Ali. Zuvor hatte er sich der *Nation of Islam* angeschlossen, die als politisch-religiöse Organisation einer Integration der Schwarzen in die US-amerikanische Nation feindlich gegenüberstand (während Martin Luther King diese Integration anstrebte) und stattdessen für die Errichtung einer autonomen schwarzen Nation eintrat.

Zu seinem neuen Namen erklärte Cassius Clay: »Cassius Clay ist ein Sklavenname. Ich habe ihn nicht gewählt und nicht gewollt. Ich heiße Muhammad Ali, das ist ein freier Name, und ich bestehe darauf, dass man keinen anderen gebraucht, wenn man von mir spricht.«

Als er zum Islam konvertierte, hatte er bereits die berühmten Golden Gloves errungen (1960) und im selben Jahr in Rom die olympische Goldmedaille im Halbschwergewicht gewonnen. Ali beschreibt in seiner Autobiographie *Der Größte. Meine Geschichte*, warum er sich von seiner Trophäe trennte:

Es war einer jener Tage, »als ich mit meinem neuen Motorrad zum Bürgermeister fuhr, damit er meine Goldmedaille einigen auswärtigen Würdenträgern zeigen konnte. Damals waren die meisten Restaurants, Hotels und Kinos in Louisville wie überhaupt im ganzen amerikanischen Süden für Schwarze verboten. [Der 21-Jährige war zuversichtlich:] Meine Goldmedaille würde das ganze Problem lösen. [Doch der Restaurantbesitzer dröhnte nur:] ›Ich hab's doch gesagt, wir bedienen keine Nigger!‹ [Alle im Raum verfolgten die Szene.] Anstatt sie zu beschämen, war ich beschämt. Ich schob mich auf die Tür zu, das hier war Kentucky, meine alte Heimat. Sie lachten wie über einen guten Witz. Plötzlich wußte ich, was ich zu tun hatte. Genau in der Mitte ist der Ohio wahrscheinlich am tiefsten. Also ging ich bis in die Mitte der Brücke. Ich hielt die Medaille, dann warf ich sie ins schwarze Wasser des Ohio.«[4] Bis heute gibt es keinerlei Beweis für diese legendäre Aktion im Kampf gegen die Rassensegregation in den Vereinigten Staaten. Mit einem Funken Ironie äußerte der berühmte Box-Journalist und Historiker Jerry Izenberg gar, selbst wenn man den Ohio River von Grund auf durchkämmen, die Fundamente der riesigen Dämme aufwühlen und die Wasser tausend Jahre lang flussaufwärts leiten würde, so wäre es wahrscheinlicher, auf eine leibhaftige Meerjungfrau als auf eine olympische Medaille zu stoßen!

Nichtsdestotrotz griff Muhammad nach dem Weltmeistertitel im Schwergewicht. Seine Erfolgsbilanz schrie geradezu danach: Bevor er Sonny Liston gegenübertrat, damals der Schrecken des Boxrings und bis dato beinahe ungeschlagen, zählte Ali neunzehn Siege, davon fünfzehn durch K. O., und keine einzige Niederlage. Ali war erst 22 Jahre alt, wer hätte auch nur eine Kopeke auf ihn gesetzt? Der Kampf fand am 25. Februar 1964 in Miami Beach, Florida, statt. Sonny Liston kapitulierte nach der sechsten Runde vor dem Geschick, der Geschwindigkeit und dem Siegeswillen seines jungen Gegners, der ihn in dieser letzten Runde weitgehend dominiert hatte. Liston verwies auf eine Schulterverletzung, doch die Legende war geboren: Muhammad Ali war nun Weltklasseboxer und erklärte jedem, der es hören wollte:»Ich bin der Größte, ich bin der Größte in der Weltgeschichte, ich habe keinen einzigen Kratzer im Gesicht.« Oder auch:»Ich habe mit einem Alligator gerungen, mit einem Wal gerauft, dem Blitz Handschellen angelegt und den Donner eingekerkert. Ich bin böse. Letzte Woche hab' ich einen Felsen ermordet, einen Stein verletzt und einen Ziegel krankenhausreif geprügelt. Ich bin so gemein, daß ich selbst Medizin krank mache.«

Es ist heute nicht mehr möglich, ein Gespräch übers Boxen zu führen, ohne dass permanent der Name Ali fällt. Ali hat einige Vorurteile ausgeräumt, die den als brutal, ja gefährlich geltenden

Sport umgeben hatten. Er trieb die Ästhetik des Kampfes auf die Spitze, er begründete die Schönheit dieser Kunst, und so ließ Ali seine Zuschauer, Fans wie Gegner, alles andere vergessen: die zerstörerische Gewalt der Schläge, das abstoßende Bild eines offenen Augenbrauenbogens, aus dem das Blut schießt (oder der gebrochenen Nase nach einer geraden Rechten), und vor allem den Gegner, der nach einem K. O. zu Boden geht und bewusstlos liegen bleibt. Oft heißt es, Ali habe schon vor dem Kampf gesiegt: mit seiner Wortgewalt und mit seiner Gewandtheit vor den Kameras, wo er es sich nicht nehmen ließ, den Ausgang des Kampfes mit einem Gedicht vorauszusagen oder in präzisen Gesten seine Strategie zu erläutern, nur um sie im Ring plötzlich zu ändern, zum größten Leidwesen seines Trainers Angelo Dundee. Und der war durchaus nicht immer einverstanden – wie eben mit dem Kampf von 1974, als es ausgerechnet in Zaire zum ›Kampf des Jahrhunderts‹ kommen sollte: *The Rumble in the Jungle.* Tatsächlich hoffte Ali (32 Jahre), am 30. Oktober 1974 im Stade du 20 Mai von Kinshasa den Wunderjüngling George Foreman (25 Jahre) vom Thron zu stoßen, der damals Weltmeister im Schwergewicht gleich zweier Weltverbände war, der World Boxing Association (WBA) und des World Boxing Council (WBC). Beide Boxer trugen maßgeschneiderte Spitznamen: ›Big George‹ der eine, ›The Greatest‹ der andere. Entgegen aller Erwartung ging der Kampf bis in die achte Runde – was bei Foremans Reputation an sich schon eine Überraschung war. Ali zwang diesen, ihm in den Seilen nachzustellen, während er auf die Beweglichkeit seiner Beine und auf seinen so rasanten Jab vertraute, den man kaum kommen sah. In den Augen von Angelo Dundee war das eine geradezu selbstmörderische Strategie, der Trainer schrie und bettelte, Ali möge zu den Grundsätzen zurückkehren: Angriff, Rückzug und vor allem Verteidigung. Doch der Dickkopf Ali kassierte weiterhin die Schläge eines der entschlossensten Haudraufs in der Geschichte des Boxsports. Ali redete im Ring, er verärgerte und verunsicherte Foreman, der nach jedem Schlag zu hören bekam: »Mehr hast du nicht zu bieten?« In Wirklichkeit verfolgte das Wunderkind aus Louisville eine klar umrissene Strategie: Foreman ermüden und feste drauf mit der rechten Geraden (statt mit der linken, wie man erwartet hätte). In der siebten Runde zeichneten sich auf Foremans Gesicht Schwielen ab, zunehmend entglitt ihm der Kampf, bis er schließlich in der achten Runde, erschöpft, nach Atem ringend, die erste Niederlage seiner Karriere erlitt. Durch K. O ... Ali war wieder Weltmeister im Schwergewicht, zehn Jahre nach dem Kampf gegen Sonny Liston.

Ali verließ uns im Alter von 74 Jahren nach einem langen Kampf gegen die Parkinson-Krankheit. Fürs Protokoll: Bei den Olympischen Spielen von 1996 in Atlanta überreichte ihm das Internationale Olympische Komitee eine weitere Goldmedaille als Ersatz für die, die er in den Ohio geworfen haben will ...

Amin, Samir

Einige Stunden nach dem Ableben von Samir Amin ist die Betroffenheit in den sozialen Netzwerken mit Händen zu greifen. Der Tod ereilte ihn am Sonntag, dem 12. August 2018 in Paris. Wer ist dieser Mann gewesen, der in zahllosen Sprachen verabschiedet wird, von Staatschefs und Sozialwissenschaftlern ebenso wie von Aktivisten und Journalisten? Um das zu verstehen, wollen wir bei zwei der tausenden umherschwirrenden Grußbotschaften innehalten: »Ich beweine den Tod unseres Bruders Samir Amin, eines großen marxistischen, antiimperialistischen und antikolonialen Theoretikers, der mit seinen Gedanken und Lehren den weltweiten Kampf der Völker unterstützte. Das Erbe seiner Ideale der sozialen Gerechtigkeit wird ewige Anerkennung finden. Samir lebt.« Gezeichnet: Evo Morales Ayma, Präsident des Vielvölkerstaates Bolivien.

Auch Macky Sall, Präsident des Senegal, kommt nicht umhin, dem Ökonomen, der Dakar vor über vierzig Jahren zu seiner Wahlheimat gemacht hatte, in einem offiziellen Kommuniqué die Ehre zu erweisen: »Das zeitgenössische ökonomische Denken verliert eine seiner hervorragendsten Figuren«, einen »schöpferischen und engagierten Intellektuellen«, einen »unermüdlichen Kämpfer für die Sache der Völker«.

Als Kind zweier Ärzte, eines ägyptisch-koptischen Vaters und einer französischen Mutter, am 3. September 1931 in Kairo geboren, verbringt Samir seine Kindheit und Jugendjahre in Port Said, wo sein Vater tätig war. Zum Studium kehrt er nach Kairo zurück. Als Spross des koptischen Bildungsbürgertums, den soziale Fragen leidenschaftlich interessieren, scheint der Student einem vorgezeichneten politischen Pfad zu folgen: Von 1947 bis 1957 studiert er in Paris, zunächst am Lycée Henri-IV, erlangt ein politikwissenschaftliches Diplom der Sciences Po Paris (1952), macht dann einen zweiten Abschluss in Statistik (1956) und seinen Doktor in Ökonomie (1957). Als Dozent mit *Agrégation* unterrichtet er Wirtschaftswissenschaften an verschiedenen französischen Universitäten, bevor er an das Amt für Wirtschaftsentwicklung in Kairo und dann ins malische Planungsministerium wechselt. Als Vollblutinternationalist widmet sich Samir Amin unzähligen Begegnungen und Experimenten, bevor er sich 1966 schließlich in Dakar niederlässt. Dort lehrt er an der Université Cheikh Anta Diop (UCAD), gründet 1980 das Forum der Dritten Welt, trägt zum Wachstum des CODESRIA (Council for the Development of Social Science Research in Africa) bei und legt auch die Grundlagen für ein World Forum for Alternatives.

Man kann das Denken Samir Amins kaum verstehen, ohne sich der Bandung-Konferenz von 1955 zu erinnern, die eine neue Solidarität zum Ziel hatte. Diese Konferenz, bei der die Staaten und Völker der südlichen Hemisphäre, der später sogenannten Dritten Welt, zusammenkamen, ist der Achsnagel für sein Werk, in dem die nicht-westlichen Gesellschaften und Geschichten eine wichtige Rolle spielen. Bandung könnte, davon war Amin überzeugt, einem anderen Globalisierungsmodell den Boden bereiten.

An den Grundfesten der Entwicklungsökonomie rüttelte Amin in den 1970ern mit seinem bedeutenden Buch *Die ungleiche Entwicklung* (1973), in dem er die tributäre Produktionsweise in der Peripherie und die kapitalistische Produktionsweise im Zentrum analysierte: Demnach sieht sich die Peripherie in ihrer Entwicklung durch das System des ungleichen Tausches blockiert, und wollten die Volkswirtschaften der Peripherie diesen Teufelskreis durchbrechen, müssten sie einen Prozess der autozentrierten Entwicklung anstoßen.

Als heterodoxer Marxist war Amin ein glühender Kritiker des Kapitalismus, dessen ›Herbst‹ er kommen sah, während er zugleich darauf hinwirkte, den ›Völkerfrühling‹ herbeizurufen. Sein ganzes Leben lang kämpfte Samir Amin dafür, in Afrika ökonomischen Alternativen zum Durchbruch zu verhelfen und Modelle zu entwerfen, die sowohl den Fortschritt der Menschen sicherstellen als auch die Mechanismen der Ungleichheit stoppen könnten. Um diesen Weg zu beschreiten, müssen wir Neuerungen wagen, zu denken wagen, müssen es wagen, konzeptionelle Rahmen zu sprengen und das Diktat der TINA-Ideologen zurückzuweisen, die den Ausspruch *There Is No Alternative* unter Reagan und Thatcher zum Glaubenssatz erhoben: keine Alternative zur kapitalistischen Ordnung. Die zerstörerischen Strategien, die Samir Amin bekämpfte, wirken sich nun auch auf die europäischen Länder aus. Die Lösungen, die der Autor von *Die Zukunft des Weltsystems. Herausforderungen der Globalisierung* (1996) skizzierte, sind weltweit brauchbar. Und wenn es dessen überhaupt noch bedarf, zeigt sein Beispiel, in welchem Maße die afrikanischen Fragen heute globale Fragen sind.

Annan, Kofi

Vom Tod des Ghanaers Kofi Annan (1938–2018), des früheren UNO-Generalsekretärs (1997–2006) und Friedensnobelpreisträgers (2001), erfuhr die Welt am Samstag, dem 18. August. Der

80-Jährige hatte zuletzt in Bern in der Schweiz gelebt. Ihm zu Ehren ordnete man in seinem Heimatland eine einwöchige Staatstrauer an.

Am 8. April 1938 in Kumasi geboren, glänzte Kofi Annan als Absolvent des Macalester College in St. Paul (USA), des Institut des hautes études internationales in Genf sowie des Massachusetts Institute of Technology, bevor er ab 1962 verschiedene Funktionen bei den Vereinten Nationen bekleidete.

Er war eine Ausnahmeerscheinung und zeigte sich seiner immensen Verantwortung stets gewachsen. Als hochkarätiger Intellektueller verstand es Kofi Annan, eine hohe Achtung für Afrika wachzurufen und die besten menschlichen Werte in geradezu verschwenderischer Weise zu verkörpern.

Als Vollblutdiplomat hat sich Annan innerhalb der Verwaltung der Weltorganisation sprichwörtlich hochgearbeitet: Angefangen hatte er als Verwaltungs- und Budgetreferent und wurde 1993 Untergeneralsekretär für Friedenssicherungseinsätze. In der damaligen Umbruchszeit war die UNO mit zwei gigantischen Tragödien im Zwischenseengebiet und auf dem Balkan konfrontiert: dem Völkermord an den Tutsi in Ruanda und dem Bosnienkrieg. Doch der UNO gelang es weder, den Tutsi-Genozid zu beenden, noch die serbischen Einheiten aufzuhalten, die im bosnischen Srebrenica mehrere tausend Muslime massakrierten.

In seiner Autobiographie, *Ein Leben in Krieg und Frieden* (2012), kommt Kofi Annan auf dieses Scheitern zu sprechen: Aus der Frage der Gewaltanwendung »sollte die größte Herausforderung erwachsen, mit der ich als Generalsekretär konfrontiert war: Es galt, ein neues Verständnis der Legitimität und Notwendigkeit von Interventionen angesichts grober Verletzungen der Menschenrechte zu schaffen.«

Am 1. Januar 1997 erreicht er den Höhepunkt und rückt an die Spitze der UNO. Kofi Annan folgt auf einen anderen Afrikaner, den Ägypter Boutros Boutros-Ghali. Für ihr Engagement zugunsten des Weltfriedens erhalten der Diplomat und die Vereinten Nationen vier Jahre später gemeinsam den Friedensnobelpreis. Anlässlich der Vergabe in Oslo unterstreicht Annan sein Leitbild für die Staatengemeinschaft: So »habe ich mich stets bemüht, den Menschen in den Mittelpunkt unseres Wirkens zu rücken – von der Konfliktvorbeugung bis zur Entwicklung und zu den Menschenrechten«.[5]

Auch den 2000er Jahren mangelt es nicht an internationalen Krisen und ungerechten Kriegen, wie etwa der Invasion in den Irak 2003, die Kofi Annan für »rechtswidrig« hält, weil der einseitige Militärschlag nicht vom Sicherheitsrat gebilligt worden war. Der Ghanaer verlässt die Spitze der UNO zum 31. Dezember 2006 am Ende seiner zweiten Amtszeit nach neun Jahren als Generalsekretär, sein Nachfolger wird der Koreaner Ban Ki-moon. Doch auch im Ruhestand ist Kofi Annan weiter in internationalen Fragen aktiv, als UN-Schlichter hier, als ehrenamtlicher Berater da, oder auch als Vorstand einer Stiftung.

Nach Bekanntwerden seines Ablebens erscheinen zahlreiche und spontane Nachrufe in allen Zeitungen des Kontinents. Einmal im Leben sind die Afrikaner sich einig und beweinen den Verlust eines großen, schutzspendenden Baobab* – eines besonnenen Diplomaten von beispielhafter Empathie, Anteilnahme und Höflichkeit, der so bescheiden und elegant wie dynamisch war und den Afrikanern zu zeigen vermochte, wozu sie auf den größten Bühnen der Welt fähig sind. Sie erkannten sich im Spiegelbild eines unermüdlichen Hüters der Menschenrechte und der Entwicklung, eines Kämpfers gegen die Armut und gegen Diskriminierungen aller Art. Auch seine Kollegen stimmten in die einmütige Lobeshymne ein. Bei der Trauerfeier nannte der amtierende UNO-Generalsekretär António Guterres seinen Vorgänger »eine wegweisende Kraft zum Guten. [...] Kofi Annan war die Vereinten Nationen.«

Arlit

Zwei Silben, die sich an Ihren Gaumen heften, die ihn nie wieder loslassen. Nein, Arlit ist kein neuer, angesagter Raum für bildende Kunst und Literatur, und weniger noch das literarische Pendant zum FESPACO, dem Panafrikanischen Filmfestival von Ouagadougou. Arlit war ein kleiner Marktflecken, der sich Ende der 1960er in eine bedeutende städtische Gemeinde in der Region Agadez (Niger) verwandelte. Der Sitz des gleichnamigen Départements liegt 800 Kilometer von Niamey, der nigrischen Hauptstadt, entfernt, 200 Kilometer von der >Wüstenperle< Agadez und nur 170 Kilometer von der algerischen Grenze. Als Binnenland im Sahel hat Niger sieben Anrainer: Algerien, Mali, Burkina Faso, Benin, den Tschad, Libyen und Nigeria. Wie gesagt, Afrika ist ein riesiger und, ganz entgegen dem Augenschein, weitgehend unterbevölkerter Kontinent. Das Gerede von einer afrikanischen demographischen Bombe gehört, teilweise zumindest, ins Reich der Phantasie.

Arlit ist zunächst eine Tochter des Aïr, das sich als Hochgebirge im Norden des Niger erhebt und in unvergleichlicher Weise ans algerische Ahaggar erinnert. Doch sein staubiger wie rauer Charakter hielt die Tuareg nicht davon ab, mit ihm seit undenklichen Zeiten eine enge Verbindung zu pflegen. Erst die Entdeckung und Ausbeutung reicher Uranvorkommen durch die französische Atomenergiebehörde besiegelte 1969 schließlich das Schicksal der Siedlung: Erst zwei, dann zehn Uranminen katapultierten Arlit ins nationale, französische und internationale Rampenlicht. In den 1970er Jahren wurde Arlit gar zum Synonym für Areva, den französischen Konzern für Nukleartechnologie, denn die nigrischen Förderstätten liefern noch heute den Großteil des Urans, das in Frankreich als Brennstoff für die Elektrizitätskraftwerke und für Atomwaffen verwendet wird. In den 1980ern stammten fast 40 Prozent der Weltfördermenge aus der Region Arlit, und das Uran stand für rund 90 Prozent der Warenexporte des Niger. Der Preisverfall beim Uran und das Fehlen ökonomischer Alternativen verunsichern die Bevölkerung im 21. Jahrhundert nachhaltig.

Der oft als nächster Literaturnobelpreisträger gehandelte kenianische Schriftsteller, Essayist und Aktivist Ngũgĩ wa Thiong'o* eröffnete unlängst ein neues Diskursfeld, um die Aufmerksamkeit der Welt auf das nigrische Uran zu lenken. In einem Band, der unter dem Titel *Afrika sichtbar machen!* erschienen ist, weckt der kenianische Intellektuelle unser Interesse für die Problematik des Atomwaffensperrvertrags und erinnert daran, dass diese weltbewegende Frage auch eine afrikanische Frage ist. Ngũgĩ wa Thiong'o zwingt uns in diesen allerorts unruhigen Zeiten, der Realität ins Auge zu sehen. Seine Frage sollte niemanden gleichgültig lassen: Warum ist Afrika nicht an der Debatte über den Sperrvertrag beteiligt? Ngũgĩ begnügt sich nicht mit der Fragestellung, er liefert Antworten: Afrika muss in den Ring steigen und sich nicht nur für die Nichtverbreitung atomarer Waffen stark machen, sondern auch für die kontinuierliche Abrüstung des zerstörerischen Arsenals. In dieselbe Kerbe schlägt Ngũgĩ, wenn er betont, dass Afrika als einziger Kontinent über die notwendige moralische Glaubwürdigkeit verfüge – und zwar zu Recht, wie er hinzufügt, denn zwei Länder (Libyen, Südafrika) haben ihr Atomprogramm freiwillig beendet. Um mit gutem Beispiel voranzugehen, so der Autor der *Dekolonisierung des Denkens* (2011), habe der libysche Staat den USA seine restlichen Kernwaffen übergeben. Und was bekam man im Gegenzug für dieses Zeichen des guten Willens? Unter NATO-Befehl stehende Streitkräfte mit Zugriff auf Nuklearwaffen fielen in Tripolis ein und verwandelten das Staatsgebiet in eine Mondlandschaft. Die Afrikanische Union müsse aus ihrem Schlaf erwachen und ihre Stimme erheben in einer Debatte, die den gesamten Planeten betrifft.

In der Vergangenheit haben zwei Großmächte Atomtests in Afrika durchgeführt: Frankreich machte seine ersten Versuche zwischen 1960 und 1966 in der algerischen Sahara, und Israel hat seine Tests wohl zu Zeiten der Apartheid auf dem Prinz-Edward-Archipel, einer kleinen, zu Pretoria gehörenden Inselkette im Indischen Ozean veranstaltet. Afrika kennt das nukleare Feuer auf eigenem Grund und Boden, indes ohne überhaupt gefragt worden zu sein – ein weiterer Grund dafür, entschieden für das Verbot jeglicher atomaren Bewaffnung einzutreten.

Als Advokat afrikanischer Sprachen gedenkt Ngũgĩ wa Thiong'o auch der Stadt Arlit, in der sich sein Argument veranschaulicht: durch die überbordende Fülle von Uranerz, jenes für die Herstellung des Atomarsenals so wichtigen Metalls, im afrikanischen Untergrund. Während des letzten Krieges gegen den Irak verdächtigte Washington lange Zeit den Niger, den damals wichtigsten Uranproduzenten Afrikas, das Embargo umgangen und Saddam Hussein mit Uranoxid beliefert zu haben, der angeblich nach Massenvernichtungswaffen strebe.

Ngũgĩ wa Thiong'o steuert sein Plädoyer wie eine Dampfwalze. Die größten Nuklearmächte des Westens, Frankreich, das Vereinigte Königreich und die Vereinigten Staaten, hätten in der Vergangenheit besondere Verbindungen zu Afrika gehabt, nämlich durch die Kolonialisierung und den Dreieckshandel. Der Sklavenhandel, die Kolonialisierung und der Wettlauf zur Nuklearwaffe hätten einen gemeinsamen Ursprung: die Verachtung für das Leben des Anderen – eine noch himmelschreiendere Verachtung, wenn dieser Andere schwarze Haut hat! Man erinnere sich zu guter Letzt der beiden Weltkriege, die zwar europäische Akteure führten, die aber auch die Afrikaner teuer zu stehen kamen. Es wäre wünschenswert, dass Afrika die Initiative für eine breite Koalition ergreift und ein Moratorium aller Militärprogramme atomaren Typs sowie deren Beendigung fordert. Arlit fände sein ansprechenderes und grüneres Antlitz wieder. Der afrikanische Kontinent kann und muss aktiv werden, um den Rest der Welt aus der tödlichen Umklammerung des Atoms zu befreien. Dafür hat er die moralische Glaubwürdigkeit![6]

B

Bâ, Amadou Hampâté – Bahia (São Salvador da
Bahia) – Balai citoyen – Baobab – *Batuala* – Beti,
Mongo – Bissap – *Black Mic-Mac* – Blogger –
Brazzaville – Bürde (des weißen Mannes)

Bâ, Amadou Hampâté

Was haben eine Universität in Dakar und eine in Abidjan, ein Forschungsprogramm der Universität Nantes und ein Kulturhaus in Bamako, eine Gesamtschule in Niger und eine Grünanlage im 10. Pariser Arrondissement gemeinsam? Sie müssen passen? Nun, die Antwort in drei Worten lautet: Amadou Hampâté Bâ.[1]

Der Verfasser von *Jäger des Wortes* (im Jahr seines Todes 1991 erschienen) sowie von *Contes initiatiques peuls* (›Initiationserzählungen der Fulbe‹) gehört zu den seltenen Wesen, denen die Vorsehung ganze sieben Leben schenkte. Er war Schriftsteller, Traditionist, geistiger und religiöser Führer, Diplomat, Zahlenmystiker, Erzähler und Philosoph. Amadou, im Kreise der Familie ›Amkoullel‹ genannt, erblickte in Mali (damals Französisch-Sudan) zu Beginn des Jahres 1900 das Licht der Welt, genauer: das Licht der Stadt Bandiagara, unweit des gleichnamigen Felsens im Land der Dogon. Seine Eltern entstammten zwei bedeutenden – allerdings verfeindeten – Geschlechtern des altehrwürdigen Massina-Reiches. Die Kindheit des jungen Amadou war geprägt vom Nachhall der Bruderkriege, von Familientragödien und von der kolonialen Eroberung. Nach dem Tod des Vaters fand er Trost bei seiner Mutter Kadidja und bei Tidiana Amadou Thiam, deren zweitem Mann, der ihn wie einen Sohn aufzog:

»Ich habe keinerlei Erinnerung an meinen Vater bewahrt, denn unglücklicherweise verlor ich ihn, als ich mich noch kaum drei Jahre auf dieser bewegten Welt aufhielt, in der ich später umherschweifen werde, einer Kalebassenscherbe gleich, die der Fluß davonträgt, nach dem Gutdünken politischer und religiöser, durch die koloniale Präsenz verursachter Ereignisse.«

Könnte man nur eine Begebenheit des atypischen Werdegangs von Amadou Hampâté Bâ überliefern, wäre das sicher seine Verbundenheit mit einem ebenso außergewöhnlichen Mann: mit Tierno Salif Bokar, dem bedeutenden Sufi-Meister und Begründer einer Koranschule im malischen Bandiagara. Ihm widmete Bâ 1957 das Buch *Vie et enseignement de Tierno Bokar, le sage de Bandiagara* (›Der Weise von Bandiagara. Leben und Lehre des Tierno Bokar‹), das 2003 von dem britischen Regisseur Peter Brook für die Bühne adaptiert wurde.

Nach Bokars Tod am Boden zerstört, verschrieb sich Hampâté Bâ 1939 gänzlich der Pflege und Weitergabe des meisterlichen Vermächtnisses sowie der Sammlung mündlich überlieferten Wissens. Doch andere Sorgen ließen nicht lange auf sich warten: Die Kolonialverwaltung und traditionell-religiöse Kreise warfen ihm seine Mitgliedschaft in der Muslimbruderschaft Tidschaniya vor, die als franzosenfeindlich galt. Er entging nur knapp der Deportation. Professor Théodore Monod öffnete ihm damals die Pforten des Französischen Instituts für Schwarzafrika (IFAN) in Dakar, wobei die neue Stelle nicht nur einen Aufstieg darstellte, sondern auch einen gewissen Schutz vor allerlei Scherereien bot. 1944 veröffentlichte er mit *Kaidara* die Prosafassung einer Fulbe-Initiationserzählung und fand damit erstmals die Anerkennung der akademischen Welt. Der Rest ist Geschichte: seine Verbundenheit mit Monod, seine Verbindungen zu bedeutenden Afrikanisten (etwa Marcel Griaule, Germaine Dieterlen, Louis Massignon), seine Aufnahme in den Exekutivrat der UNESCO, seine langjährige Freundschaft mit dem ivorischen Präsidenten Houphouët-Boigny …

Die Nachwelt erinnert sich vor allem seiner Rolle als unermüdlicher Verfechter afrikanischer Kultur. Bâs Plädoyer für die Sammlung und Aufbewahrung traditionellen afrikanischen Wissens stellt für alle geneigten Männer und Frauen noch immer ein bedeutendes Ereignis dar. Eines schönen Tages im Jahre 1960 mahnte jener Sohn der Stadt Bandiagara im UNESCO-Plenum mit eindringlichen Worten: »Wir sind uns einig, dass das Menschsein eines jeden Volkes zum Erbe der ganzen Menschheit gehört. Wenn indes die afrikanischen Traditionen nicht gesammelt und zu Papier gebracht werden, fehlen sie eines Tages im universellen Gedächtnis der Menschheit.« Aus dieser historischen Rede ist uns eine Formulierung erinnerlich, die man fälschlicherweise oft für ein ›afrikanisches Sprichwort‹ hält: »Mit jedem Greis, der in Afrika stirbt, verbrennt eine Bibliothek.« Sein grandioser Einsatz für die mündliche Überlieferung beschränkt sich keineswegs auf das Reich des Wortes – bis zuletzt führte Amadou Hampâté Bâ, getreu den Werten der Fulbe, ein demütiges und bescheidenes Leben. Man nannte ihn tolerant, respektvoll, großzügig. Gleichgültig gegen Lob wie Kritik war er, mehr noch: auch gegen den Ernst, er machte sich über alles lustig, in erster Linie über sich selbst, und titulierte man ihn einmal mit ›Hampâté Bâ, der Weise‹, dann prustete er los. Nach der Lektüre von *Jäger des Wortes* und *Oui mon commandant!*, die postum in einem Band als Memoiren über seine erste Lebenshälfte erschienen sind, können wir Ihnen versichern, dass auch Sie unweigerlich berührt, verführt und erschüttert sein werden von diesem bedeutenden afrikanischen Gelehrten und universellen Humanisten.

Das bewegte Leben unseres Verfechters mündlicher afrikanischer Überlieferungen gleicht einem Sprung in den Strom der Geschichte, der natürlich breiten Raum in seinen Memoiren einnimmt. Doch neben allen Meilensteinen und Wendungen sollte man insbesondere die sehr reichhaltigen Erkenntnisse, Entdeckungen und Erfahrungen nicht vergessen, die Amkoullel durch glückliche Fügung zuteil wurden und die weiterzugeben er sein Lebtag sich bemühte. Wenn es stimmt, dass jeder bedeutende

Mensch das Produkt zahlreicher Zusammenstöße und vielfältiger Einflüsse ist, so bildet auch der Autor von *Das seltsame Schicksal des Wangrin* (ausgezeichnet mit dem Grand Prix littéraire de l'Afrique noire 1974) keine Ausnahme von der Regel: Weil er sich einer ungerechten Entscheidung widersetzte, stand seine berufliche Laufbahn zunächst unter einem denkbar ungünstigen Stern. Zur Strafe versetzte ihn der Gouverneur auf den entferntesten Posten, nach Obervolta auf »die Stelle eines *zeitweisen Schreibers für unbestimmte Zeit und auf Abruf*«. Doch die willkürliche und ungerechte Sanktion erwies sich als herausragende Gelegenheit. In beruflicher Hinsicht verstand es Amkoullel, das Räderwerk des Kolonialsystems gründlich zu durchschauen: Letztlich war er nicht nur Dolmetscher, also »der Mund des Kommandanten«, sondern auch dessen »Feder und Stift«. In persönlicher Hinsicht entdeckte der junge Gehilfe sich selbst, intensivierte die Kontakte zu den Alten und öffnete sein Herz so weit, wie er seine Flügel spannte. Er war stets aufmerksam und lernte alles von allen. Später sagte er einmal: »Ich bin Absolvent der renommierten Universität des gesprochenen Wortes, wie man es im Schatten eines Baobab* lehrt.«

Und er fügte hinzu: »Falls Sie einen Menschen suchen, kommen Sie zu mir. Ich tanze mit den Narren ohne Verstand, ich spreche mit den Vagabunden am Wegesrand!«[2]

Bahia (São Salvador da Bahia)

Bahia ist die Perle Brasiliens, und wer Bahia sagt, sagt Schwarzafrika. Afrika ist dort ganz nah. Wir reden hier von Hunderten Millionen Gefangenen, die man zu Sklaven gemacht hatte, zu einem Ding. Von afrikanischen Schichten, die sich dort abgelagert haben und aufs Engste miteinander verbunden sind. Von Millionen Menschen der Aschanti und Fulbe (oder Fulani), der Yoruba und Igbo, der Ovimbundu und vieler anderer Gruppen. Es war uns vergönnt, zahlreiche Länder zu besuchen, und zu gegebenermaßen gibt es in der Neuen Welt keinen Landstrich, in dem das Wort Afrika mit solcher Selbstverständlichkeit klingt wie in der Bucht von Bahia, der Allerheiligenbucht. Mit Selbstverständlichkeit, aber auch mit Kraft und Freude, wovon man sich leicht überzeugen kann anhand der Romane von Jorge Amado, einem Kind Bahias, und der Fotos des Ethnologen Pierre Verger.

Falls die Worte ›Emotion‹, ›Gefühlswelt‹ und ›Gefühlsausbruch‹ noch irgendeinen Sinn haben, so kann man sie in Salvador in all ihrer Intensität erleben. Wir hielten uns 2010 in ›Schwarzbrasilien‹ auf, als die Fußballweltmeisterschaft in Südafrika ausgetragen wurde. Natürlich unterstützten alle Bahianer, die uns über den Weg liefen, gleich nach der Gruppenphase die Black Stars aus Ghana. Überall traf man Jungs aus Bahia, die aussahen wie Asamoah Gyan und seine ghanaischen Mitspieler, überall in den Barracos und Docks des Alten Hafens. Dank einer der Ironien, die sich die Geschichte oft nicht nehmen lässt, ist die Präsenz der afrikanischen Geister, Völker und Totems in Bahia – im berühmten São Salvador da Bahia de Todos Os Santos, so der offizielle Name, an dem man erkennt: mit langen Namen geizen die Brasilianer nicht – heute sehr viel ausgeprägter als in Luanda oder Cotonou. Dort fristen die Geister ein zurückgezogenes und vernachlässigtes Dasein in verstaubten Hinterhöfen oder im hintersten Winkel des angolanischen und Benin'schen Busches.

In Bahia leben diese Geister an der frischen Luft, im Kreise aller und im Herzen eines jeden – der Schwarzen wie der Weißen. Sie werden besungen, des Nachts wie des Tags, von jedermann ebenso wie von den Künstlern der Stadt, von der melodischen Rita Braz etwa oder von populären Sängern wie Aloisío Menezes, dessen Stentorstimme einem noch in den Ohren hallt, lange nachdem der letzte Refrain seines Lobgesangs auf Xangó oder auf Yemanjá schon verklungen ist. Die Jüngeren wie Ras Sidney Rocha und DJ Bronca stehen dem nicht nach. Sie verwenden dieselben Worte, dieselben Metaphern, dieselben Umschreibungen wie ihre Idole. Will sagen, alle Künstler unterhalten eine kindliche, sinnliche und tiefe Beziehung zu den Riten des Candomblé, jener animistischen Religion, die von den Sklaven aus Afrika nach Südamerika gebracht wurde und mit ihren Kleidercodes, ihren körperlichen Bewegungen und ihren verschiedenen Erkennungszeichen (die dem Durchreisenden stets verborgen bleiben) dem haitianischen Voodoo* verwandt ist.

Alle Gebäude, die Häuser der Reichen wie der Armen, die kommunalen Grundstücke, die *suburbios*, die Theater, die *blocos*, die *terreiros*, die *casas* und die Favelas, die Straßen, die Häuserschluchten und die Autobahnen, sie alle sprechen heimlich oder unumwunden von der Gegenwart jener Geister, die vor Jahrhunderten im dunklen Schlund unzähliger Sklavenschiffe verschwanden. Und käme uns der absurde Gedanke (in spiritueller Umgebung nicht mehr ganz so absurd), den heftig niedergehenden Regen zu fragen, woher er seine Kraft nehme, so würde der uns ohne Zögern antworten, dass er – auch er, natürlich! – mit den Orixas unter einer Decke steckt. Und so triumphieren die Götter über die Geschichte der Menschen, oder: über die schändliche Niedertracht der Sklavenwirtschaft. Aus diesem Grunde erschallen ihre Stimmen noch heute aus der Menge unzähliger Samba- und Karnevalsgruppen, steigen aus den Feuerwachen empor und ziehen über die heiligen Haine an den Ufern der Allerheiligenbucht hinweg, die sich ihrerseits mit kostspieligem Wohneigentum und mit Wolkenkratzern schmückt, deren unverschämter Luxus uns glauben machen will, dass sie in Brasilien den himmelstürmenden Betontürmen von New York, Singapur oder Shanghai in rein gar nichts nachstehen.

Salvador da Bahia ist historisch die erste Hauptstadt Brasiliens gewesen, nämlich von 1548 bis 1763. Und tatsächlich war die Stadt ein Schmelztiegel europäischer, afrikanischer und amerindianischer Kulturen sowie ein wichtiges Zentrum des Zuckerrohranbaus und Drehscheibe im Dreieckshandel.

Die Holländer plünderten die Stadt im Mai 1624. Kaum war sie im nächsten Jahr von den Portugiesen zurückerobert worden, widersetzten sich verschiedene Gesellschaftsschichten den vom portugiesischen Vizekönig verfügten Maßnahmen. Nachdem die Stadt 1822 von portugiesischen Truppen erstürmt worden war, erlangte sie am 2. Juli 1823 offiziell ihre Freiheit. Damit war Brasilien unabhängig geworden. Eben dieses Ereignis feiern die Bahianer unterschiedlichsten Alters und unterschiedlichster Kondition unter den heftigen Regenschauern. Vom frühen Morgen an strömt eine Menschenmasse durch die uralten Gässchen des Pelourinho und bewegt sich auf den großen Platz der historischen Altstadt zu. Mit Kapellen, Paraden, Prozessionen, Spruchbändern, Musik und Tanz an jeder Straßenecke. Gelbe Trikots beherrschen das Straßenbild. Grellbunt geschminkte Gesichter. Lachen, Freude, ein Fest der Sinne. *Alegria, alegria, alegria.* Man umarmt sich hitzig und geizt mit Küssen nicht. Man macht sich für eine unendlich lange Fiesta bereit. Es ist zehn Uhr morgens. Schon so spät?![3]

Balai citoyen

Die 2000er Jahre waren von Protestbewegungen der afrikanischen Jugend geprägt, sie forderte die Machthaber in Politik und Militär heraus. In Burkina Faso gelang es der zivilgesellschaftlichen Bewegung *Balai citoyen*, das Militärregime von Blaise Compaoré hinwegzufegen, das nach der Ermordung von Thomas Sankara* die Macht ergriffen hatte. Dieser war als revolutionärer, marxistisch-leninistischer Präsident von der Jugend für seine Direktheit und seinen Sinn für einen ›volksnahen‹ Staat vergöttert worden. Die Bewegung *Balai citoyen*, was so viel heißt wie ›Besen der Bürger‹, ehrt mit ihrer Selbstbezeichnung jenen Visionär, der den politischen Bereich von Korruption säubern wollte. Tatsächlich hatte Thomas Sankara in seiner Regierungszeit seine Mitbürger dazu angehalten, sich mit einem Besen zu bewaffnen und ihre Straßen zu reinigen – als anschauliches Bild dafür, dass das Volk sein Schicksal selbst in die Hand nehme.

Die Bewegung, die 2013 von den Künstlern Sams'K Le Jah und Serge Bambara ins Leben gerufen worden war, organisierte am 31. Mai 2014 in der Hauptstadt Ouagadougou, genauer: im Stadion des 4. August, eine Kundgebung mit allen Oppositionsparteien, zu der sich mehr als 35 000 Menschen einfanden. Als die Aktionen der Bewegung nicht abrissen, gab Präsident Compaoré – der das Land mehr als zwei Jahrzehnte lang regiert hatte – unter dem Druck einer riesigen Erhebung ›von unten‹ noch im selben Jahr die Macht ab und floh aus dem Land. Burkina Faso demonstrierte den afrikanischen Nationen damit, dass sich die Macht des Volkes nicht auf ewig beschlagnahmen lässt und dass die Straße für die Jugend ein demokratischer Raum ist. Die Jugendlichen anderer afrikanischer Länder, die sich in der Geiselhaft ihrer Monarchen befinden, erkennen und bewundern die Wirksamkeit des *Balai citoyen*: Sie träumen von einem eigenen »Besen«. Unser Vorschlag ist im Sinne des Fortschritts ein Name, der bisher noch nicht benutzt worden ist: ›Staubsauger der Staatsbürger‹ …

Baobab

Der gemeine Baobab, wissenschaftlich bezeichnet als *Adansonia digitata*, ist ein ganz und gar afrikanischer Baum. Berühmt ist die Spezies für ihre außergewöhnliche Größe und Langlebigkeit. Mit seinem gewölbten Stamm nimmt der Baobab oftmals die Form einer Flasche an, die einen Durchmesser von 10 bis 14 Metern erreichen kann. Die Äste sind dick, groß und robust. Seine Rinde ist oft glatt, sie kann aber auch rau, wie von Elefantenfalten überzogen sein, ihre Farbe reicht von Rotbraun bis zu vielfältigen Grauschattierungen. An den beeindruckenden weißen Blüten des Baobab prangen fünf zart ummantelte Kronblätter.

In einer Zeit, da den Profiteuren und Aktienkursjägern aller Kaliber kein Fitzelchen des Ökosystems entgeht, wecken die Baobabs der Gattung *Adansonia* das lebhafte Interesse insbesondere der Nahrungsmittelindustrie, die es auf deren wohltuende Früchte und vor allem das Fruchtfleisch abgesehen hat, welches reich an Vitamin B1, B2, B3, an Kalzium und vor allem an Vitamin C ist. Produkte auf Basis von Baobabfruchtfleisch finden insbesondere Verwendung in der Süßwaren- und Schokoladenproduktion, in der Kosmetik sowie in Bonbons, Fruchtsäften und Joghurts.

Das Interesse für den (inzwischen bedrohten) Baobab geht über Expertenkreise weit hinaus und reicht zweifellos bis in graue Vorzeit zurück. Seine Früchte waren bereits im Alten Ägypten bekannt, und in mehr als nur einer Grabkammer hat man Samen gefunden. Außerdem erwähnen die bei Assuan in Oberägypten wiederentdeckten Hieroglyphen die Früchte des Baobab bereits 2500 v. Chr., und 1354 bezeugte Ibn Battuta, der Verfasser legendärer Reiseberichte, die Präsenz des Baums im Einzugsgebiet des Niger. Der gemeine Name des Baobab geht demnach wohl auf das arabische Wort *bu-hubub* zurück, was so viel wie ›vielsämige Frucht‹ heißt.

Sollte der Baobab aussterben, verschwände mit ihm auch ein Teil des Kontinents. Und das nicht ohne Grund, denn für Afrika ist der Baobab, was die Zeder für den Libanon, der Ahorn für Kanada und die Mistel für die bretonischen Druiden ist, kurz: ein Symbol. Neben Akazie und Tamarinde ist der Baobab ein typischer Bewohner der trockenen Baumsavanne. Sein natürliches Verbreitungsgebiet ist gigantisch, es reicht von der Sahelzone bis nach Transvaal und von der senegalesischen Küste bis an die Grenzen Somalias. Eine weitere Besonderheit dieses Baumes: Man findet ihn auf den Komoren ebenso wie auf Madagaskar. Der Baobab ist in 31 afrikanischen Ländern vertreten und damit sowohl die am weitesten verbreitete als auch die am besten erforschte Pflanze. Der Baobab in der nordmadegassischen Großstadt Mahajanga ist von beeindruckender Größe: Sein Umfang erreichte 2017 annähernd 24 Meter. Das Stadtzentrum dominiert er, der in einem heiligen Hain zu Zeiten aufwuchs, als Mahajanga noch Teil des Waldes war, durch seine schiere Masse. Er be-

schirmt auch die Ahnengeister. Und dem Durchreisenden emp-
fiehlt man, den Baobab sieben Mal zu umrunden, sofern sich der
Gast des Segens des Baumes und der darin wohnenden Geister
versichern möchte.

Zahlreiche Glaubenstraditionen prägten die afrikanischen
Gesellschaften lange Zeit, die den Baobab als heiligen Baum ver-
ehrten. Im westlichen Afrika und insbesondere bei den Serern
war man der Auffassung, die Beerdigung eines Sängers und Er-
zählers, kurz: eines Griot, mache den Boden unfruchtbar, so
dass man stattdessen den Stamm eines Baobab aushöhlte, um
die Traditionshüter sowie deren Frauen und Kinder darin zu be-
statten.

Selbstverständlich hat der Baobab auch afrikanische Dichter
und Schriftsteller nachhaltig inspiriert.

In *Der letzte Fürst* (1970) von Ahmadou Kourouma wähnt
sich der Fetischpriester Balla »unsterblich wie ein Baobab«. Und
in *Die Nächte des großen Jägers* (1994) schreibt derselbe Kouru-
ma: »Der kleine Baum, der unter einem Baobab gesprossen ist,
wird als Bäumchen sterben.«

Natürlich war es der Schatten eines jahrhundertealten Baobab, der die Kindheit der jungen Erzählerin beschirmte, die sich
im Debütroman von Ken Bugul auf die Suche nach ihrer Mutter
begibt – *Die Nacht des Baobab* erschien im Original 1984 bei den
Nouvelles Éditions françaises in Dakar.

Und in *Stachelschweins Memoiren* von Alain Mabanckou
(2006) ist es ein Baobab, dem ein Stachelschwein von der seltsa-
men Beziehung zu seinem menschlichen Doppelgänger erzählt,
der just gestorben ist.

Nicht zuletzt hat die Dichterin und Romanautorin Véronique
Tadjo einem Baobab die Erzählstimme ihres ökologisch inspi-
rierten Romans *In Gesellschaft der Menschen* (2017) übertragen.

Batuala

So lautet der Titel des »ersten schwarzen Romans« überhaupt, aus der Feder von René Maran und 1921 bei Albin Michel erschienen. Marans Roman rief zugleich Bewunderung und heftige Kritik hervor, hatte er doch einen sehr eingängigen Titel: *Batuala*, Untertitel: *ein echter Negerroman*. Der Autor mit guyanischen Wurzeln erhielt als erster Schwarzer den renommierten Prix Goncourt. Der Roman spielt in Ubangi-Schari, im heutigen Tschad, wo der Schriftsteller in der Kolonialverwaltung angestellt war. Es ist sicher keine allzu kühne Behauptung, dass der Literaturpreis eine Art Anerkennung für die Tirailleurs Sénégalais* war, die im Ersten Weltkrieg als ›Senegalschützen‹ einen hohen Blutzoll entrichtet hatten. Die Ehrung erschien auch als scharfe Missbilligung Deutschlands, wo man just im selben Jahr die Stationierung schwarzer Soldaten im Rheinland skandalisierte und von einer ›Schwarzen Schmach‹* fabulierte. Das Vorwort zu *Batuala* ist eine der schärfsten literarischen Anklageschriften eines Schwarzen gegen ein System, dessen Teil er selbst gewesen ist.

Beti, Mongo

Dieser Schriftsteller allerersten Ranges, mit bürgerlichem Namen Alexandre Biyidi Awala, ist unter verschiedenen Namen, vor allem aber als Mongo Beti bekannt. Offen gestanden haben wir Mongo Beti erst spät entdeckt, da waren wir bereits veröffentlichte Schriftsteller. Erst als Studenten in Frankreich hatten wir nur ein, zwei seiner Romane gelesen, und das hatte natürlich seinen Grund, denn Mongo Beti ist einer der ketzerischen Schriftsteller, denen man in den Gymnasien und Universitäten des postkolonialen Afrika garantiert nicht über den Weg läuft. In der ganzen Oberstufe fiel nicht ein einziges Wort über den Autor des politischen Bildungsromans *Die grausame Stadt*. Dessen ungeachtet betrieb Mongo Beti von Rouen aus seine kämpferische Zeitschrift *Peuples noirs peuples africains* (›Schwarze Völker Afrikanische Völker‹, für Eingeweihte und Fans: PNPA), die Anfang 1978 erstmals erschien, um den Lern- und Tatendrang der Schüler und Studenten im frankophonen Afrika zu stillen.

Später lasen wir beinahe alle seine Romane, und zuallererst die ältesten – gezeichnet ›Eza Boto‹ – wie *Die grausame Stadt, Besuch in Kala, Der arme Christ von Bomba,* und nicht zu vergessen natürlich die Auszüge aus *Sturz einer Marionette*, die man in der PNPA entdecken konnte. Den Rest verschlangen wir mit demselben Elan, demselben Appetit. Wir wollten die verlorene Zeit aufholen, unsere aktivistische und panafrikanische Kultur festigen, kurz: zur Emanzipation schreiten, wie man damals sagte, im Kampf gegen die Entfremdung. Machen Sie sich selbst ein Bild beim Überfliegen der Einleitung der PNPA, die unsere fiebrigen Studentenseelen geradezu aufpeitschen musste: »Endlich eine französischsprachige Plattform der schwarzen Radikalen [...]. Um ein für alle Mal Schluss zu machen mit der Versklavung der Schwarzen auf allen Kontinenten, vor allem aber mit dem Foccartismus,[5] der das sogenannte frankophone Afrika schlachtet und plündert, mit der paternalistischen Heuchelei, die die Kolonialherrschaft über die ›französischen‹ Antillen aufrechterhält, und mit der Senghor'schen Négritude, deren Nebenprodukt. [...]

Endlich die erste große schwarze Veröffentlichung in französischer Sprache, die entschlossen ist, so oft wie nötig die einzige Wahrheit hochzuhalten, die allen Schwarzen gleichermaßen am Herzen liegt: Afrika widersetzt sich nunmehr jeder Bevormundung ...«[6]

Seine Zurückweisung der Frankophonie beschränkte er nicht auf die Zeitschrift, sondern gab sie bei jeder Gelegenheit zu Protokoll. Von Tausenden Beispielen wollen wir nur einige Zeilen aus einer Rede im Mai 1978 zitieren, die er auf dem 43. Kongress des PEN Club International in Stockholm hielt: »Die Frankophonie ist bei weitem kein brüderlicher Schmelztiegel der Kulturen, sondern sie sündigt, sofern sie sich auf die vollendete Tatsache des Vorrangs einer Kultur stützt, auf die willkürliche Sakralisierung eines Wertemaßstabs, und dieser hat eine herrschende Ideologie als einzigen Strang ...«

Wir waren begeistert vom Radikalismus Mongo Betis, dem ketzerischsten aller französischsprachigen Schriftsteller Afrikas, daher brauchten wir eine Weile, um auch seinen Humor zu entdecken und aus der bissigen Prosa jenes Gymnasiallehrers mit Agrégation und Wahlbürgers von Rouen Energie zu schöpfen. Dieser heilsame Humor tritt besonders in Betis Spätwerk zutage.

Seine Rückkehr in die Heimat nach fünfundvierzig Jahren des Exils erklärt diesen Kurswechsel zum Teil. Der sehr bissige Krimi *Sonne Liebe Tod* (1999) wurde nach seiner Rückkehr nach Kamerun geschrieben, die ihm eine heftige Enttäuschung einbrachte.

Sonne Liebe Tod ist ein wahrer Pseudokrimi, eine drollige Liebesgeschichte zwischen Zam und Bébète, ein unverstellter Blick auf die postkolonialen Afrikas und ihre »unglaubliche existenzielle Monotonie [...] Als würde alles durch Milliarden von Federbetten erstickt.« Für einen Augenblick glaubte man, der alte Löwe habe keinen Biss mehr. Doch da kannte man Alexandre Biyidi Awala schlecht: Mit dem rotwelschen Roman zeigt sich der Autor einmal mehr ganz in Form. Und was für eine Form! Dazu der Jazz, der – als schamanischer Sauerstoff und seltene Zutat im afrikanischen Roman – einen herausragenden Platz einnimmt. *Sonne Liebe Tod* ist so überwältigend wie ein Chorus von Lester Young, atemberaubend wie Ella Fitzgerald mit »Take the A Train«, einnehmend wie ein Boogie-Woogie und so unvergesslich wie eine Volte von Louis Armstrong.

Der geniale Beti verstand es, seine Prominenz meist in den Dienst der gerechten Sache in Afrika zu stellen, etwa zur Verteidigung unterdrückter Schichten. Man muss Mongo Beti lesen und wiederlesen. Ein Platz in der Geschichte ist ihm sicher. Seine

Peiniger wie die Diktatoren Ahmadou Ahidjo und Paul Biya spielen ganz gewiss nicht in derselben Liga.

Bissap

Beliebtes Getränk in vielen westafrikanischen Ländern, insbesondere im Senegal, in Mali, Guinea, Burkina Faso, Benin, Niger, Togo und Côte d'Ivoire, aber auch in einigen Gegenden Zentralafrikas, etwa im Kongo und in der Zentralafrikanischen Republik. Die Zubereitung ist einfach: Einige Hibiskusblüten (*bissap*) aufkochen, bis sich das Wasser verfärbt hat. Abkühlen lassen, bevor man die Blüten herausnimmt. Schließlich Zucker, Muskatnuss und Orangenblütenwasser hinzugeben, umrühren und vier bis fünf Stunden lang kaltstellen, (sehr) kalt servieren. Immer mehr Lebensmittelgeschäfte, insbesondere in Château-Rouge*, verkaufen entweder zubereiteten und vorgekühlten Bissap oder ganz einfache Aufgussbeutel, mit denen die Kundschaft sich das Getränk selbst zubereitet. Es soll gesund sein und gegen Bluthochdruck, Herz-Kreislauf-Beschwerden helfen, man schreibt ihm auch anti-oxidative, antibakterielle und antidepressive Wirkung zu – Versuch macht klug, auch wenn die Ausgaben von der Krankenkasse nicht erstattet werden ...

Black Mic-Mac

Komödie des Regisseurs Thomas Gilou, die 1986 in die französischen Kinos kam. *Black Mic-Mac* verhandelt das Migrationsthema in Frankreich am Beispiel der Figur Michel Le Gorgues (gespielt von Jacques Villeret), eines Gesundheitsamtsbeamten, der afrikanische Einwanderer zum Auszug aus einer baufälligen Unterkunft bewegen soll. Hier kommt die ›afrikanische Solidarität‹ ins Spiel: Die Opfer der Wohnungsräumung legen zusammen, um aus Afrika einen Marabout kommen zu lassen, der Michels Mission zum Scheitern bringen soll. Nun tritt ein afrikanischer, heute in den USA beheimateter Schauspieler vor die Kamera, nämlich Isaach de Bankolé, und gibt vor, der Marabout zu sein, den die Obdachlosen sehnsüchtig erwarten (und den im Film der selige Sotigui Kouyaté verkörpert).

Der Film ermöglicht auch ein Eintauchen in die festliche Welt der Afrikaner in Paris Mitte der 1980er Jahre und insbesondere die Gesellschaft der Stimmungsmacher und eleganten Menschen, der Sape*. Mit von der Partie sind die Showstars von damals, allen voran der Kongolese Djo Balard und der Ivorer Docteur Limane, die einen ›epischen‹ Sapeur-Wettbewerb austragen. In Wirklichkeit ist *Black Mic-Mac* Ausdruck und Abbild eines wechselhaften Jahrzehnts: In Frankreich beschloss man damals, die bis dato aufgeschlossene Einwanderungspolitik zu beenden und ein juristisches Arsenal zu schaffen, in dem der Ausländer als die Ursache aller wirtschaftlicher Unbill Europas gilt. So beleuchtet dieser hellsichtige Film die Findigkeit der Schwarzen in Frankreich, denn ebendiese forderten zunehmend ihren Platz in der Geschichte der Grande Nation.

Blogger

In jedem Winkel Afrikas erheben sich allmorgendlich junge Frauen und Männer, um die Entstehung einer gerechteren und solidarischeren Welt zu beschleunigen: Sie entwickeln soziale Medien und alternative Werkzeuge, wirken mit an der Verteidigung von Gemeingütern und an neuen Beziehungen zu nationalen wie überstaatlichen Institutionen. Sie suchen nach neuen Organisationsformen für selbstbestimmte Menschen und Praktiken. Sie setzen dabei zwar sehr stark auf die Potentiale der virtuellen Welt, nutzen aber oft auch die traditionellen Mobilisierungs- und Aktionsformen, die dadurch verdientermaßen neuen Schwung bekommen.

Als Blogger, Netzaktivisten, Sozialunternehmer oder *neti-*

zens (Kofferwort aus *net* und *citizen*) ist ihnen keineswegs daran gelegen, das Engagement und den Glauben ihrer Vorgänger, der alten Menschenrechtsaktivisten, zu leugnen. Im Senegal sind sie Teil der *Y'en-a-marre**-Bewegungen, in Burkina Faso bewegen sie sich im Umfeld des *Balai citoyen**, der seinerzeit den Sturz des Diktators Blaise Compaoré beschleunigte. In der Demokratischen Republik Kongo machen die kongolesischen Plattformen *Filimbi* (›Pfiff‹ auf Swahili) und *Lucha* (*Lutte pour le Changement*, eine gewaltfreie und offene Bürgerbewegung namens ›Kampf für Veränderung‹) von sich reden und nötigen die Machthaber zur offenen Repression.

In Kenia wurde Boniface Mwangi mit seinen Fotoaufnahmen von den politischen Ausschreitungen bekannt, die sein Land infolge der angefochtenen und wirklich anfechtbaren Wahlen zum Jahreswechsel 2007/2008 erschütterten. Obwohl er das Abgeordnetenmandat knapp verfehlte, ist er ein weiterhin reichweitenstarker Influencer, dem Millionen Kenianer sowie Afrikaner auf dem Kontinent und in der ganzen Welt folgen. In Angola ist der Rapper und Blogger Luaty Beirão eine zentrale Figur der Zivilgesellschaft, seitdem er die Gewaltexzesse des Regimes in Luanda kritisiert hat. Und Biram Dah Abeid setzt in Mauretanien mit den fest entschlossenen Gegnern der ganz und gar inakzeptablen Praxis der Sklaverei – die trotz ihrer amtlichen Abschaffung im Jahr 1980 noch weit verbreitet ist – den Kampf auf politischem Terrain fort. Junge Männer und Frauen, die sich glühend für smarte Technologien begeistern, haben den Arabischen Frühling in Marokko, Tunesien und Ägypten getragen. In den Augen all dieser Akteure setzt die Umgestaltung der Gesellschaft unweigerlich eine Umgestaltung der eigenen politischen Praktiken voraus, es brauche Transparenz und die Vermittlung politischer Taten und Gesten.

Wir hatten das Glück, uns mit jungen afrikanischen Bloggern austauschen zu können, die auf den Spuren von *Y'en a Marre*, *Balai citoyen* und ähnlichen *Lucha*-Projekten wandeln. Sehr aufmerksam lasen wir die Artikel, die sie unter Zeitdruck verfasst und auf Plattformen wie *Habari* RDC und *Yaba Burundi* hinterlegt haben. Sie gaben uns einen Vorgeschmack auf das Alltagsleben, wie man es in Goma, in Lubumbashi oder in Bujumbura serviert bekommt. Stets waren sie sich des konkreten Kräfteverhältnisses bewusst. Nicht einen einzigen Moment haben sie vergessen, wie hochriskant journalistisches Arbeiten im Zwischenseengebiet ist, das belegt die Aussage eines burundischen Bloggers und Journalisten: »Ich schreibe, weil ich unmöglich schweigen kann. Schweigen, wenn mein Land [Burundi] in der Hölle versinkt, wenn meine Träume von einer strahlenden Zukunft meines Landes mit jedem Tag weiter verblassen. Ich schreibe auch, weil das Schreiben die einzige Waffe ist, mit der ich umgehen kann, und weil der Krieg der Ideen die einzige Art von Gewalt ist, die ich toleriere.«

Im Katz-und-Maus-Spiel haben sie gelernt, die Zensur zu überlisten und den bösen Blick der örtlichen wie nationalen Behörden abzuwenden, ihre Artikel unter dem Deckmantel der Anonymität zu verfassen oder sich des Humors zu bedienen. Ihr Beitrag ist umso wertvoller, als sie manchmal überhaupt die Einzigen sind, die aus sehr unzugänglichen Regionen wie Nordkivu berichten, jener stark geschundenen Enklave mit der Universitätsstadt Beni in der Demokratischen Republik Kongo. Sie stehen zwar vor ungeheuren Herausforderungen, sie erhalten aber auch Hinweise von ihren treuesten Lesern: ihren Nachbarn im Stadtviertel.

Auch wenn ihnen nicht dieselben Mittel zur Verfügung stehen wie ihren Kollegen, die in der Hauptstadt für internationale Sender wie RFI, BBC, VOA und Deutsche Welle tätig sind, sind sie doch mit Sicherheit die Stimmen und Gesichter des Journalismus und des Aktivismus in Afrika.

Brazzaville

Hauptstadt der Republik Kongo, aber auch – und das vergisst man oft – Hauptstadt des Freien Frankreich von 1940 bis 1944, zur Zeit der deutschen Besatzung. Frankreich war damals in der Mitte Afrikas mit einem Territorialgebilde präsent, das Französisch-Äquatorialafrika (AEF) hieß und den Kongo, Gabun, den Tschad und Zentralafrika umfasste. Brazzaville war auch die Hauptstadt von AEF.

Am 27. Oktober 1940 gründete General de Gaulle in Brazzaville als Protoregierung den Verteidigungsrat des Empire, und am 30. Januar 1944 hielt der General als Präsident des Französischen Komitees für die Nationale Befreiung (CFLN), abermals in Brazzaville, eine historische Rede. Zwar betonte er, dass es in diesem Krieg eigentlich um »das Dasein des Menschen« gehe, de Gaulle sprach aber auch ausführlich über die Zukunft der afrikanischen Kolonien Frankreichs und deutete die Notwendigkeit einer gewissen, zumindest teilweisen »Autarkie« der kolonisierten Gebiete an:

Was das Leben der Welt von morgen angeht, so glauben wir, dass die Autarkie für keinen wünschenswert noch auch überhaupt möglich ist. Insbesondere meinen wir, dass der afrikanische Kontinent hinsichtlich der Entwicklung seiner Ressourcen und der großen Verbindungen weitgehend ein Ganzes bilden muss. Aber im französischen Afrika ebenso wie in allen anderen Gebieten, in denen Menschen unter unserer Fahne leben, gäbe es keinen des Namens würdigen Fortschritt, ohne dass die Menschen im Lande ihrer Geburt moralischen und materiellen Gewinn ziehen und nach und nach eine Ebene erreichen, die ihnen die Möglichkeit gibt, bei sich zu Hause an der Regelung ihrer Angelegenheiten mitzuwirken. Frankreich hat die Pflicht, dafür zu sorgen, dass dem so ist.[7]

In diesem Hauptstädtchen also begegnen wir den Mitgliedern des Verteidigungsrats des Freien Frankreich, bestehend aus den Generälen Georges Catroux und Edgard de Larminat, Admiral Émile Muselier, Sanitätsgeneral Marie Eugène Adolphe Sicé, Professor René Cassin, Oberst Leclerc, dem ehrwürdigen Vater Thierry d'Argenlieu und den Gouverneuren Félix Éboué und Henri Sautot. Diese Personen sind noch heute in Brazzaville präsent, nach ihnen sind Straßen, Plätze und Bildungseinrichtungen benannt.

Und natürlich müssen wir Ihnen noch verraten, dass viele Kongolesen für gewöhnlich scherzhaft erklären, während der Besatzung seien die Franzosen Kongolesen gewesen ...

Brazzaville ist übrigens auch die Hauptstadt der Sape*.

Bürde (des weißen Mannes)

Sagen wir es klar und deutlich: Die angebliche Bürde ist in historischem Sinne eine Lüge. Im moralischen Sinne widersinnig. Hier versucht das Böse, sich an der Tugend zu laben. Nun, lassen wir einen alten Kampfgefährten zu Wort kommen.

Im Jahr 2010, am Abend seines an intellektuellem und politischem Engagement so reichen Lebens, kam der Ökonom Samir Amin* (1932–2018) noch einmal auf die Bilanz der Kolonialisierung zu sprechen – in einem Moment, da sich in Europa, in Frankreich ebenso wie in Großbritannien, einige Personen des öffentlichen Lebens wieder zu der Behauptung verstiegen, Europa habe Afrika mehr gegeben, als es ihm genommen habe. Hören wir zunächst Amin: »Ich bin kein Pessimist und ich glaube nicht, dass es fünf verlorene Jahrzehnte sind [seit der Unabhängigkeit]. Ich bin immer noch äußerst kritisch, äußerst unnachsichtig gegenüber den afrikanischen Staaten, ihren Regierenden und den herrschenden Klassen. Doch viel kritischer bin ich gegenüber dem Weltsystem, das großenteils für die afrikanischen Misserfolge verantwortlich ist. Wissen Sie, die Kolonialisierung, die man heute so sehr über den grünen Klee lobt, war eine Katastrophe historischen Ausmaßes. Als die Kolonialisierung zu Ende ging, gab es in Belgisch-Kongo neun Kongolesen, die ein Hochschulstudium hinter sich hatten. Nach dreißig Jahren unter Mobutu, einem der abscheulichsten Regimes der Menschheitsgeschichte, waren es Hunderttausende. Anders gesagt, das schlimmste afrikanische Regime hat dreitausend, fünftausend Mal mehr geleistet als die bezaubernde belgische Kolonisierung. Das darf man nicht vergessen.«

Natürlich darf man diese Dinge nicht vergessen, will man zu einem einigermaßen unaufgeregten Dialogklima beitragen. 2005 hatte der Gesetzentwurf aus den Reihen der konservativen UMP über die positive Rolle der französischen Kolonialisierung einen allgemeinen Aufschrei ausgelöst, bevor der Text auf Verlangen des Präsidenten Jacques Chirac klammheimlich zurückgezogen wurde. Zwei Jahre später tischte dessen Nachfolger, Präsident Nicolas Sarkozy, das Ganze wieder auf. In Dakar, vor den versammelten Studenten der Universität Cheikh-Anta-Diop*, hielt er eine absurde Rede, die viele verstörte: »Der Kolonisator hat genommen, aber er hat auch gegeben«, betonte Sarkozy und fügte überschwänglich hinzu, man habe »Häfen, Straßen, Krankenhäuser, Gesundheitsämter und Schulen gebaut«, man habe »unberührte Böden fruchtbar gemacht, nicht an Mühe, Arbeit und Wissen gespart«. Die Tatsachen allerdings sind eigensinnig, sie widersprechen Sarkozys Äußerungen von vorne bis hinten. Mehr noch, sie stützen die Feststellung von Samir Amin über Belgisch-Kongo. Ein kurzer Blick in die Archive, und schon bricht Sarkozys These in sich zusammen.

Ein Jahr nach der Dakarer Rede veröffentlichte die französische Nachwuchswissenschaftlerin Élise Huillery ihre Dissertation mit dem Titel *Histoire coloniale, développement et inégalités dans l'ancienne Afrique Occidentale Française* (›Kolonialgeschichte, Fortschritt und Ungleichheit im ehemaligen Französisch-Westafrika‹, 2008). Und bei Huillery erfahren wir: »Die Kosten der Kolonialisierung Französisch-Westafrikas waren, aus Sicht des französischen Steuerzahlers, äußerst gering und das Wenige an öffentlichen Investitionen, das während der Kolonialzeit getätigt wurde, kann sich Frankreich umso weniger ans Revers heften, als diese beinahe vollständig von den afrikanischen Bevölkerungen selbst bezahlt worden sind.« Was den Historikern ins Auge springt, ist der geringe Investitionsumfang und folglich die Bescheidenheit der realisierten Projekte. Französisch-Westafrika wurde bei weitem nicht von einem Heer an Ärzten, Architekten und Ingenieuren umgepflügt, sondern erscheint eher als Tatarenwüste: Im Jahr 1907 zählte es lediglich 1000 Lehr- und 1400 Pflegekräfte für zwölf Millionen Einwohner. Nach 1920 stammten weniger als 20 Prozent dieser Fachkräfte aus der Metropole, d. h. aus dem Kernland des Empire. Die jenseits des Meeres gelegenen Böden, die französische Bauingenieure – was Präsident Sarkozy so sehr schätzte – fruchtbar gemacht hätten, gehören ins Reich historischer Konstrukte, wenn nicht gar der Mythen. Die Arbeiten von Nachwuchswissenschaftlern wie Élise Huillery sind äußerst wertvoll, denn sie widerlegen vollends die verlogenen Thesen eines Jacques Marseille, die 1984 in Frankreich und Afrika veröffentlicht worden waren. Darin hieß es ganz offen, Frankreich habe für die Kolonialisierung große Opfer gebracht. Eine Überprüfung der kolonialen wie der metropolitanen Staatshaushalte zeigt allerdings, dass kaum 0,29 Prozent der Steuereinnahmen im ›Mutterland‹ für die Kolonien aufgewendet wurden. Darüber hinaus waren vier Fünftel der den Kolonien zugewiesenen Gelder in Wirklichkeit Militärausgaben.

Kurz, von einem Opfer kann keine Rede sein. Die Kolonialisierung ist eine Bürde und ein Opfer der Afrikaner. Nicht der Metropole. Weder Frankreichs noch Belgiens. Die Bürde des weißen Mannes ist ein zählebiges Wahnbild. Das darf man nicht vergessen!

Césaire, Aimé – CFA (Franc) – Château-Rouge – Chérie
Samba – Coetzee, John Maxwell

Césaire, Aimé

1913 auf Martinique geboren, besucht Aimé Césaire das Victor-
Schœlcher-Gymnasium auf seiner Heimatinsel und kommt 1931
mit einem Stipendium nach Paris, um sich am renommierten
Lycée Louis-Le-Grand auf die Aufnahmeprüfung für die Elitehochschule ENS vorzubereiten. Dort begegnet er dem Senegalesen Léopold Sédar Senghor* und Léon-Gontran Damas aus
Guyana. Alle drei genießen heute hohes Ansehen als Initiatoren
der bedeutenden Négritude-Bewegung mit ihrer Aufwertung
afrikanischer Kulturen und ihrem Stolz auf die Abstammung
von einem so mächtigen wie mythischen Kontinent. Das Wort
négritude, das erstmals 1939 in Césaires epischem Gedicht »Zurück ins Land der Geburt« auftaucht, ist seither Teil einer Politik
der Selbstbehauptung durch die Verherrlichung afrikanischer
Wurzeln und die Ablehnung eines vom Westen aufgestellten ästhetischen Kanons.

Ebenfalls 1939 kehrte Aimé Césaire ins heimatliche Martinique zurück. Er arbeitete seither als Lehrer am Schœlcher-Gymnasium und gründete zwei Jahre später mit seiner Frau Suzanne
Césaire und einigen Freunden die Zeitschrift *Tropiques*. Die
Négritude faszinierte auch die großen Philosophen seiner Zeit,
insbesondere Jean-Paul Sartre, der 1948 ein Vorwort zu Senghors *Anthologie de la nouvelle poésie nègre et malgache de langue*
verfasste, einen Text mit der Überschrift »Schwarzer Orpheus«.
Für Sartre bestimmt sich jene schwarzafrikanische Strömung

dadurch, »daß die Négritude weder ein Zustand noch ein bestimmter Komplex von Lastern und Tugenden, intellektuellen und moralischen Eigenschaften, sondern eine bestimmte affektive Haltung gegenüber der Welt ist. [...] Es [das Gefühl] ist eine Spannung der Seele, eine Wahl seiner selbst und andrer, eine Weise, die rohen Gegebenheiten der Erfahrung zu überschreiten, kurz, ein Projekt ganz so wie der Willensakt. Die Négritude ist, um die heideggersche Sprache zu verwenden, das In-der-Welt-sein des Negers.«

Die Négritude erblickte, mit Césaire selbst gesprochen, das Licht der Welt wegen – oder dank – des Weißen und seines Wortes ›Neger‹: »Die Weißen haben die Négritude erfunden [...] Das Wort ›Neger‹, das man uns hinwarf, haben wir aufgelesen. Wir sagten uns damals, dieses provokante Wort verwandeln wir in ein grundlegendes Wort. Dabei ist die Négritude unbedingt als Humanismus zu verstehen: Am Ende des Partikularismus gelangt man zum Universellen. Der Ausgangspunkt ist zwar der schwarze Mensch, der Endpunkt aber ist der Mensch schlechthin.«

Als Politiker wischte Césaire Kritik daran beiseite, er habe in der französischen Nationalversammlung zu den Verfechtern der gesetzlichen Eingliederung seiner Insel als Überseedepartement gehört. Schon seine Schrift *Über den Kolonialismus* von 1950 hätte allemal genügt, um die gegen ihn gerichteten Vorwürfe zu entkräften, denn dieses knappe Werk zählt zweifelsfrei zu den kraftvollsten und offensivsten Anklagen gegen ein politisches System, das der Poet für höchst ungerecht und schädlich hielt: »Im Verhältnis zwischen Kolonisator und Kolonisiertem ist nur Platz für die Fronarbeit, die Einschüchterung, den Zwang, die Polizei, die Steuer, den Diebstahl, die Vergewaltigung, die Zwangsanpflanzung, die Verachtung, das Misstrauen, die Anmaßung, den Dünkel, die Gemeinheit, für enthirnte Eliten und erniedrigte Massen.«

Nachdem Chruschtschow 1956 die Verbrechen Stalins aufgedeckt hatte, traf Césaire die einzig richtige Entscheidung. Mit einem »Brief an Maurice Thorez«[1] verlässt Césaire unter lautstarkem Protest jene allzu widersprüchliche Kommunistische Partei Frankreichs und wird sich des ganzen »Feldes unserer Einzigartigkeit« als farbige Menschen, unserer Lage, unserer Kultur und unserer Geschichte bewusst: »Von der Kommunistischen Partei Frankreichs haben wir aufrechte Selbstkritik erwartet, eine entlastende Entsolidarisierung vom Verbrechen, keine Verleugnung, sondern einen neuen, einen ernsten Aufbruch, so etwas wie eine Neugründung der Kommunistischen Partei ... Stattdessen sahen wir [beim Parteitag] in Le Havre bloß ein starrsinniges Festhalten am Fehlerhaften, das hartnäckige Beharren auf der Lüge und die absurde Behauptung, nie geirrt zu haben, in einem Wort: Päpstlicher als der Papst wollten die Dogmatiker sein, sie demonstrierten eine altersschwache Unfähigkeit, sich von sich selbst freizumachen, sich auf die Höhe des Geschehens zu heben, sie verlegten sich stattdessen auf die kindischen Schliche einer in die Enge getriebenen priesterlichen Überheblichkeit [...] Mein Gott! Alle kommunistischen Parteien sind in Bewegung, in Italien, Polen, Ungarn, China. Und die französische Partei betrachtet inmitten des allgemeinen Wirbelsturms selbstgefällig ihren Nabel und ist satt und zufrieden. [...] Ich für meinen Teil glaube, dass die schwarzen Völker voller Energie und Leidenschaft sind, dass es ihnen weder an Elan noch an Vorstellungskraft mangelt, dass diese Kräfte aber nur verkümmern können in Organisationen, die nicht für sie geeignet, für sie gemacht, von ihnen gemacht sind und auch den Zielen nicht entsprechen, die nur sie allein bestimmen können.«

Césaire geißelt unter anderem die eurozentrische Sichtweise der französischen Kommunisten, die er als »unbewussten Chauvinismus« bezeichnet. Der Poet fordert stattdessen einen »Fraternalismus« der Parteibasis. So gründet er mit Pierre Aliker und weiteren Weggefährten die Fortschrittspartei Martiniques – eine »nationalistische, demokratische und antikolonialistische Partei mit sozialistischen Wurzeln«, wie es in der Satzung heißt. Doch auch die französischen Antillen können sich den Versuchungen der Konsumgesellschaft und innenpolitischen Zwistigkeiten nicht entziehen. Die Poesie gewann bei Césaire wieder die Oberhand: Er begann ein Werk, das ihn auf eine ganz neue Ebene heben sollte – als Hüter der »Verdammten dieser Erde«, um einen Ausdruck von Frantz Fanon* zu gebrauchen, und, wie Césaire sich in seinem *Zurück ins Land der Geburt* bezeichnet, als »Stimme der Stimmlosen«. Dabei ist kaum zu übersehen, dass es sich bei seiner Dichtung um die Fortsetzung des politischen und sozialen Engagements unter dem Deckmantel der Kunst handelt, dass der Politiker vom Poeten nicht zu trennen ist.

Nach dem Tod von Aimé Césaire am 17. April 2008 würdigte ihn der französische Präsident Nicolas Sarkozy: »Er war ein großer Humanist, in dem sich alle Menschen wiederfanden, die im 20. Jahrhundert für die Befreiung der Völker kämpften.«

Frankreich trauerte um einen der bedeutendsten Dichter französischer Sprache, der im Alter von 94 Jahren von uns gegangen ist und dessen dramatisches Werk 1991 mit der Aufnahme seines Stückes *Die Tragödie von König Christoph* in das Repertoire der Comédie Française geadelt wurde.

In Erinnerung bleibt denn sein unstrittiger Beitrag zu dem, was man heutzutage *World Literature* nennt, die sich die grenzüberschreitende Bewegungsfreiheit der Kreativität auf die Fahnen geschrieben hat. Und tatsächlich hat Césaire, als er gemeinsam mit Senghor und Damas das Wort ›négritude‹ in die schwarzafrikanische Philologie einführte, ganz neue Forschungsansätze aufgetan und eine andere Weltwahrnehmung angeregt, in der die Gedankenwelten Afrikas und der afrikanischen Diaspora sich als eben jene Puzzleteile erwiesen, die es für eine Neubestimmung der durch Begegnung und Austausch geprägten globalen Gegenwart noch brauchte.

Bis in seinen späten Lebensabend hinein war Césaire entschlossen und engagiert. Beispielsweise schlug er Ende 2005 einen Termin mit Nicolas Sarkozy aus, der damals als Innenminister auf die Antillen hatte reisen wollen, bevor er diesen Besuch schließlich absagte. Mit seiner Weigerung bekräftigte Césaire seine Ablehnung eines neuen Gesetzes (das im Februar 2006 schließlich aufgehoben wurde), demzufolge die »positive Rolle« der Kolonialisierung in den französischen Schullehrplan aufzunehmen wäre. Dieses Gesetz widersprach allem, wofür Césaire sein Leben lang gekämpft hatte. Anderthalb Jahre nach dieser Schlappe hielt Nicolas Sarkozy, inzwischen Präsident der Republik, eine heftig umstrittene Rede in Dakar und erklärte, »die Tragödie Afrikas besteht darin, dass der Afrikaner nicht genug in die Geschichte eingetreten ist ...«

Nach dem Tod Césaires begab sich Nicolas Sarkozy also 2008 endlich nach Martinique, um dessen Bestattung beizuwohnen. Césaires Familie verbat sich eine offizielle Ansprache, um sich vor jeglicher politischer Vereinnahmung zu schützen. Bald darauf wurden Stimmen laut, man solle den Dichter ins Panthéon überführen, doch das Volk von Martinique bestand darauf, dass Césaires Asche auf seiner Heimatinsel bleibt. Allerdings wurde Césaire am 6. April 2011 symbolisch in das Panthéon aufgenommen, und an sein Leben erinnert nun eine monumentale Gedenktafel in der Ruhmeshalle, in der die großen Persönlichkeiten der französischen Nation ruhen ...

CFA

Mitte der 1940er Jahre stand CFA noch für ›Franc des colonies françaises d'Afrique‹, den Franc der französischen Kolonien in Afrika. Später dann, kurz vor den Unabhängigkeiten, also Ende der 1950er, war daraus der Franc der Afrikanischen Finanzgemeinschaft geworden – schließlich ist er der Franc der Afrikanischen Wirtschafts- und Währungsgemeinschaft. Die Erzgegner dieses Geldes, das im frankophonen Schwarzafrika immer noch im Umlauf ist, sehen dadurch das wirtschaftliche Geschick des Kontinents im Würgegriff Frankreichs, denn wir sollten nicht vergessen, dass Frankreich die ›Aufsicht‹ über den CFA-Franc ausübt und einen festen Wechselkurs zum Euro garantiert. Doch das ist nicht alles: Frankreich druckt auch immer noch die Scheine. Man kann sich leicht ausmalen, dass Frankreich diese Garantie bei aller Gutmütigkeit nicht ganz uneigennützig bietet: Vielmehr verpflichtet es die afrikanischen Staaten der CFA-Zone, die Hälfte ihrer Devisenreserven auf einem Konto bei der französischen Zentralbank zu hinterlegen. Verwaltet wird das Tagesgeldkonto selbstverständlich von der Banque de France, und sie ist es auch, die an die Afrikaner die Zinsen ausschüttet ...

Im Sinne einer vollständigen Befreiung von der ehemaligen Kolonialmacht stellen zahlreiche politische Akteure im subsaharischen Afrika den CFA-Franc zunehmend infrage. Der togolesische Ökonom Kako Nubukpo etwa kritisiert die »währungspolitische Knechtschaft«, die in der Verpflichtung der vierzehn betreffenden Länder zum Ausdruck komme, die Hälfte ihrer Reserven in Frankreich zu hinterlegen. Er betont: »Der Besicherungsmechanismus, den die französische Zentralbank der Franc-Zone bietet, ist ein Mechanismus, mit dem man sich gegen die Schwachstellen der ökonomischen und politischen Regierungsführung in Afrika absichern kann. Es handelt sich nicht um einen Mechanismus, mit dem Afrika seine strukturelle Transformation einleiten könnte. Die Frage der währungspolitischen Souveränität Afrikas ist also eine entscheidende Frage.«

In einigen afrikanischen Hauptstädten erreichte die Verzweiflung ihren Höhepunkt, als der Frankobeniner Kémi Séba, ein damals im Senegal ansässiger Akteur der Zivilgesellschaft, am 19. August 2017 auf der Place de l'Obélisque in Dakar vor laufenden Kameras einen 5000-CFA-Schein verbrannte. Von der senegalesischen Justiz wurde der Aktivist der »mutwilligen und öffentlichen Zerstörung eines Bankbillets« für schuldig befunden, dann allerdings auf freien Fuß gesetzt und nach Frankreich ausgeflogen, wo er geboren und aufgewachsen war.

Für viele Menschen ist und bleibt der CFA-Franc eine der letzten Unannehmlichkeiten der französischen Kolonialisierung und ein durch die Banque de France über Umwege verwaltetes

Zahlungsmittel, das den Status quo begünstigt und faktisch die Diktatoren unterstützt, mit denen sich die französische Nation noch immer gern an einen Tisch setzt ...

Château-Rouge

Wer in Paris auf der Suche nach dem subsaharischen Afrika ist, muss einfach nur nach Château-Rouge fahren, in ein Viertel im 18. Arrondissement, das zwischen dem Boulevard Barbès und der Place du Château-Rouge liegt: Es ist der Schauplatz einiger Romane afrikanischer Autoren, etwa *Schwarzes Ballett in Château-Rouge* von Achille Ngoye (2001), *Bleu blanc rouge* (›Blau Weiß Rot‹), *Black Bazar* sowie *Tais-toi et meurs* (›Schweig und stirb‹) von Alain Mabanckou (1998, 2010, 2014) und *Des fourmis dans la bouche* (›Ameisen im Mund‹) von Khadi Hane (2011) ...

Seinen Namen verdankt das Viertel einem kleinen Herrenhaus, das Ende des 18. Jahrhunderts erbaut wurde und später dem ältesten Bruder Napoleons, Joseph, bei der Verteidigung der französischen Hauptstadt als Kommandoposten diente. Heute ist das Viertel eines der Zentren afrikanischen Lebens in der französischen Hauptstadt, dazu zählt insbesondere der Dejean-Markt, auf dem die Händler einander mit exotischen Produkten wie den Waxstoffen* oder verschiedenen Manioksorten überbieten. Umarmungen, Späße, eine wilde Mischung aller Sprachen des Kontinents – hier befinden wir uns in einer anderen Welt, mit eigenen Codes und Sitten. Der ›Schwarzmarkt‹ in den Straßen Dejean, Doudeauville, Labat, Poulet und Myrha ist eine Institution. Angeboten wird dort fast alles, von Markenkleidung bis hin zu Kosmetik, ja, man findet sogar noch (wie in den 1980ern und 1990ern) günstige ÖPNV-Fahrkarten. Die Rue de Panama steht sicherlich am höchsten im Kurs mit ihren »Afro*«-Friseursalons und mit ihren Restaurants, in denen sich alle Sprachen der Heimat begegnen, vor allem aber mit dem berühmten Ladengeschäft *Connivences* des prominenten kongolesischen

Stylisten Jocelyn le Bachelor. Ungeachtet der regelmäßigen Polizeieinsätze (sei es auf der Suche nach Personen ohne geregelten Aufenthaltsstatus oder im Kampf gegen nicht genehmigte Verkaufsstände entlang der Verkehrsadern) ist Château-Rouge in den Augen der hiesigen Passanten afrikanisches Gebiet. Raumordnungsprojekte wurden angestoßen, Raumordnungsprojekte wurden durchgeführt, und zwar stets mit dem Ziel, das Viertel zu ›entafrikanisieren‹ – doch was wäre Château-Rouge ohne sein afrikanisches Leben? Ist es nicht an der Zeit, dem Viertel einen eingängigen Namen mit Afrikabezug zu geben, so ungefähr wie in US-amerikanischen oder kanadischen Metropolen mit ihrem ›Little Tokyo‹, ihrem ›Little Ethopia*‹ und anderen ›Chinatowns‹? Die öffentlichen Gegenreden können wir uns schon ausmalen, auch die Verfassung würde herhalten müssen als Argument gegen eine solche ›Ghettoisierung‹ von Paris.

Einen ähnlichen Ort gibt es übrigens im 10. Arrondissement, man erreicht ihn von Château-Rouge her über den Magenta-Boulevard: das Viertel von Château-d'Eau. Dort gibt es zwar auch Textilien sowie Bleichmittel für die Haut, vor allem aber werden dort Haare geschnitten, und so verwundert es nicht, wenn Sie gleich von zwei Seiten in die Zange genommen werden und einen hastigen Haarschnitt in einem beengten Salon unter den flimmernden Bildern kongolesischer, nigerianischer oder ivorischer Stars und Sternchen angeboten bekommen ...

Chéri Samba

Der 1956 in Kongo-Kinshasa geborene Chéri Samba zählt zu den prominentesten zeitgenössischen afrikanischen Malern. Seine Werke erlangten eine beispiellose internationale Strahlkraft und hängen heute in den Sammlungen äußerst renommierter Institutionen, etwa im Museum of Modern Art in New York oder auch im Centre Georges-Pompidou in Paris. Wir erinnern uns noch, wie wir auf unseren Spaziergängen in Brüssel eines seiner grellbunten Bilder an einer Hauswand im afrikanischen Viertel Matonge (Ixelles) bewunderten, das für Multikulturalität, für die Annäherung der Gruppen und Völker steht. Für uns ist Chéri Samba die Verkörperung des ›Weltkünstlers‹, der in seinen ›naiven‹ Gemälden die Alltagsszenen in den Straßen, den Kneipen und Vierteln miteinander mischt, um sie stets mit einer handfesten Kritik der ökonomisch-soziopolitischen Sitten zu verbinden, mit schreienden Farben und mit Kommentaren in Sprechblasen auf Französisch, Englisch oder auch Lingala, seiner Muttersprache. Mit seiner Kunst, die ›nah an den Leuten ist‹, wie man im Kongo sagt, veranschaulicht der Autodidakt, wie viel das ›Lokale‹ zur Konsolidierung der Universalität unserer Kultur beigetragen hat. Und als er 1997 zur Biennale in Venedig eingeladen wurde, war das zweifellos einer der bedeutenden Momente in der Erfolgsgeschichte seines Werks.

Coetzee, John Maxwell

John Maxwell-Coetzee kam 1940 im südafrikanischen Kapstadt in einer afrikaanischen Familie zur Welt und besuchte eine englische Schule. Mit 21 Jahren schloss er ein Literatur- und Mathematikstudium ab und arbeitete später als Informatiker in Großbritannien. 1965 begab er sich in die USA, promovierte über den Romanstil von Samuel Beckett und schrieb erste Erzählungen, die von der Gewalt seiner zurückgelassenen Heimat handeln. Seither verdanken wir J. M. Coetzee immer wieder messerscharfe, wagemutige und bisweilen auch enigmatische Schriften.

Am 10. Dezember 2003 erhielt Coetzee den Literaturnobelpreis – es war der zweite für Südafrika, nach Nadine Gordimer 1991, und der vierte für den Kontinent insgesamt, nachdem der Nigerianer Wole Soyinka 1986 und der Ägypter Nagib Machfus 1988 geehrt worden waren. Die Jury der Schwedischen Akademie beschreibt den Autor von *Schande* (1999) als Reisenden zwischen zwei Welten: zwischen Afrika, wo er aufgewachsen ist, und Europa, zwei Welträumen mit durchaus widersprüchlichen oder konfligierenden Horizonten.

Mitte der 1990er Jahre verließ Coetzee das Kap in Richtung Australien, wo er seither lehrt und lebt.

Mit seinem schmucklosen und augenscheinlich distanzierten Stil verstand es Coetzee, die Essenz der Themen Apartheid (*Schande, Eiserne Zeit*), ländliches Leben in Südafrika (*Im Herzen des Landes*) sowie körperliche und geistige Deformation in einer vom Bürgerkrieg geprägten Welt (*Leben und Zeit des Michael K.*) herauszuarbeiten.

Dass er in Australien lebt, macht aus ihm noch keinen Fremden, denn die Fragen der Gerechtigkeit, Gleichheit und Integrität, die er vor südafrikanischem Hintergrund ergründete, haben nunmehr globalen Widerhall gefunden. J. M. Coetzee bestellt Roman um Roman, Artikel um Artikel weiter sein Feld und beginnt immer wieder neu bei der Fähigkeit des Menschen, sich von allen Lasten und allen Zwängen zu befreien. Unablässig ergründet Coetzee die Schwäche, das Unverständnis sowie die Grausamkeit der Menschen und erfasst dabei auch die Schönheit und den göttlichen Kern des menschlichen Wesens.

D

Dadié, Bernard – Denkmal (für die Helden der schwarzen Armee) – Diagne, Souleymane Bachir – Diallo, Rokhaya – Diawara, Manthia – Diktatur – Diop, Birago – Diop, Cheikh Anta – Djebar, Assia – Dschihadismus

Dadié, Bernard

Der ivorische Schriftsteller Bernard Dadié (1916–2019) zählte zu den letzten Zeitzeugen einer Epoche, in der man sich daran gemacht hatte, das einst durch Sklaverei und Kolonialisierung zerstückelte Afrika neu zusammenzubringen – bevor es durch die Verbreitung diktatorischer Regime und die Knebelung der Stimme des Volkes wieder zerstückelt wurde. Sein Werk preist die Verbindung der »Menschen aller Kontinente«, deren Gemeinschaft einen neuen Humanismus definieren müsse, der sich auf Toleranz gegenüber und Respekt für alle Kulturen gründet. Dadiés Gedichte und Geschichten schöpfen ihre Kraft aus einer afrikanischen Kosmogonie, die der westlichen Kultur gegenübertritt – nicht um Rechenschaft zu fordern, sondern um unseren Teil des Imaginären in das große Konzert der Zivilisationen einzubringen.

Seine Texte verzauberten die afrikanischen Schulkinder, die nach der Unabhängigkeit zur Welt gekommen waren, wie sie die Schüler von heute inspirieren. Dadié verkehrte mit den Geistesgrößen seiner Zeit, mit Théodore Monod, Albert Londres, Alioune Diop, Aimé Césaire*, Léon-Gontran Damas, Richard Wright, James Baldwin, Tchicaya U Tam'si, Jean-Paul Sartre, Jacques Rabemananjara, Jean-Jacques Rabearivelo, André Gide*,

Albert Camus, usw. Er war in der Zwischenkriegszeit an der jungen Négritude-Bewegung beteiligt und nahm an den Kongressen schwarzer Schriftsteller und Künstler teil (1956 in Paris und 1959 in Rom).

Sein Roman *Climbié* (1956) entfaltete bereits die Frage der Akkulturation, der kulturellen Angleichung vermittels der französischen Sprache, die uns mit der Kolonialisierung aufgezwungen worden war. Tatsächlich hinterließ das Erlernen des Französischen bei einigen unschöne Erinnerungen oder führte zu einer Abwehrhaltung: allein schon wegen der zutiefst erniedrigenden Strafen und Schikanen, denen das afrikanische Schulkind ausgesetzt war, sobald man es auf dem Pausenhof beim »Quasseln« in seiner Mundart erwischte. Doch Dadié schlägt in *Climbié* keine lauten Töne an – das ist ohnehin nicht seine Art –, er entfaltet vielmehr eine Ironie, die Montesquieus *Persischen Briefen* würdig wäre, und sein Lächeln steht einem vor Augen, wenn er fragt: »Welche Sanktionen sind gegen Individuen zu ergreifen, die so behände mit einer Sprache spielen, welche so reich, geschmeidig und diplomatisch ist wie das Französische?«

Unvergessen bleibt, wie Dadié die afrikanische Literaturgattung der »Europareise« erfand und eine Art »umgedrehten Exotismus« betrieb: In *Un nègre à Paris* (›Ein Neger in Paris‹, 1959) ist es nicht mehr der Europäer, der uns mittels seiner ellenlangen Reihe von Vorurteilen aus den ersten Forschungsberichten vom schwarzen Kontinent oder auch aus der Fernweh- und Kolonialliteratur kategorisiert, sondern der Afrikaner stellt im Vollbesitz seiner Bewegungsfreiheit die Sitten und Gebräuche jener westlichen Zivilisation bloß, die man uns damals als das Maß aller Dinge darstellte. *Un nègre à Paris* veranschaulichte einen Raum: jenen Raum der französischen Metropole, in dem sich die Befehlsgewalt ballte, deren Härte sich auf die Kolonien niederschlagen und den Kolonisierten in die Situation einer »Gewalt des Todes« bringen sollte, um einen Ausdruck in Achille Mbembes* *Postkolonie* (2006) aufzugreifen.

Zu seinem 100. Geburtstag im Jahr 2016 erreichten Dadié

noch Glückwünsche und Ehrungen aus ganz Afrika, bevor er uns drei Jahre später verließ, als wir uns an seine Unsterblichkeit schon gewöhnt hatten. Er war der letzte Überlebende der Négritude-Bewegung aus der Zeit von Léopold Sédar Senghor*, Aimé Césaire*, Léon-Gontran Damas, Paulette Nardal* und anderen. Dadié war nur ganz unwesentlich älter als die afrikanische Literatur französischer Sprache, wenn man denn davon ausgeht, dass sie eigentlich 1921 mit *Batuala** begonnen hat – dem Roman des Guyanesen René Maran, der mit dem Prix Goncourt ausgezeichnet worden ist. Und wenn wir also vor ihm den Hut ziehen, so ziehen wir auch den Hut vor der literarischen Schöpfung der schwarzen Welt, die es uns ermöglichte, frei zu sprechen und das oftmals unvorteilhafte Bildnis aus Europa zurückzuweisen, das ein Afrika der Finsternis und des Unheils zeigt …

Denkmal (für die Helden der schwarzen Armee)

Das ›Denkmal für die Helden der schwarzen Armee‹ ist eine monumentale Bronzeskulptur, die 1924 in Reims errichtet wurde. Es ehrt die Tirailleurs sénégalais*, die im Ersten Weltkrieg die französische Stadt verteidigten, und macht damit das Engagement von Hunderttausenden afrikanischen Kämpfern sichtbar. Von den Komoren, aus Senegal, dem Kongo, Somalia, Guinea, Benin und von Madagaskar kamen die Soldaten, um auf Seiten Frankreichs zu kämpfen; über 30 000 von ihnen ließen auf dem Schlachtfeld ihr Leben. Wie ein Spiegel rühmt das Denkmal zugleich die Zigtausend Afro-Amerikaner, die Kämpfer von den Antillen, von Réunion, aus Guyana und die Kanaken, die ihr Leben für diese Nation gelassen haben.

Die Idee für dieses Denkmal kam 1921 auf, in dem Jahr, in dem sich in Deutschland die Ideologie der »Schwarzen Schmach« verbreitete, die sich gegen den Einsatz schwarzer Soldaten in den französischen Besatzungstruppen im Rheinland richtete. Diese massiv rassistische Kampagne wurde in Deutschland in der Presse, im Film, durch Plakate, Pamphlete und schließlich öffentliche Demonstrationen genährt, die die sogenannten »Negertruppen« beschuldigten, sie würden »unsere deutsche Rasse völlig verderben«[1] ... Die französische Öffentlichkeit reagierte mit Unterstützung für »unsere Tirailleurs«. Am 11. Mai 1922 veröffentlichte die französische Regierung einen Bericht, der sich gegen diese rassistischen Angriffe verwahrte, und fünf Monate später, am 29. Oktober 1922, wurde der Grundstein für das Denkmal in Reims gelegt. Die Enthüllung des ›Denkmals für die Helden der schwarzen Armee‹ des Bildhauers Paul Moreau-Vauthier und des Architekten Auguste Bluysen musste allerdings bis 1924 warten.

Dennoch ließ sich das rassistische Narrativ nicht bremsen und wurde in Deutschland von den Nationalsozialisten wieder aufgegriffen. Adolf Hitler schöpfte daraus auch Inspiration für *Mein Kampf*. Ein ganzes Kapitel widmet er darin den schwarzen Truppen und bereitet damit den Boden für einen apokalyptischen Rachefeldzug. So würden im Mai und Juni 1940[2] die deutschen Streitkräfte 2000 bis 2500 Schwarze massakrieren, die sie im Lauf des Westfeldzugs gefangen genommen hatten.

Doch damit nicht genug. In einer Notiz vom Juli 1940 empörte sich Heinrich Himmler auf der Durchreise in Reims über dieses Denkmal und forderte dessen Abbau.

Kaum war das Bauwerk demontiert, planten die Nazis, es nach Deutschland zu bringen und dort auszustellen, um mit einem handfesten Beweis anzuprangern, was sie die »Entartung Frankreichs« nannten ... Und am 10. September 1940 erlitt das Denkmal den äußersten Affront: Es verließ Reims in Richtung NS-Deutschland.

Vor dem Abtransport zertrümmerten die Deutschen den aus Afrika stammenden Granitsockel in Form eines Tatas (Festungsbaus) sudanesischen Typs, in den die Namen der wichtigsten Schlachten eingraviert waren, an denen die afrikanischen Truppen teilgenommen hatten.

War es eine Ironie des Schicksals oder vielleicht die Macht der beschwörenden Geister dieser Urahnen vom schwarzen Konti-

nent – jedenfalls sollte das Monument Berlin nie erreichen ...
sondern in einer Gießerei enden, in der die Darstellung der vier
schwarzen Soldaten mit ihrem weißen Offizier samt französischer Flagge eingeschmolzen wurde.

Heute existieren nur noch ein paar Fragmente des Sockels im
Fort de la Pompelle in Reims. Allerdings steht in Afrika die zwei-
te Ausfertigung des Denkmals, das im Januar 1924 in Bamako
enthüllt wurde, im edlen, altehrwürdigen Mali, wo zahlreiche
Bambara und Mossi für die Schützengräben rekrutiert wurden.
Manche sehen darin eine persönliche Huldigung des Generals
Louis Archinard, des Eroberers Malis (das damals Französisch-
Sudan genannt wurde); denn er hatte den Vorsitz im Bauaus-
schuss für dieses Bauwerk gehabt. Sekundiert wurde ihm von
dem Abgeordneten Blaise Diagne, dem Mann, der die schwarzen
Truppen rekrutiert hatte ...

Diagne, Souleymane Bachir

Der 1955 in Saint-Louis geborene Souleymane Bachir Diagne ist
ein warmherziger, weitschweifender und bescheidener Absolvent der Elitehochschule ENS, der seine Rolle als leidenschaftli-
cher Intellektueller und Grenzgänger ernst nimmt. Seit beinahe
vierzig Jahren erhebt er seine anspruchsvolle und weltoffene
Stimme. Vermittels seiner wachsamen Worte eröffnet sich uns
ein enormes ethisches Feld.

Als prominenter Intellektueller, als Logiker sowie Spezialist
für Wissenschaftsgeschichte und islamische Philosophie lehrte
der herausragende Pädagoge zwanzig Jahre lang am Institut für
Philosophie der Dakarer Cheikh-Anta-Diop-Universität, bevor
er in die USA auswandern sollte. Dort übt er nun denselben Be-
ruf aus, zunächst in Chicago an der Northwestern University,
dann an den Instituten für Französisch und für Philosophie der
hochangesehenen Columbia University in New York.

Bachir Diagne – der in der Rue d'Ulm studierte und promovierte, als dort Louis Althusser und Jacques Derrida lehrten – vermittelt stets den Eindruck, die Schulbank nie verlassen zu haben. Er war zwar sechs Jahre lang Berater für Bildung und Kultur des senegalesischen Präsidenten Abdou Diouf, doch seine Studenten haben davon nichts gemerkt, denn Professor Diagne ließ keine einzige seiner Vorlesungen ausfallen. Dies als kleiner, vielsagender Hinweis auf den Charakter des Verfassers von *Philosophieren im Islam* (2014).

Den zahlreichen Fragestellern, die wissen wollen, wie man ›die muslimische Philosophie‹ definieren könne, antwortet der Denker aus Saint-Louis unumwunden, er spreche lieber von »Philosophie im Islam« – damit erinnert Diagne daran, dass das, was man seit dem 9. Jahrhundert mit dem arabisierten griechischen Wort *falsafa* bezeichnet, in den intellektuellen Zentren der muslimischen Welt die Tradition des griechischen philosophischen Denkens fortgeschrieben hat. Es gehe darum, so erklärt er uns, philosophische und theologische Fragen gemeinsam aufzugreifen und dabei deren historischen Zusammenhang mit einzubeziehen. Die islamischen Gelehrten haben diese Fragestellungen von Anfang an wahrgenommen. Denn abgesehen vom spezifischen Kolorit dieser oder jener Kultur geht es immer um denselben Anspruch: Philosophieren heißt, Gegebenes zu hinterfragen!

Eine der jüngsten Arbeiten von Souleymane Bachir Diagne, *Bergson postcolonial. L'élan vital dans la pensée de Léopold Sédar Senghor et de Mohamed Iqbal* (›Bergson postkolonial. Der Élan vital im Denken von Léopold Sédar Senghor und Muhammad Iqbal‹), ging aus einer Vortragsreihe am Collège de France hervor. Sie kündet von der Wiederentdeckung Henri Bergsons zu Beginn des 21. Jahrhunderts. Die Ironie der Geschichte: Dieses neue Interesse erwachte nicht in Europa, sondern in den Ländern des Südens. Zwei so unterschiedliche Männer wie der Präsidentenpoet Léopold Sédar Senghor* und der Philosoph und Poet Muhammad Iqbal haben in den Augen der Nachwelt zweierlei gemein, nämlich dass beide eine wichtige Rolle für das Schicksal ihrer Länder – Senegal und Britisch-Indien – gespielt sowie in Bergson eine Inspiration für ihr Denken und Handeln gefunden haben. Souleymane Bachir Diagne beschreibt ihre intellektuelle Begegnung, und er spürt den Bergson'schen Ideen im Denken von Senghor und Iqbal nach, den Ideen von Leben und Elan, vom Neuen, von Dauer und Intuition. Lehrreich und flüssig geschrieben, bietet *Bergson postcolonial* zahlreiche Schlüssel zum Verständnis insbesondere der Verbindungen zwischen Islam und Moderne, fragt aber auch nach der Stellung und dem Weg des Menschen auf dem afrikanischen Kontinent.

Als Arabist, der mit den klassischen Geisteswissenschaften aus der anspruchsvollen französischen Schule eingehend vertraut ist, bietet uns Bachir Diagne zunächst eine innovative Hermeneutik für die Lektüre des Koran und der bedeutenden kanonischen Texte der muslimischen Tradition. Sein Ziel ist es, den senegalesischen, den insbesondere französischsprachigen afrikanischen Leser intellektuell zu wappnen, damit er den Koran und die bedeutenden koranischen Texte im Lichte seiner persönlichen Empfindsamkeit und der heutigen Welt neu lesen kann.

Des Weiteren bietet uns Souleymane Bachir Diagne eine neue Hermeneutik für anthropologische Texte, die eine hermetische Grenze zwischen den Schriftkulturen und jenen ziehen wollen, die bei der Mündlichkeit geblieben seien. Als tüchtiger, kritischer Philologe zeigt er auf, dass eine solche Grenze ein parteiisches Konstrukt ist: Unter den Völkern der sogenannten mündlichen Tradition (Westafrika) haben schriftsprachliche Praktiken und Bastionen über Jahrhunderte hinweg nicht nur in Timbuktu bestanden, sondern auch in Chinguetti, im Reich von Ghana, im ostafrikanischen Abessinien und anderswo.[3] Indem er einen Dialog zwischen Denkern des Südens ermöglicht (Muhammad Iqbal und Léopold S. Senghor, Pakistan und Senegal) und den Geist der Bandung-Konferenz weiterträgt, ermöglicht Diagne eine dritte hermeneutische Innovation.

Der gesellschaftliche, politische und philosophische Einfluss des Werks von Souleymane Bachir Diagne ist nicht zu überschätzen. Mit seiner Offenheit formuliert es den Wunsch nach einem dauerhaften Dialog zwischen den Menschen. Mit seinem intellektuellen Anspruch behauptet und bekräftigt es das Primat der Vernunft über die Leidenschaften und Irrationalitäten, über die nostalgischen Lockungen jener fantastisch ausstaffierten, politisch instrumentalisierten Vergangenheit der islamistischen Fundamentalisten und afrikanisch-traditionalistischen Eiferer.

Diallo, Rokhaya

Es fällt uns leichter, außerhalb Europas vom Glück und Unglück der afroeuropäischen Communities zu sprechen. Der Abstand schärft den Blick und zügelt den Puls. Im texanischen Dallas hatten wir die Ehre eines ausführlichen Gesprächs mit Rokhaya Diallo, nämlich beim 38. Kongress der African Literature Association, auf dem sich die älteste Forschungsgesellschaft für afrikanische Literaturen vom 11. bis 15. April 2012 zusammenfand. Wir sprachen über die Umrisse dessen, was man auf der anderen Seite des Atlantiks *Black France* nennt und dessen Entstehung wir in den letzten Jahrzehnten mitverfolgen konnten. Wir begegneten einer (trotz Jetlags) offenen und freundlichen Frau, die, anders als von einigen Akademikern im altehrwürdigen Grandhôtel Adolphus befürchtet, nicht im Entferntesten an das gestresste und selbstfixierte Sternchen erinnerte, das sich das Pariser Medienmilieu nach eigenem Gusto zusammengeschrieben hatte. Im Laufe von vier langen, intensiven Tagen verstand es Rokhaya Diallo, große Bescheidenheit und Geduld unter Beweis zu stellen. Sie hörte aufmerksam zu, bevor sie selbst sprach.

Am 10. April 1978 im 4. Pariser Arrondissement als Kind senegalesischer und gambischer Eltern geboren, erlangte die französische Journalistin, Filmemacherin und Aktivistin Bekanntheit durch ihr Engagement gegen alle Formen von Rassismus und Diskriminierung. »Einfach Französin« ist sie, wie sie oft mit einem feinen Lächeln erklärt, und mittlerweile Stimme und Gesicht jenes anderen Frankreichs, das die politische Klasse lange Zeit ignoriert und marginalisiert hat. Auch die Journalisten der *Libération*, die sie 2009 porträtierten, haben dieselbe Rokhaya Diallo getroffen wie wir in Dallas: »Sie hat, zierlich wie sie ist, Charme und ein gewisses Etwas. In Jeans, ohne Absätze, mit Ohrringen und enganliegendem Hemd, gibt sie sich feminin, aber nicht großspurig. Der Kurzhaarschnitt bringt ihr Engelsgesicht voll zur Geltung.«

Damals war sie noch Vorsitzende des Vereins *Les Indivisibles*, der seit 2009 eine Auszeichnung der – wie soll man sagen: zweifelhaften – Art vergeben hat: die »Y'a bon Awards«.[4] Unsere US-amerikanischen Studenten teilten jedenfalls unsere Begeisterung über eine Prämierung der »schlimmsten rassistischen Äußerungen« von Personen des öffentlichen Lebens; beispielsweise gewannen 2015 bei der sechsten Preisverleihung der ehemalige Chef des Front National Jean-Marie Le Pen, der Komiker Dieudonné und der Essayist Alain Soral. Die Gewinnerliste dürfte für Politikwissenschaftler und Psychiater gleichermaßen interessant sein. Les Indivisibles haben die öffentliche Debatte neu belebt, und zwar mit einer urfranzösischen Waffe: mit Gelächter und Gesang. Ihr Ziel? Kein geringeres als »insbesondere mit Humor und Ironie ethnisch-rassistische Vorurteile zu dekonstruieren, in erster Linie solche, die die französische Identität nichtweißer Franzosen negieren oder herabsetzen« wollen, wie es auf ihrer Internetseite heißt.[5] Dieser Humor ist viel effektiver als der wohlmeinende Moralismus einer altmodischen antirassistischen Organisation wie SOS Racisme.

Rokhaya Diallo sucht die Öffentlichkeit, durchquert Frankreich von einem Ende zum anderen und tut ihre Arbeit als Moderatorin und Produzentin mit so viel Talent wie Ausdauer. Und sie schreibt. Ihr zweites Buch, *À Nous la France!* (›Frankreich gehört uns!‹), ist klar, präzise und didaktisch: In vier Kapiteln entzaubert sie zahlreiche Gemeinplätze. Seit gut einem Jahrzehnt hat unsere Pariserin an politischem Einfluss gewonnen. Ihr

Kampf gegen Rassismus, Sexismus und Islamfeindlichkeit findet Anerkennung sowohl in Frankreich als auch in Europa und den Vereinigten Staaten. Rokhaya Diallo ist der neue Sündenbock, den Rassisten in den sozialen Medien verunglimpfen, und ihre mühselige Arbeit im Sinne der Republik – in der sie die Flut rassistischer, fremdenfeindlicher, schwulenfeindlicher oder islamfeindlicher Gewalt thematisiert – scheint kein Ende zu nehmen. Rokhaya Diallo steigert nicht nur ihre Anstrengungen und ihre Wachsamkeit, sie gibt auch ihrer Hoffnung Ausdruck, dass ihr Land – das teure und geliebte Frankreich, *la douce France* – seiner Zukunft mit Elan und Bedacht entgegengeht.

Diawara, Manthia

1953 in Mali geboren, verbrachte Manthia Diawara seine Jugend in Guinea, studierte in Frankreich und lehrt nun in seiner Wahlheimat USA. Hinzuzufügen wäre, dass er ganz Afrika bereist hat, dass er neben Französisch und Englisch auch Soninke, Malinke und Bambara spricht und dass er sich für französisch- und englischsprachige Literatur sowie Filmkunst mit afrikanischem, antillanischem und afrikanisch-amerikanischem Hintergrund interessiert.

Manthia Diawara ist Professor für Vergleichende Literaturwissenschaft und Film an der New York University. Der ehemalige Rektor des dortigen Institute of African American Affairs und Gründer der Zeitschrift *Black Renaissance / Renaissance noire* wirkt als Chronist und Dokumentarfilmregisseur, der sich intensiv auseinandergesetzt hat mit den Arbeiten des senegalesischen Romanautors und Filmemachers Sembène Ousmane sowie des französischen Anthropologen und Regisseurs Jean Rouch, aber auch mit den führenden Köpfen der Négritude. Sein Werk nimmt keine Rücksicht auf die Außenwelt: Es ist wendig und grenzüberschreitend, fundiert und empfindsam, es steht zwischen allen Stühlen sowohl in Bezug auf das Genre als auch den kontinentalen Raum, zwischen Afrika, Amerika und Europa. Diawaras Werk zieht eine tiefe Spur und befreit sich von überkommenen Diskursen. Der Autor, der stets und ständig in Bewegung ist, schreibt nun auf Englisch. Sein erstes Buch in der Sprache William Shakespeares und Chinua Achebes, *In Search of Africa* (›Auf der Suche nach Afrika‹, 1998), entwirft das scharfsinnige und energische Gegenbild eines erträumten und nachgebildeten Afrikas. »Ich habe das Identitätsgefängnis satt, das ich dank des Afropessimismus ertragen muss«, beichtet der Autor gleich zu Beginn. In diesem Buch, das sich gleichermaßen als das Tagebuch eines Soziologen, eines Reisenden, eines Filmemachers wie auch eines Schriftstellers präsentiert, durchwandert der Malier aus New York mit einer besänftigenden Vertrautheit Zeit und Raum. Die Kapitel mit ihrer Mischung aus persönlichem Bericht und kritisch-akademischer Reflexion vermitteln uns die Überlegungen eines von jeder Dogmatik geheilten Geistes: Die Suche nach einem Kindheitsfreund, der Besuch einer Werkstatt für Masken, die lediglich Touristen kaufen, oder auch das Scouting für einen Dokumentarfilm über Sékou Touré bieten Manthia Diawara die Gelegenheit, sich mit uns in Gedankengänge zum kolonialen Erbe zu versenken, zum Rassismus, zum Afropessimismus, zur Illusion der Wurzeln, zum schöpferischen Exil sowie zur Konsumgesellschaft.

We Won't Budge (›Wir bleiben hier‹, 2003) – ein Essay zwischen Autobiographie, politischem Pamphlet und ästhetischer Reflexion – vertieft die im ersten Werk aufgeworfenen Fragen. Es handelt sich auch um das intellektuelle Porträt eines Mannes, der Länder und Milieus durchquert und seine Widersprüche nicht beschweigt. In Paris zum Beispiel durchmisst und erkundet Manthia Diawara ebenso verschiedene Gebiete wie Realitätsschichten: Seine Zeit teilt er zwischen dem Collège de France, wo er auf Bitten des Soziologen Pierre Bourdieu eine Vorlesung hält, den Immigrantenwohnheimen, wo er Familienmitglieder besucht, der Polizeipräfektur, die ihm eine unvergessliche Sicht auf die bürokratischen Schwierigkeiten der Einwanderer bietet,

und dem Quartier Latin, das die Erinnerung an seine Studenten-
jahre wachruft. Auf den Spuren des Kritikers, der auch – wie in
seinem Film *Rouch in Reverse* von 1995 – als Ethnologe wider
Willen arbeitet, genießen wir wunderschöne Seiten über das
künstlerische Schaffen und leiden mit an den Scherereien auf
den Ämtern. Der Titel des Buches geht zurück auf ein Lied von
Salif Keita*, *Nou Pas Bouger* (›Wi nich gehn‹), eine Anspielung
auf die Lage der »Illegalen«. *We Won't Budge* hat das seltene Verdienst, die prunkvollen Stoffe jener afrikanischen Migranten zu-
sammenzuweben, die zwischen Vergangenheit und Gegenwart
gefangen sind, zwischen Aufbruch und Rückkehr, zwischen Bamako, Montreuil und New York. Letztlich ist *We Won't Budge*
eine ergreifende Hymne auf das schöpferische Individuum.

Zuletzt verlegte sich Manthia Diawara darauf, einen steten
Dialog mit zahlreichen afrikanischen und in der afrikanischen
Diaspora lebenden Theoretikern und Kreativen zu unterhalten,
etwa mit Ngũgĩ wa Thiong'o (Diawaras Film *Who's Afraid of
Ngugi?*, ›Wer hat Angst vor Ngugi‹, 2006) und Édouard Glissant
(*Denken mit Glissant – One World in Relation*, 2010). Wenn es
stimmt, dass die Welt Afrika geformt hat, so hat Afrika mindestens ebenso sehr die Welt geformt, nicht allein durch deren Be-
siedelung und die Wanderungsbewegungen, sondern auch
durch sein Denken. Die Geschichte der Gelehrsamkeit in Afrika
ist mehrere Jahrhunderte, ja mehrere Jahrtausende alt, davon
zeugen die Abertausenden Dokumente, die einst in der Bibliothek von Alexandria aufbewahrt waren, und diejenigen, die
heute an den Universitäten al-Qarawīyīn in Fès und al-Azhar in
Kairo versammelt sind – nicht zu vergessen die Manuskripte von
Timbuktu. Manthia Diawara zählt zu den zahlreichen afrikanischen Intellektuellen, die im Ausgang von Afrika her über die
Probleme der Welt nachgedacht haben.

Diktatur

Es folgt in alphabetischer Reihenfolge unsere (unvollständige) Liste acht afrikanischer Diktatoren, die zum Zeitpunkt der Erstveröffentlichung 2019 noch an der Macht waren:

Afewerki, Isayas (geb. 1946)

Der absolute Herrscher im Staate Eritrea seit 1993. Seine Philosophie? Ganz einfach: Ich kämpfe für die Unabhängigkeit meines Landes Eritrea, dann werde ich ein echter Monarch mit allem, was dazugehört: mit Einheitspartei, mit ohne Wahlrecht, mit Menschenrechtsverletzungen. Tja, das kann man als echtes politisches Projekt bezeichnen ...

Biya, Paul (geb. 1933)

Der Präsident von Kamerun. Seit 1982 an der Macht, denn wie sagen seine Landsleute: ›Kamerun ist nun einmal Kamerun‹.

1988 wiedergewählt. 1992 wiedergewählt. 1997 wiedergewählt. 2004 wiedergewählt. 2011 wiedergewählt. 2018 wiedergewählt im Alter von ... 85 Jahren!

Liegt das an der Loyalität der Kameruner oder am Einfallsreichtum des Monarchen?

Bongo, Ali (geb. 1959)

Der Präsident von Gabun. Nach allgemeiner Auffassung hat Ali-Ben Bongo lediglich das Verdienst, den Thron von Papa geerbt zu haben – Omar Bongo, ein treuer Freund Frankreichs und Liebling der Françafrique.[6] Seit 2009 an der Macht, wurde er 2016 unter ganz fantastischen Umständen ›wiedergewählt‹. Seine Abstammung wurde von Pierre Péan in Zweifel gezogen, behauptet dieser doch in *Nouvelles affaires africaines* (›Das neue Afrikabusiness‹), Ali Bongo stamme aus Biafra (Nigeria) und sei von

Omar Bongo nur adoptiert worden. Da sein (Adoptiv-)Vater indes eine Tochter des kongolesischen Diktators Sassou-Nguesso geheiratet hat, ist Ali nun ein Neffe eben jenes kongolesischen Präsidenten: Als Anrainer bilden Kongo und Gabun eine absonderlich diktatorische Nachbarschaft. In beiden Ländern spricht man von einer ›inzestuösen Diktatur‹ …

Déby, Idriss (1952–2021)

Der Präsident des Tschad. Gelangte 1990 durch einen Staatsstreich an die Macht, nicht ohne die Hilfe Frankreichs. Allein schon aus Mitleid müsste man ihm helfen, sich von den Ketten der ehemaligen Kolonialmacht zu befreien.

1996 gewann er die Wahlen. Wem verdankt er das? Den Bürgern des Tschad? Oder dem französischen Staat? Und was sehen unsere müden Augen: 2001 wiedergewählt. 2006 wiedergewählt. 2011 wiedergewählt. 2018 wiedergewählt.

Man kann der Bevölkerung des Tschad wohl kaum vorwerfen, dass sie ihre staatsbürgerliche Pflicht erfüllt und den Monarchen seit mehr als drei Jahrzehnten mit Wahlfälschungen an der Macht gehalten hat.[7]

Guelleh, Ismail Omar (geb. 1947)

Präsident der Republik Dschibuti seit 1999.

2005 wiedergewählt. 2011 wiedergewählt. 2016 wiedergewählt. 2021 wiedergewählt.

Um sich an der Macht zu halten, ändert er gern die Verfassung; er bedient sich allerdings nicht als einziger dieses Kniffs, wie wir beim kongolesischen Präsidenten Denis Sassou-Nguesso noch sehen werden.

Seit 2004 zeigt die Witwe des Richters Bernard Borrel mit dem Finger auf den Präsidenten Dschibutis, der 1995 die Ermordung des französischen Juristen angeordnet haben soll. Als Frankreich darum ersucht, die dschibutischen Geheimdienste als Zeugen anhören zu können, weist der Monarch ganz ungeniert mehrere französische Entwicklungshelfer aus. Wirklich nichts zu verbergen?

Gnassingbé, Faure (geb. 1966)

Der Präsident von Togo. Besonderes Kennzeichen: Sohn des ehemaligen Präsidenten Gnassingbé Eyadema. Bevor er 2005 starb, glaubte der Vater die Verfassung ändern zu müssen, damit der junge Gnassingbé die Zügel der Macht übernehmen könne. Man nennt seinen Nachfolger seither »Baby-Gnass«. Noch 2005, während der Präsidentschaftswahl, drangen Soldaten in einem Stück wie aus dem Tollhaus in die Wahlbüros ein – nicht nur um die tapferen Togolesen einzuschüchtern, die ihre Bürgerinnen- und Bürgerpflicht erfüllten, sondern auch, um die Wahlurnen zu klauen! In der Diktatur ist es verboten, Stimmen auszuzählen. Ist ja auch sehr anstrengend. Nichtsdestotrotz ist man mit den Bordmitteln zurande gekommen, und Baby-Gnass, der 2010, 2015 und 2020 wiedergewählt wurde, leitet und dirigiert die Togolesen seit siebzehn Jahren. Doch die togolesische Jugend liegt auf der Lauer und geht hin und wieder auf die Straße; sie vergisst dabei, dass Monarchen für gewöhnlich schlecht hören …

Sassou-Nguesso, Denis (geb. 1943)

Kongolesischer Offizier und unbedingter Verfechter machterhaltender Verfassungsänderungen. Wenn es einmal zu kompliziert ist, sich eine Verfassung nach Maß zu schneidern, versteht es Sassou-Nguesso sehr gut, sich die Unterstützung seiner Armee, seiner Region, seiner Ethnie und vor allem seiner Familie zu sichern, wobei der Sohn als Leiter des Hochseehafens von Pointe-Noire wohl schon auserkoren ist, die monarchische Dynastie nach togolesischem Vorbild fortzuführen.

Dreizehneinhalb Jahre, von 1979 bis 1992, war er Präsident gewesen, als er im Nachgang einer Nationalen Konferenz abge-

wählt wurde und gezwungen war, auf seinen französischen No-
belanwesen sowie in seiner Heimatregion im Norden des Landes
Däumchen zu drehen, bevor er 1997 mit Waffengewalt wieder
nach der Macht griff. Bei Erscheinen des vorliegenden Buches
summieren sich die Jahre seiner Regentschaft auf 38, seine Bilanz
verzeichnet zwei Bürgerkriege und eine derart defizitäre wirtschaftliche Lage, dass sogar der Internationale Währungsfonds
nicht weiß, wo man anfangen soll!

Neben dem kamerunischen Präsidenten Paul Biya ist Denis
Sassou-Nguesso aktuell der ›dienstälteste‹ der Diktatoren.

al-Sissi, Abdel Fattah (geb. 1954)

Offizier, seit 2014 der Präsident von Ägypten. Man sollte ihm
niemals ins Gesicht sagen, die Zeit des Personenkults sei vorbei.
Unter seiner Führung setzt Ägypten wieder auf die Macht des
Militärs. Und wenn man die Armee in der Tasche hat, gewinnt
man am Ende immer. So wurde al-Sissi 2018 ›wiedergewählt‹.
Stillgestanden!

Wir hätten diese Liste noch fortsetzen können, wollten jedoch
vermeiden, dass die Diktatur, die auf dem Kontinent schon zu
viel Raum einnimmt, sich hier ebenso ausbreitet.

Diop, Birago

Von Birago Diop (1906–1989) haben wir uns alle eine Kleinigkeit
bewahrt, die in den Untiefen unserer Erinnerungen an die Schul-
zeit zu finden ist. Für die einen ist es ein Gedicht oder ein paar
Verse. Für andere ist es eine Erzählung oder auch nur eine halbe.
Als Verfechter der Négritude ist dieser senegalesische Schriftsteller, Lyriker und Erzähler insbesondere für die Bewahrung
und Übermittlung traditioneller Erzählungen berühmt, insbesondere der *Geschichten des Amadou Koumba* (1947). Birago

Diop arbeitete Mitte der 1940er als Buschtierarzt in verschiedenen afrikanischen Ländern, in Mali (ehemals Französisch-Sudan) und in der Elfenbeinküste (heute Côte d'Ivoire), in Burkina
Faso (ehemals Obervolta) und Mauretanien; dabei sammelte,
sortierte, siebte und durchleuchtete er die mündlich überlieferten Schätze aus den verschiedenen Teilen Französisch-Westafrikas akribisch.

Hier einige Verse aus »Souffles« (1947)[8], seinem bekanntesten Gedicht:

Erlausche nur geschwind
die Wesen in den Dingen
Hör sie im Feuer singen,
Hör sie im Wasser mahnen
Und lausche in den Wind:
Der Seufzer im Gebüsch
Der ist der Hauch der Ahnen.

Die gestorben sind, sind niemals fort,
Sie sind im Schatten der sich erhellt,
Und im Schatten der tiefer ins Dunkle fällt.
Sie sind in dem Baum der dröhnt
Und sind in dem Baum der stöhnt,
Sie sind in dem Wasser das sich ergießt
Wie im Wasser das schlafend die Augen schließt,
Sie sind in der Hütte, sie sind im Boot:
Die Toten sind nicht tot.

Diop, Cheikh Anta

Der am 29. Dezember 1923 in Thieytou geborene und am 7. Februar 1986 in Dakar gestorbene Cheikh Anta Diop gehört unbe-
stritten zu den bedeutendsten Historikern, Anthropologen und
Politikern des afrikanischen Kontinents. Mit seinem Werk ver-

stand er es, eine neue Lesart der afrikanischen Geschichte zu eta-
blieren. Kein zweiter Historiker war derart umstritten – bis heute macht die westliche Forschergemeinde einen Bogen um seine
Arbeiten, die den Beitrag Schwarzafrikas zur Weltzivilisation in
Erinnerung rufen. Davon völlig ungerührt, legte ein entschlos-
sener Diop die Beweise für die Vorvergangenheit der »negriden
Zivilisationen« und die Gegenwart der schwarzafrikanischen
Kultur im Alten Ägypten dar. Für ihn war die ägyptische Zivilisation »negrid«, und er versuchte das zu belegen, indem er auf
die Ähnlichkeiten der Kulturen Schwarzafrikas mit den Kulturen des antiken Ägypten verwies, etwa in Bezug auf Sprachen,
Religionen, Hautfarbe, Gesellschaftstyp, Frisuren, Zepter und
Musikinstrumente wie die Harfen, die man sowohl in Ägypten
als auch in Zentralafrika gefunden hatte. Ebenso nannte er die
Techniken der Metallverarbeitung im Niltal und in Westafrika,
deren Verwandtschaft sich bei ägyptischen und westafrikanischen Feldhacken zeige etc. Die antiken Ägypter wären demnach
die Vorfahren der subsaharischen Afrikaner gewesen. Der Ar-
chäologe Damien Agut-Labordère relativiert diese Ähnlichkeiten etwas und geht davon aus, dass die afrikanischen Kulturen
sich selbst genügten:

Das Ägypten der Pharaonen pflegte Beziehungen mit dem
Sudan und der Levante. Es hatte aber keine übergreifenden
transsaharanischen Verbindungen nach Westafrika [...]
Wenn man von afrikanischer Zivilisation spricht, sollte man
nicht vergessen, dass Afrika zunächst einmal der flächenmä-
ßig zweitgrößte Kontinent ist (mehr als dreimal so groß wie
Europa). Wir haben hier Zivilisationen, die sich historisch
sehr unterschiedlich entwickelt haben. Es bringt also nichts,
Dinge miteinander zu vermischen, die man nicht vermischen
kann. Und man muss auch sehen, dass die Zivilisationen im
Allgemeinen dazu neigten, sich in regionalen Nischen zu
entwickeln.[9]

Jedenfalls konnte Cheikh Anta Diop, als er 1951 seine Promotion bei Marcel Griaule begann, wohl nicht im Entferntesten damit rechnen, einen derartigen Aufschrei hervorzurufen, dass sich für die Verteidigung der Dissertation keine Kommission zusammenfinden wollte. Dennoch wurde die Arbeit 1954 im Verlag Présence Africaine* veröffentlicht, und sie wurde zum Kultbuch: *Nations nègres et culture* (›Schwarze Nationen und Kultur‹) wurde weltweit rezipiert. Sechs Jahre nach Erscheinen des Buches erhielt Diop schließlich seinen Doktortitel. Für viele ist er immer noch der Theoretiker des »Afrozentrismus«, und für die Afrikaner ist er der Visionär, der dem Kontinent seinen Adel zurückgegeben hat.

Djebar, Assia

Assia Djebar verstarb am Donnerstag, dem 5. Februar 2015, in einem Pariser Krankenhaus im Alter von 78 Jahren. Djebars Romane, Novellen und Filme hatten uns mit ihrer Erzählkunst und Ausdrucksstärke ganz für sich eingenommen. Ob in Baton Rouge, in New York oder in Paris, Assia Djebar empfing uns immer mit der Wärme, die man Weggefährten vorbehält.

Lange Zeit pflegten wir mit ihrem reichen, musikalischen, kühnen Werk einen so vertrauten Umgang wie mit einem alten Freund. Es hat nichts Floskelhaftes, von Assia Djebar als einer Ausnahmefrau zu sprechen: In jungen Jahren erregte sie Aufsehen diesseits wie jenseits des Mittelmeeres, und der Fortgang ihrer Karriere konnte diese ganz und gar unvergleichliche Präsenz nur bekräftigen. Assia Djebar, 1936 als Fatima-Zohra Imalayène im algerischen Cherchell geboren, war ehrenwertes Mitglied gleich zweier Akademien, eine doppelt ›Unsterbliche‹, die seit 1999 der Königlichen Akademie für die Französische Sprache und Literatur Belgiens sowie seit 2005 der Académie Française angehörte. Wer wollte eine derart vorbildliche frankophone Laufbahn infrage stellen?

Djebars Werk ist heute weitgehend übersetzt und anerkannt, denn es gelang der Autorin von *Fantasia* (1985) von Anfang an, das Alltagsleben algerischer Frauen sehr anschaulich zu beschreiben, und zwar auf Französisch, in der Sprache, die ihnen, wenn nicht verboten, so doch unzugänglich war – und die Djebars Vater, der Lehrer war, ihr so wunderbar vermittelte. Diese sprachliche und politische Lage mag andere in einen Zwiespalt gestürzt haben, für Assia Djebar war sie ein Geschenk des Himmels.

Es ist uns ein Vergnügen, dieser großen Schriftstellerin die Ehre zu erweisen und Vermittlungsarbeit zu leisten, denn auch im breiten Strom der Geschichte gilt es, auf Überraschungen zu reagieren, Durst zu stillen, Erzählungen zu teilen, Intrigen aufzuklären und Buschfeuer zu entzünden, um mit dem kongolesischen Dichter Tchicaya U Tam'si zu sprechen. Lesen, vor sich hinträumen und schreiben ist niemals völlig sinnlos, vor allem nicht in Afrika. In einer Stunde, da das algerische Volk in den Straßen demonstrierte und seinen Durst nach Gerechtigkeit und Freiheit zum Ausdruck brachte, war die Nennung des Namens und Werkes von Assia Djebar ein Akt demokratischer Genesung.

Dschihadismus

La vie sur terre (›Das Leben auf Erden‹, 1998) – ein Film des Mauretaniers Abderrahmane Sissako, den der deutsch-französische Sender Arte im Rahmen einer internationalen Reihe zur Feier des neuen Jahrtausends produziert hat – zeigt dem Zuschauer, dass der Sprung ins Jahr 2000 den Dorfbewohnern von Sokolo unweit der Grenze zwischen Mali und Mauretanien ganz und gar gleichgültig ist. Und das nicht ohne Grund, denn sie bereiten sich auf die Reisernte und die Feldarbeiten vor. Sissako führt uns mit Einfühlungsvermögen und Talent die Beschaffenheit des Lebens im Sahel bis in seine kleinsten Nuancen vor Augen. Auf dem antiken Boden schöpfen die Dorfbewohner andere Lebenskräfte als die Trugbilder der virtuellen Welt, die sich in den Nachrichten von Radio France Internationale spiegeln, welche den Widerhall einer Globalisierung übertragen, die zwar gewaltig, aber weit weg ist. Mit einer Reihe von Bildern gelingt es dem Filmemacher, seine Geschichte zu einer universellen zu machen.

In seinem letzten Werk *Timbuktu* (2014), das in Cannes Begeisterung hervorrief, greift Sissako die Anordnung wieder auf und filmt die Besetzung der weltberühmten heiligen Stadt durch einheimische wie ausländische Islamisten, insbesondere aus den Reihen der Organisation al-Qaida des Islamischen Maghreb. Auch in diesem Film verherrlicht der Regisseur, der uns eine Lektion fürs Leben erteilt, eine Alltagserfahrung: Sich festzuhalten, sich an seinen Boden zu binden bedeutet demnach, sich zum Widerstand gegen den Extremismus zu rüsten. Zunächst ertragen die Einwohner ohnmächtig alle Einschränkungen und Verbote, von der neuen Kleiderordnung bis hin zu den Steinigungen, vom Musikverbot bis zur Prohibition des Fußballs. Doch dann gehen sie zum Widerstand über, unterstützen sich gegenseitig und kämpfen gemeinsam, erst durch Schweigen und Ausweichen, schließlich auf der Flucht. Dahingegen wirken die jungen Dschihadisten wie geschwätzige Hampelmänner ohne Wurzeln, ohne Orientierung, sie erregen zugleich Angst und Erbarmen.

1984 als Kind einer amerikanischen Baptistin und eines syrischen Muslims geboren, führte Omar Hammami zunächst das gewöhnliche Leben eines Teenagers in Daphne, Alabama. Während des Studiums wandte er sich der Religion seines Vaters zu und begab sich Stück für Stück immer weiter auf sektiererische Abwege. Er brach mit seiner Familie, verließ Alabama in Richtung Kanada und heiratete dort eine Somalierin, die ebenso jung war wie er selbst, bevor er für ein intensives Studium des Islam nach Ägypten ging. Doch seine Bewerbung an der Al-Azhar-Universität wurde abgelehnt, und seine Frau weigerte sich, ihm nach Somalia zu folgen – in ein Land, das seit 1991 und dem Sturz des Diktators Siad Barre, vor dem ihre Familie geflohen war, in einen Bürgerkrieg versunken war. Omar Hammami hatte derweil nur einen Wunsch: sich seinen Waffenbrüdern anschließen und berühmt werden. 2006 landete er schließlich in Mogadischu und mischte sich unter die Mitglieder der Al-Shabaab, einer somalischen islamistischen Terrororganisation im Al-Quaida-Netzwerk, die er aus dem Internet kannte.

In der Hierarchie stieg er bald auf, seine Muttersprache, sein Hiphop-Hintergrund und seine Erfahrung im Umgang mit sozialen Medien waren ihm dabei nützlich. Auf dem Schlachtfeld war er grausam, gegenüber Journalisten ein extrovertierter Charmeur: Als ›Abu Mansur‹ kümmerte er sich um Propaganda und Nachwuchsgewinnung. Er lernte Somali und interessierte sich für die Geschichte der Region. Sehr bald warf er sich auch in die Pose des kampferprobten Strategen und verbreitete im Internet seine Biographie, die eines Tages natürlich den Stoff für ein Biopic aus Hollywood abgeben würde. Wer dieses verstörende Dokument liest, verliert sich leicht in den Mysterien der salafistischen Literatur, doch die Arglosigkeit seiner Worte mildert keineswegs deren Niedertracht. Ganz im Gegenteil, sie unterstreicht das Kindische der Person, die von den Hauptfiguren in *Timbuktu* so weit entfernt nicht ist.

Einige Wochen vor seinem Ende am 12. September 2013 stellte Abu Mansur ein Video von frappierender Naivität ins Internet, in dem er seine Differenzen mit der neuen Führung von Al-Shabaab ausbreitet, die ihrerseits von den Drohnen und Soldaten der AMISOM (Mission der Afrikanischen Union in Somalia) dezimiert worden war. Der Spross der Kleinstadt Daphne spricht in gebrochenem Somali, er ruft die von religiösen Fanatikern gekränkten Somalier als Zeugen an, verkennt ganz arglos die gesellschaftlich wirksamen Verwandtschaftsbeziehungen oder Clandynamiken und bezichtigt den ›Emir‹ Ahmed Godane des Verrats am Dschihad – es gelingt ihm nicht, das Wohlwollen der Bevölkerung zu erlangen, die der Exzesse der Al-Shabaab müde ist. Vielmehr unterzeichnet er sein eigenes Todesurteil. Alles Weitere ist bekannt: Gemeinsam mit seinem Weggefährten

Osama al-Britani wurde er gejagt, mit einem Kopfschuss umgebracht, dabei gefilmt und liegen gelassen wie ein Hund. Das Ende von Abu Mansur al-Amriki vermittelt genau das Gegenteil der Botschaft, die er so gern verkörpern wollte: Er glaubte, die Somalier würden ihm folgen, dabei hegen sie einen tiefsitzenden Hass gegen die Milizen, die eine von den religiösen Praktiken der Somalier weit entfernte Doktrin propagieren. Von Somalia bis zu den Küsten Mauretaniens, in der ganzen Sahelzone wimmelt es nur so von jungen Männern, die willentlich in die Fänge von Boko Haram oder Al-Shabaab geraten sind ... so wie der unglaubliche Abu Mansur al-Amriki.

Einer aus Kurussa

Mit dem Roman *Einer aus Kurussa* verfasste der Guineer Camara
Laye ohne Zweifel das unabhängigste und zeitloseste Werk
afrikanischer Literatur überhaupt. 1953 erschienen, weist *L'Enfant noir* (›Das schwarze Kind‹), so der Originaltitel, noch heute
kein einziges Fältchen auf, sondern bewahrt sich eine Frische,
die wenigen afrikanischen Erzählungen seiner Zeit eigen ist,
die oft schlecht gealtert und moralisch übersäuert sind, kurz:
denen jener Zauber fehlt, mit dem ein Text mehrere Generationen überdauern und der Zukunft heiter entgegengehen kann.
Sprich, bereits die ersten Zeilen des Buches – das man stets
mit dem festen Vorsatz aus der Hand legt, so bald wie möglich
zu ihm zurückzukehren – erfüllen den Leser mit ihrer Anmut.
So mancher redet wohl von einem ›Kultbuch‹! Der Ausdruck ist
uns zu banal, wir sprechen hier lieber von einem *Initiationsbuch.*
Tatsächlich bedeutet die Lektüre von *Einer aus Kurussa,* den
Pfad der Initiation zu beschreiten und die Codes einer Gesellschaft, eines ganzen Volkes zu entschlüsseln. Fasziniert lässt
man das Buch zurück, überrascht von dem Umstand, in eine
ganze Welt bescheidener Figuren eingetreten zu sein, mit
ihrer Kultur der Höflichkeit, des Austauschs und der
Würde …

Einer aus Kurussa ist ein Text vorangestellt mit dem Titel
»An meine Mutter« – die ergreifendste Ehrung, die ein afrikanischer Schriftsteller der afrikanischen Frau je zugeeignet hat.

Diese »Widmung«, von den bedeutendsten Musikern Afrikas interpretiert und in den Schulen des Kontinents auswendig gelernt, findet sich in vielen Sammelbänden frankophoner Literatur an prominenter Stelle, wo sie zumeist mit dem berühmten Gedicht »Schwarze Frau«* von Léopold Sédar Senghor* konkurriert!

Camara Layes Widersacher verziehen ihm nicht, dass er es in *Einer aus Kurussa* gewagt hatte, das Glück, Afrikaner zu sein, vernehmlich zu besingen, obwohl die Zeit der »Sonnen der Unabhängigkeiten«[1] erst noch bevorstand. Sie verziehen ihm nicht, ein Junge gewesen zu sein, der fasziniert war vom Kriechgang einer schwarzen Schlange, von der Pracht der Morgendämmerung und des Sonnenuntergangs! Dabei hätte Camara Laye, der vom guineischen Diktator Sékou Touré inhaftiert und von Léopold Sédar Senghor, damals Präsident des Senegal, als Exilant ›aufgenommen‹ wurde, seinen Verleumdern durchaus die eine oder andere Lektion in Sachen Engagement zu erteilen gehabt: Ist es denn kein Engagement, das Leben zu feiern? Ist es denn kein Engagement, den Reichtum seiner Bräuche, seiner Traditionen und letzten Endes seiner Kultur zu zeigen?

Im Grunde wurde dank *Einer aus Kurussa* die Frage nach der *Funktion* des afrikanischen Romans endlich zum ersten Mal gestellt, und mit ihr gar die Frage nach dem Kern des *Engagements* des Schriftstellers auf dem schwarzen Kontinent. Ganz gelassen – war er doch der Überzeugung, Kunst sei mehr als das Pfeifkonzert einiger Lüftchen im Wasserglas – erklärte Camara Laye: »Ich dachte nur an mich und dann, je weiter ich schrieb, wurde mir klar, dass ich ein Bildnis meines heimatlichen Oberguinea zeichnete.« Seine Formulierung war kraftvoll und völlig konsequent: »*Ich dachte nur an mich*«. So unterzeichnete er mit *Einer aus Kurussa* die eigentliche Geburtsurkunde einer autonomen – von Dogmen freien – afrikanischen Literatur und übergab uns im Tonfall ewiger Weisheit die anrührendsten Seiten über den schwarzen Kontinent:

Das Meer ist sehr schön und schillert lebhaft, wenn man es von den Uferfelsen aus betrachtet. Am Ufer ist es blaugrün, weil es das Blau des Himmels mit dem leuchtenden Grün der Kokosbäume und der anderen Palmen am Strand vereinigt; es ist von Saum gefranst, und die Fransen beginnen schon in andere Farben hinüberzuwechseln. Weiter draußen schimmert es wie pure Perlmutter.[2]

Entwicklungspolitik

Entwicklungspolitik. Ein Wort zu viel im Wortschatz. Ein hohles Konzept, das in unserem Umfeld so sehr nervt wie kein anderes. Unsere Vorbehalte ihm gegenüber sind unermesslich, unsere Ablehnung grenzenlos. Mit diesem Terminus verstetigte man über Jahrzehnte hinweg die Beherrschung eines ganzen Kontinents und hielt einen Großteil der Weltbevölkerung weiterhin unter dem Deckel.

Dressierte Affen, sogenannte Experten für Ökonomie oder Geopolitik, erörtern tagein, tagaus die Vorteile der Entwicklungspolitik, um unter anderem Afrika aus seiner Rückständigkeit zu befreien und auf den rechten Weg zu bringen, indem man ihm einen Sinn für Fortschritt und Demokratie vermittelt. Alle Achtung!

Dabei haben so viele ernsthafte Theoretiker und kreative Künstler in ihren Arbeiten die Entwicklungsideologie bereits bloßgelegt: Die einen nahmen Anleihen bei Balzac oder Zola, andere bei Dickens oder Dos Passos, wenn sie nicht ohnehin antikapitalistische Intellektuelle waren wie etwa Cheikh Anta Diop*, Walter Rodney[3] und Samir Amin*. Jahrhunderte vergingen, die Ideologie ist geblieben. Stets muss man mit dem Schlimmsten rechnen und ringen. Nur zur Erinnerung: Es war US-Präsident Harry Truman, der die Grundlagen für die Entwicklungspolitik legte, ein auf die Schnelle fabriziertes Konzept, das die nichtwestliche Welt in Knechtschaft halten sollte. Seit den 1970ern legen afrikanische Intellektuelle die Absurdität der Entwicklungspolitik bloß – es ist vergebens, Wort wie Konzept sind immer noch aktuell und leiten die Debatten über den Kontinent in Paris und in London ebenso wie in Washington und Davos. Mehr noch, die Entwicklungspolitik hat weiterhin verheerende Auswirkungen auf allen Kontinenten, das belegen Studien von Ökonomen, Ökologen und Anthropologen aus Afrika, Indien und Lateinamerika.

Die ›entwicklungspolitische‹ Lesart ist gewissermaßen eine neue Religion, und als solche ist sie für tausenderlei Realitäten notwendigerweise blind. Einige wenige Kriterien, wie etwa Image und Attraktivität eines Landes, dienen in den klassischen Berichten dazu, auf dessen ›Fortkommen‹ oder ›Rückfall‹ zu schließen – dies allerdings vor dem Hintergrund einer übermäßigen Abhängigkeit von den internationalen Märkten und ökonomischen Spielregeln. Die grundsätzlichen Fragen (welcher Fortschritt? für wen? und wozu?) werden ebenso vernachlässigt, wie man die realen Bedürfnisse der Bevölkerung ignoriert. Zudem übernimmt unser hohles Konzept das Schema ›Zentrum vs. Peripherie‹ oder ›fortgeschritten vs. unterentwickelt‹, das die kolonialen und postkolonialen Beziehungen geprägt hat. Es brachte gar eine oberflächliche Textgattung hervor (man erkennt sie an Worten wie »Strukturanpassung«, »Armutsbekämpfung«, »Milleniums-Entwicklungsziele«, »Dringlichkeit«, »Strukturwandel der Wirtschaft« ...), mit deren Hilfe die alten Rezepte wieder aufgekocht werden, sie dient nämlich der Fortsetzung der Herrschafts- und Ausbeutungslogiken gegenüber Afrika.

Schließlich ist die Entwicklungshilfe eine prächtige Augenwischerei. Das Geld, das die reichen Länder den Ländern des Südens zahlen, genügt bei weitem nicht, um die Ungleichheiten abzumildern, sondern dient den Reichen in erster Linie dazu, ihren politischen und ökonomischen Einfluss zu wahren sowie den Schuldenkreislauf aufrechtzuerhalten. Was tun? Unser Standpunkt ist klar: Es ist an der Zeit, dieser Entwicklungspolitik ein Ende zu bereiten und das Fundament einer neuen Politik zu legen, die den wahren Bedürfnissen der Menschen gerecht wird.

Europäer

Das Wörterbuch *Le Robert* definiert den Europäer wie folgt:

»1. Aus Europa, Einwohner Europas.
2. Wer für den Zusammenschluss der europäischen Staaten eintritt.«

In Afrika, so steht es im selben Wörterbuch, ist Europäer »jede nicht-afrikanische weiße Person«.

Europäer oder europäisch ist also, wer oder was aus Europa kommt, was seine Einwohner betrifft. Welches Europa? Welche Einwohner? Wer ist das? Am wichtigsten ist die Definition Europas, die der *Robert* hingegen uns Afrikanern unterstellt: Ein Europäer sei für uns jede »nicht-afrikanische weiße Person«! Afrika hätte demnach eine rassisch grundierte – zum Glück keine rassistische – Vorstellung von Europa. Alle »nicht-afrikanischen« Weißen sind in unseren Augen Europäer. Die Haut ist schuld, so ist das nun einmal, Pech (oder Glück) für sie! Dekonstruiert man die ›afrikanische‹ Definition, zeigt sich jedoch, dass sie die Existenz ›weißer Afrikaner‹ zumindest zulässt, denen wir ›schwarzen Afrikaner‹ den ›europäischen Status‹ gern absprächen!

Diese Idee ist unbedingt zu kritisieren, denn sie sperrt ein, begrenzt, schließt ab, spaltet und reduziert. Bestenfalls bietet sie einen einzigen Vorzug: Sie beweist, dass wir Afrikaner unsererseits bereits vor langer Zeit die Subtilitäten dieser Welt erfasst hatten! Wir hatten sie vorbereitet auf die Besonderheiten der Menschen. Wir hatten die Verbundenheit mit einem Stück Land und nicht einer Rasse berücksichtigt. Aus freien Stücken sagten wir von einem Weißen aus Südafrika, er sei Afrikaner. Ebenso sprachen wir von einem Weißen aus Zimbabwe, der keinen anderen Erdteil kannte.

Hier nun endet die Tragfähigkeit dieser Idee. In Zimbabwe widmete sich nämlich Robert Mugabe, seinerzeit Monarch auf Lebenszeit, seit den 1990ern der Weißenjagd – vielleicht nur deshalb, weil sich das Wild im Busch zunehmend rar machte: Schwarze Bauern und Veteranen des Unabhängigkeitskriegs enteigneten weiße Bauern im Schutze eines 1992 verabschiedeten Bodenreform-Gesetzes. Diese Politik wurde bis in die 2000er Jahre fortgesetzt. Für den Diktator, Gefangener seiner selbst, waren und blieben alle Weißen Europäer! Gott hatte es so gewollt. Und als diese Weißen in Richtung Europa ›abgeschoben‹ wurden, saßen sie in der Falle, irrten umher wie Staatenlose: In Afrika zeigte man mit dem Finger auf sie, in Europa betrachtete man sie als Ausländer. Sie hatten keinerlei Bezug zu dem Kontinent, der rein gar nichts mit ihrer tropischen Welt gemein hatte.

Wie gesagt enthält die Europäer-Definition, die der *Robert* den Afrikanern unterstellt, genügend Sprengstoff, um Feindseligkeit und Abschottung zu befeuern. Europäer: »Heißt jede nicht-afrikanische weiße Person.« Über andere Volksgruppen kein Sterbenswörtchen. Ausradiert werden so das Aufeinandertreffen von Menschen, die Loyalität gegenüber Ideen und die Kontingenz der Geschichte. Würde man denn sagen, *bei den Asiaten ist Europäer jede ›nicht-asiatische‹ Person mit weißer Haut*? Und in Ozeanien, wer wäre dort Europäer?

Évora, Cesária

Eine der Großen der afrikanischen Musik, geboren am 27. August 1941 in Mindelo (Kap Verde) und verstorben am 17. Dezember 2011. Sie trat für gewöhnlich ohne Schuhe auf, was ihr den Spitznamen ›barfüßige Diva‹ eintrug. Évora war das bekannteste Gesicht der *Morna*, die in den 1920ern als populäre Musik auf dem kapverdischen Archipel entstand und vor Sehnsucht wie Schmerz nur so strotzt – man denke nur an Évoras Lied »Sodade«, was mindestens so viel wie ›Sehnsucht‹ bedeutet, in dem sie die tragische Geschichte der Inselgruppe sowie das unfreiwillige Exil ihrer Bevölkerung besingt. Sodade also, nach dem zurückgelassenen Land und nach der verlorenen Liebe. Cesária Évoras Verdienste erschöpfen sich nicht in der Musik: Ganz nebenbei hat sie den kapverdisch-kreolischen Dialekt aufgewertet und Afrika in den Mittelpunkt der Weltmusikszene gerückt. Wesentlichen Anteil am Welterfolg der Künstlerin hatte der Produzent und Geschäftsführer des Plattenlabels Lusafrica, José Da Silva. Als die ›Diva‹ schon auf die Fünfzig zuging und noch in einem kleinen, inhabergeführten Pariser Restaurant auftrat, brachte José Da Silva 1988 mit *La Diva aux pieds nus* ihr erstes Album heraus, das der Künstlerin in der Weltmusikszene einen Achtungserfolg und die entsprechende Aufmerksamkeit bescherte. Évora trat nunmehr in den international größten Sälen auf, 1993 insbesondere im Pariser »Olympia«, das sie an zwei Abenden in Folge füllte, bevor sie durch Schweden, Afrika, Kanada, Portugal und Brasilien tourte.

Exhibit B

In Frankreich besteht mitunter die Neigung, die Kolonialisierung als ›humanistisches‹ und ›philanthropisches‹ Unterfangen zu rechtfertigen, das für die ›Volksstämme‹ weit entlegener Landstriche notwendig gewesen sei – der Westen habe sie pflichtschuldig der Finsternis entrissen. Weil es keine echte offizielle Diskussion über ein System gibt, das eindeutig dazu beitrug, die grässlichsten Vorurteile über die Kolonisierten und deren heutige Nachfahren aufrechtzuerhalten, kommt es immer wieder zu Aktionen und Versuchen, die ehemaligen Kolonialmächte dahin zu bringen, dass sie ihre früheren Haltungen und Handlungen anerkennen. Zu diesen Initiativen zählt die berühmte Performance *Exhibit B* (›Ausstellungsstück B‹), auf die

2014 in Frankreichs Presse sehr viel Tinte verwendet wurde, denn der südafrikanische Künstler Brett Bailey spielte in seiner Arbeit mit echten Darstellern Szenen aus der Kolonialzeit nach, als die schwarzen ›Wilden‹ in Europa noch zur Unterhaltung der Weißen zur Schau gestellt und exhibiert wurden.

Das französische Verb *exhiber* bedeutet »darstellen oder zeigen mit dem Ziel, eine bestimmte Wirkung zu erzeugen«.[4] Das Wörterbuch der Académie française verzeichnet gar eine abschätzige Definition von überwältigender Treffsicherheit, nämlich »selbstgefällig oder schamlos zeigen«. In früheren Zeiten handelte es sich durchaus um eine regelrechte Inszenierung, mit der man ›den Wilden‹ charakterisierte. Diese sind heute Gegenstand wichtiger und allgemein zugänglicher akademischer Studien, 2011 beleuchtete eine große Ausstellung im Pariser Musée du quai Branly diese ›Menschenzoos‹. Sie lassen sich bis ans Ende des 15. bzw. den Anfang des 16. Jahrhunderts zurückverfolgen und wurden bis weit ins 20. Jahrhundert hinein veranstaltet. Kinder, Frauen und Männer aus Afrika, Amerika, Asien und Ozeanien stellte man auf diese Weise im Westen aus: »Diese Schaustellungen – von ›Völkerschauen‹ bis zu ›Eingeborenen-Dörfern‹ – standen entweder für sich allein oder waren Teil größerer Veranstaltungen wie etwa Welt- oder Kolonialausstellungen«,[5] aber es gab auch kleinere Attraktionen wie Zirkusnummern und Theatervorstellungen, Darbietungen im Kabarett und auf Jahrmärkten, in zoologischen Gärten sowie bei Umzügen durch den Ort.

Diese Schaustellungen »prägten als koloniales Propagandawerkzeug, Forschungsgegenstand und Unterhaltungsstoff den Blick des Westens auf den Anderen«, wie es im Ausstellungskatalog des Quai Branly heißt, und sie schockieren uns heute. Doch zur damaligen Zeit erschienen sie ganz ›natürlich‹ und standen hoch im Kurs. Es genügte also nicht mehr, dass ›der Wilde‹ schwarz, gelb oder rot war, er sollte diese Rolle auf westlichem Boden zudem noch nachspielen, und zwar bis zur Karikatur überspitzt.

Mit *Exhibit B* schuf der südafrikanische Künstler also – im Geist der »Provokation« – vor unserer Nase, mitten im 21. Jahrhundert und in Europa, ein Dutzend »lebende Bilder« aus schwarzen Figuren. Man bezeichnete das Projekt als »schockierend«, »herabwürdigend« und »rassistisch«.

Mit seinem Ansatz zwang uns Brett Bailey die Frage auf, wie weit die Veranschaulichung der Geschichte gehen könne. Mancher war versucht, dem weißen südafrikanischen Künstler auch ein »Schluchzen des weißen Mannes«-Syndrom[6] vorzuwerfen, ein Gefühl der Reue also und die Suche nach Vergebung für die Missetaten ›seiner Vorfahren‹.

Es wäre unanständig, diese Arbeit durch ideologische und demagogische Betrachtungen zu untergraben, ihr gar ihre Originalität und ihren Mut vorzuwerfen, die doch Kennzeichen eines künstlerischen Unterfangens sind. Bailey bewegte uns dazu, die Geschichtsbücher zu öffnen – und in Frankreich ist das von großer Bedeutung, denn seit einiger Zeit tritt uns immer wieder ins Bewusstsein, wie zögerlich die Grande Nation ihrer kolonialen Vergangenheit ins Auge blickt und sich zu ihr bekennt. Diese Vergangenheit wird in Frankreich mitunter noch durch eine Brille der Macht und Selbstzufriedenheit betrachtet: Man lobt den vorgeblichen Erfolg einer zivilisatorischen Mission zugunsten derer, die »niemals etwas erfanden«, »nicht das Pulver« und »nicht den Kompass«, »die nicht den Dampf bezwangen und nicht die Elektrizität«, um Aimé Césaires* Worte in *Zurück ins Land der Geburt* (1939) zu gebrauchen. Die althergebrachte Attitüde der Selbstgefälligkeit führt dazu, dass jede Auseinandersetzung mit dem französischen Kolonialismus zunichte gemacht wird. Wie will man ›neu anfangen‹ und Tabula rasa machen, wenn ein Teil der französischen Bevölkerung und insbesondere *la France noire** annehmen muss, dass ihre Vorfahren herabgewürdigt wurden und deren Erinnerungen in der Erzählung der Geschichte Frankreichs keine Berücksichtigung gefunden haben? ›Der Wilde‹, sprich: der Vorfahre des Schwarzen im heutigen Frankreich, ist samt und sonders ein Fabrikat des Westens, das dazu dient, den Gegensatz zwischen den zivilisierten Völkern und denjenigen zu veranschaulichen, die vorgeblich im finsteren Mittelalter zurückgeblieben waren.

Exhibit B wirkte wie ein Paukenschlag der Erinnerung, unterstrich die Undankbarkeit des Westens gegenüber jenen ›Anderen‹, die wie Vieh behandelt und für die Konsolidierung des Empire français ausgenutzt worden sind. Diejenigen französischen Vereine und Organisationen, die die Ausstellung als »rassistisch« bezeichneten, missverstanden wohl die Intention des Urhebers, der eben rassistische Vorurteile bekämpfen und die Zurschaustellung von Schwarzen zur Unterhaltung der Weißen kritisieren wollte: Schwarze waren ausgestellt worden, weil sie schwarz, ›sonderbar‹ und ›wild‹ waren, nicht weil sie etwas Besonderes oder Künstlerisches konnten, das es gerechtfertigt hätte, dass man zu dem Spektakel ging und ihre Begabungen betrachtete.

Brett Bailey ging es in erster Linie darum, dass die Erinnerung nicht unter einer staubigen Schicht des Vergessens verschwindet. Hätte Frankreich die Initiative ergriffen und einen Ort für die Auseinandersetzung mit seiner Kolonialgeschichte geschaffen, hätte *Exhibit B* wohl keine Daseinsberechtigung gehabt. Aber das Land gehört zwar – wie Pascal Blanchard mit der ihm eigenen Prise Humor häufig sagt – sicherlich zu den Ländern mit den meisten Museen weltweit (sogar Holzschuh-Museen gibt es), doch vermittelt leider kein einziges die Kolonialgeschichte Frankreichs![7]

Fanon, Frantz – Farah, Nurrudin – Feymania – Fonio –
France noire (›Schwarzfrankreich‹) – Fufu

Fanon, Frantz

Unsere Beziehung zu Frantz Fanon (1925–1961)? Das ist eine Liebesgeschichte voller Bewunderung, die auch die vier Jahrzehnte nicht schmälern, die seine Geburt und unsere voneinander trennen. Zugegeben, wir erblickten das Licht der Welt sogar erst, als der Mann aus Fort-de-France die Bühne bereits vier Jahre zuvor in der Blüte seines Lebens verlassen hatte. Und keineswegs wollen wir unser Schicksal mit dem Los dieses in vielfacher Weise wunderbaren Menschen vergleichen – zwei Schwalben machen bekanntlich noch keinen Sommer. Den hauchzarten biographischen Zusammenhang betonen wir auch nur, um die Ideen und Ideale des martinikanischen Psychiaters und antikolonialen Aktivisten besser zu erfassen. Um uns besser von der Stärke seiner Intuitionen und der Kraft seiner schneidenden Sprache durchdringen zu lassen. Letztlich sind nämlich die intellektuelle Verehrung und Analyse auch, das vergisst man gern, eine Frage der Emotionen und Affekte. Sein hoher Anspruch erschien uns in diesen chaotischen Zeiten stets mehr als notwendig, er ist uns eine Befreiung: »Ich mache mich zum Menschen keiner Vergangenheit.«

Wir sind nicht die einzigen, die eine Verbindung zu dem Autor von *Schwarze Haut, weiße Masken* (1952) konstruieren, um ihre Bewunderung zum Ausdruck zu bringen. Gestern mochte noch kaum einer zugeben, dass sein studentisch-revoltierendes Bewusstsein beim Brüten über Fanons zweiter Grundlagenarbeit erwacht war: *Die Verdammten dieser Erde* (1961). Heute sind wir Hunderttausende in allen Winkeln der Erde, die wir die Kraft der Worte erkennen, die uns jener Verfechter der Befreiung Afrikas hinterließ – und die Orientierung, die er uns stets vor Augen stellt: »Jede Generation muß in einer relativen Finsternis ihre Mission entdecken und sie entweder erfüllen oder verraten.«

In Fort-de-France, dem Sitz der Präfektur von Martinique, wuchs Frantz Fanon im Zeichen der Revolte auf. Bezaubert und erschüttert von den energiegeladenen Worten seines Lehrers am Victor-Schœlcher-Gymnasium, nämlich des bedeutenden Dichters Aimé Césaire*, wurde dem Jugendlichen Frantz Fanon bewusst, dass sein Volk, das gestern noch von den Sklavenhaltern unterdrückt worden war, unterm kolonialen (und zu allem Überfluss noch petainistischen) Joch erstickte. Was tun? Flugs in den Ring sich stürzen! Sein Leben dem Kampf gegen die Ungerechtigkeiten dieser Welt weihen: Mit 18 Jahren verließ Frantz Fanon illegal seine Insel, um gegen den nazistischen Feind zur Waffe zu greifen. Nach der Befreiung Frankreichs entdeckte Fanon in Europa die dunkle Seite seines Landes, das ihn nicht als Helden empfing, sondern als »Neger«, als Nichtsnutz und Zielscheibe rassistischer Schikanen: »Für uns«, schreibt er später in *Schwarze Haut, weiße Masken*, »ist derjenige, der die Neger vergöttert, ebenso ›krank‹ wie derjenige, der sie verabscheut. Umgekehrt ist der Schwarze, der seine Rasse weiß machen will, ebenso unglücklich wie derjenige, der den Hass auf den Weißen predigt.«

Nach dem Feuer des Krieges wurde der, den sein Lehrer Aimé Césaire »den Feuersteinkrieger« nannte, zum Pfleger verwundeter Seelen, unermüdlich studierte er in Lyon an der medizinischen Fakultät. Damals entdeckte er das rassistische Fundament einiger psychiatrischer Theorien und erfuhr von den Lebensbedingungen nordafrikanischer Arbeiter. Er entschloss sich, in Algerien zu praktizieren, da ihm das französische Kernland nicht das beste Umfeld zu sein schien, in dem er seine beruflichen wie politischen Kenntnisse gewinnbringend einsetzen könnte. 1953 wurde er Chefarzt in der psychiatrischen Klinik von Blida, 40 Kilometer südlich von Algier. Seine Intuition hatte ihn nicht getrogen, die Kolonie Algerien war ein durchaus nicht risikofreies Neuland. Im Gegensatz zu seinen Kollegen, die sich – um eines seiner einzigartigen Bilder zu nutzen – damit zufrieden gaben, ein Holzbein mit Hansaplast zu verarzten, zog Frantz Fanon aus seiner Situation die zwingende Konsequenz: Im kolonialen Umfeld konnte der junge Arzt nicht viel für seine Patienten tun, die sich einer Situation »systematischer Entmenschlichung« ausgesetzt sahen. Da er seine ärztliche Pflicht nicht erfüllen konnte, reichte er die Kündigung ein. Er trieb seine Überlegungen immer weiter, um der historischen Aufgabe gewachsen zu sein, und schloss sich der Führung der Nationalen Befreiungsfront FLN an, die im November 1954 den »Befreiungskampf« Algeriens begonnen hatte. In zwei Jahren vollzog Frantz Fanon einen doppelten Bruch: Aus den Reihen der französischen Ärzteschaft wechselte er auf die andere Seite der Front. In den Augen seiner ehemaligen Kollegen war er nun ein Feind der schlimmsten Sorte: Verräter und *Fellagha* (›Kämpfer‹) zugleich. Doch im Grunde seines Herzens wusste Fanon, dass er wieder bei den Seinen war. Seither gehörte er den allerorts kämpfenden Völkern an, deren Antlitz Jean-Paul Sartre bereits hatte aufblitzen sehen: »Es ist noch nicht lange her, da zählte die Erde zwei Milliarden Einwohner, das heißt 500 Millionen Menschen und eine Milliarde 500 Millionen Eingeborene. Die ersten verfügten über das Wort, die anderen entliehen es.«[1] Frantz Fanon stellte sich in ihren Dienst, um mit ihnen das Neue Wort der Befreiung zu formen. Seine letzten sechs Lebensjahre waren die eines Aktivisten, der bestens vertraut war mit der intellektuellen, diplomatischen und militärischen Auseinandersetzung. Systematisch und diszipliniert warf er sich mit letzter Kraft in die Schlacht, um die Massen aufzurütteln und die Befreiung Afrikas im Allgemeinen sowie Algeriens im Besonderen zu beschleunigen. Scharfsinnig, wie er war, erkannte er, in welchen Sackgassen der post- oder neokoloniale Staat in Afrika stehen würde. Sehr frühzeitig errichtete er den afrikanischen Helden wie Patrice Lumumba, die von ihren Brüdern zu Tode gefoltert und auf dem Altar des postkolonialen Staates geopfert wurden, die höchsten Stelen: »Lumumba mußte verschwinden. Warum? Weil die Feinde Afrikas sich nicht getäuscht hatten. Lumumba war verkauft, verkauft an Afrika, versteht sich. Das hieß, daß man ihn nicht mehr kaufen konnte.«[2] Welche Klarsicht! Was hätte Fanon wohl getan, gesagt und geschrieben, wenn ihm die Vorsehung Aufschub gewährt hätte? Diese Frage lässt uns nicht los. Und findet keine Antwort: Am 6. Dezember 1961 kostete ihn ein Blutkrebs im Alter von 36 Jahren das Leben, einige Monate vor der Unabhängigkeit seines neuen Vaterlands.

In Paris gerät sein Werk immer wieder einmal in Vergessenheit, doch in der frankophonen Welt hat man nie aufgehört, Fanon zu lesen und wiederzulesen. Ein halbes Jahrhundert nach seinem Ableben endet für das Werk des Autors von *Aspekte der algerischen Revolution* (1959) endlich die Zeit des Fegefeuers. Die französische Verleger- und Intellektuellenszene ist noch damit befasst, das Erbe von Sartre und vielen anderen zu liquidieren, und stellt die Schriften jenes Sohnes von Fort-de-France derweil in die Ecke der Marginalien. Es sind vielmehr die jüngeren Generationen, die der Vergangenheit bereitwilliger den Rücken kehren, die nicht nur die neu aufgelegten Essays verschlingen, sondern auch die Biographien, kritischen Editionen und sonstigen Sonderausgaben. Andernorts zeigt sich ein anderes Bild: In den Vereinigten Staaten und in Südafrika, von Palästina und Bolivien bis nach Brasilien und in die europäischen Banlieues, überall stößt das Werk von Frantz Fanon auf begeisterte Leser und allgemeines Interesse. Stets und ständig mahnt es uns: »Ihre Entfremdung aufheben werden diejenigen Neger und Weiße[n], die sich geweigert haben, sich in den substanzialisierten Turm der Vergangenheit sperren zu lassen.« Eine neue Riege von Philosophen, Soziologen, Psychiatern und Historikern – angefangen mit Gordon Lewis und Achille Mbembe* bis hin zu Françoise Verges und Ramon Grosfoguel – liest und verbreitet auf allen Kontinenten das Werk des Autors von *Für eine afrika-nische Revolution* (1964).

Das ist aber noch nicht alles. Die politischen Entwicklungen bestätigen stets aufs Neue die Analysen und Ahnungen unseres vogelfreien Psychiaters. Letztlich steht sein Werk immerzu vor den Richterbänken der Geschichte: wegen Beihilfe im Kampf gegen die Rassentrennung in den USA, wegen der Kritik an der Apartheid in Südafrika, an den endlosen Kriegen im Kongo, an der Intifada in Palästina oder wegen der zutreffenden Vorhersage der Fehler und Verbrechen der postkolonialen afrikanischen Eliten. Verknüpft man sie miteinander, bilden die Vorahnungen des Frantz Fanon ein frappierendes Porträt unserer heutigen Welt. Daher wird die Stimme Fanons uns noch lange Zeit den Schlaf vertreiben:

> Oh mein Leib, sorge dafür, dass ich immer ein Mensch bin, der fragt![3]

Farah, Nuruddin

> Du sitzt nachdenklich, mit gequälten Zügen und schmerz-verzerrter Miene; du sitzt Stunde um Stunde, starrst schlaf-los in das Dunkel und lauschst auf das leise Schnarchen, das aus dem Nebenzimmer herüberdringt. [...] Und jeden Ge-danken, der dir durch den Kopf geht, stellst du in Frage, zwei-felst du an. Ja. Du bist dir selbst eine Frage.[4]

So und nicht anders, lieber Leser, stürzt du mit Haut und Haaren in die verschlungene und bewegliche, halluzinierte und verzauberte Welt, die der bekannte somalische Schriftsteller Nuruddin Farah zu unserem allergrößten Glück seit knapp vier Jahrzehnten erschafft.

1945 geboren in Baidoa, damals britisch besetztes Italienisch-Somaliland, wuchs Nuruddin Farah nördlich davon in Ogaden auf, der somalisch besiedelten, an Äthiopien angrenzenden Provinz. Die Oberstufe absolvierte er in Mogadischu, bevor er Mitte der 1960er zum Studieren nach Chandigarh in den indischen Teil des Punjab ging. Zurück in der Heimat, brillierte er ab 1968 als Lehrer, vor allem aber als erster Romanautor englischer und – somalischer Sprache. Eine zugegebenermaßen seltene Kombination, die ihn schließlich zum Exil verdammen sollte, als die Militärjunta von Mohamed Siad Barre, die 1969 an die Macht gekommen war, sein Schicksal besiegelte.

Sommer 1976. Nuruddin Farah befand sich in Rom, sein dreijähriges Studium der Theaterwissenschaften am Londoner Royal Court hatte er gerade hinter sich. Er war quasi schon unterwegs, zurück in die Heimat. Unweit des Flughafens Rom-Fiumicino setzte ein Telefonat mit dem älteren Bruder seinem Traum des verlorenen Sohnes, der die Scholle seiner Vorfahren verschmäht hatte, ein Ende. Denn Farah erfuhr, dass sein zweiter Roman *Wie eine nackte Nadel*, der wenige Monate zuvor erschienen war, im Umfeld des Diktators Siad Barre starkes Missfallen hervorgerufen habe. Schlimmer noch, Letzterer habe geschworen, ihn in Fetzen zu reißen, sollte Farah es wagen, wieder somalischen Boden zu betreten. Die Worte seines Bruders hallten nach in seinem Kopf: »Vergiß Somalia. Somalia ist tot und begraben: dieses Land gibt es nicht mehr für dich.« Seit diesem Augenblick war da ein unheilbarer, ewig schmerzender Riss. Es war der Beginn eines anderen Lebens voller weltlicher Tücken und göttlicher Prüfungen – es war auch die Geburtsstunde eines anderen Menschen: »Ich erinnere mich, wie ich in einer Wohnung in Rom stand und den Telefonhörer in der Hand hielt, in dem es stumm geworden war. Ich hatte meinen älteren Bruder in Mogadischu angerufen und darum gebeten, daß mich jemand vom Flughafen abholt. Mein Bruder riet mir, nicht nach Hause zurückzukehren. Seine Worte sind mir bis heute im Ohr: ›Vergiß Somalia! Besser, du gehst davon aus, daß das Land tot ist, daß es für dich nicht mehr existiert!‹« Nuruddin Farah sollte diese wenigen Sekunden niemals vergessen, die ihn zu einem ewig Irrenden, einem Weltbürger, zum Inbegriff des afrikanischen Schriftstellers im Exil machen sollten, noch bevor der massenhafte Exodus, der Schiffbruch im Mittelmeer (auf Lampedusa vor allem) begann. Sein Vergehen? Einen Roman geschrieben zu haben, die erste Nationalerzählung – die zugleich eine bittersüße Hymne auf die Hauptstadt einer Zeit ist, als Mogadischu noch locker und lässig war, als die Frau in Afrika noch nicht von Kopf bis Fuß Gefangene einer schwarzen Burka war und noch nicht unter dem Joch einer kriminellen Sekte wie Al-Shabaab litt.

Das Schicksal Somalias ist allseits bekannt, seit 1991 steht sein Name sinnbildlich für Bürgerkrieg, Chaos, Hunger und Tod. Nuruddin Farah kann sich mit diesem Zustand nicht abfinden. Auf seinen schwachen Schultern trägt er ein anderes Somalia, ein ähnliches und doch ganz unverwechselbares, ein Land, das seinem Schöpfergeist entwuchs, das er in Liebesbekundungen wiegt und mit Vernunft unter die Lupe nimmt. Ein ebenso beglückendes wie beunruhigendes Somalia. Ein Land, lieber Leser, das dein Herz höherschlagen lässt, wenn du ihm nur ein, zwei Stündchen der Lektüre widmest.

Mit seiner unermüdlichen Ergründung der somalischen Nation erhob sich das Werk des großen somalischen Romanciers in den Rang eines Paradigmas der Würde und der Schranken des Menschen. Lange schon wird sein Name wie ein Mantra nicht mehr nur in akademischen Kreisen geflüstert: Farahs Werk, das vierzehn Romane (davon drei Trilogien), einen Essay und eine Handvoll Stücke (bisher noch unveröffentlicht) sowie einige Novellen umfasst, findet inzwischen Anerkennung, wird weithin hochgeschätzt und weltweit übersetzt.

Als Primus der exilierten Schriftsteller verstand es Nuruddin Farah, in energischem Engagement seine Würde als Künstler und als Person des öffentlichen Lebens zu wahren. Er behielt stets seinen unglückseligen somalischen Pass und beantragte mit Erfolg einen weiteren afrikanischen, um dem Kontinent die Treue zu halten. Farah setzt auch immer wieder sein ganzes Gewicht ein, um die Weltgemeinschaft aufzurütteln, einen Brandherd zu ersticken oder verschiedene politische Akteure miteinander auszusöhnen (wie etwa die laizistische Bundesregierung in Baidoa mit der Union islamischer Gerichte, die zeitweise das gesamte südliche Somalia kontrolliert hatte) – bereit, in einem chaotischen Kontext sein Leben zu riskieren.

Wie eine nackte Nadel, sein zweiter Roman, verbindet Finesse mit Wagemut und hat ausdrücklich keinen geringeren als James Joyces *Ulysses* zum Vorbild. Darin erweitert Nuruddin Farah die Geschichte einer Liebe um ein Flanieren durch die Stadt und eine fundierte Psychoanalyse seiner zahlreichen Figuren, wodurch die Empathie des Lesers nur wachsen kann, der erstaunt merkt, wie er sich unweigerlich mit dem einen oder anderen Mitglied der Gemeinde identifiziert. Darin liegt ein Schlüssel zum großen Erfolg der Farah'schen Romane: in der Energie des Autors, der uns so sanft wie entschieden bei der Hand nimmt und dafür sorgt, dass man sich in ganz zeitlosen Individuen wiedererkennt. Jenseits der Zeit stehen sie, denn sie sind vor allem sich selber treu, und doch könnten sie just unser Spiegelbild sein.

Ob Archivar, Hüter der Erinnerung, Fotograf oder Architekt, unser Romancier glänzt in allen diesen Rollen zugleich. Ein kleines Beispiel nur: Wollte man Mogadischu heute – die Stadt hat der Hölle ins Auge geblickt und Leichenberge unter sich – originalgetreu wieder aufbauen, bräuchte man bloß mit Bleistift und Dreikant bei der Hand die Romane von Nuruddin Farah noch einmal aufmerksam zu lesen. Darin widmete der Autor seinem Land, ja seinem Kontinent, den wohl schönsten Gesang.

Feymania

Die ›Feymania‹ entstand in der kamerunischen Millionenstadt Douala im Viertel New Bell und ist ein Synonym für Finanzbetrug. Der faktisch größte ›Feyman‹ war in den 1990ern tätig und ist nach wie vor kein anderer als der berühmte Donatien Koagne, der im Jemen starb, nachdem man ihm nach einer Verurteilung den Arm amputiert haben soll. Dieser Inbegriff eines Feyman, sein Spitzname war ›der King‹, lebte auf großem Fuß und lieh sich Banknoten, vorgeblich um sie zu vervielfältigen. Er soll sogar nicht wenige afrikanische Spitzenpolitiker und die Reichsten der Reichen unserer Erde ›ausgenommen‹ haben. Deshalb wohl wird der Feyman in bescheidenen und armen Stadtvierteln als Robin Hood wahrgenommen, und er hat immer noch seine Bewunderer unter den afrikanischen Jugendlichen, die ebenfalls einen Luxusschlitten fahren möchten, um in Begleitung der allerschönsten Mädchen ein Vermögen in Nachtclubs auszugeben, in denen der Champagner in Strömen fließt.

Seit Donatien Koagnes Zeiten hat sich die Feymania weiterentwickelt und immer weiter von der früheren ›Gutmütigkeit‹ eines Robin Hood entfernt. Sarah Sakho warnt uns vor dieser Volte, die für ›kleine Leute‹ so nachteilig ist:

Anstatt arabischer Scheichs und sonstiger Staatschefs scheint sich der moderne Feyman heute jeden X-Beliebigen vorzunehmen. Die neuen Informationstechnologien und Kommunikationsmittel sind ja auch in der Breite angekommen, Kreditkartenbetrug und Schwindel mit antiken Kunstobjekten sind im Internet Legion. Letztlich ist es immer die gleiche, gute alte Zauberformel: Man leiert dem Opfer das Geld aus dem Kreuz, indem man ihm einen leicht verdienten Profit vorgaukelt oder ein besseres Leben verspricht. [...] Der jüngste Fall von Feymania betrifft allerdings einen Kreis von nicht weniger als 12 000 Personen, die mit einem Kreditprogramm für Kleinhändler und sonstige Akteure eines Wirtschaftssektors, der sich der Aufsicht der Steuerverwaltung entzieht und daher als ›informell‹ bezeichnet werden kann, übers Ohr gehauen wurden. Das vermeintliche Regierungsprogramm versprach den Sparern binnen 60 Tagen einen Kredit mit 20 Monaten Laufzeit zu einem absolut konkurrenzlosen Zinssatz von 1,2 Prozent, und die notwendigen Unterlagen beschränkten sich auf ein absolutes Minimum – man musste lediglich

10 Prozent des Kreditvolumens hinterlegen. Zu schön, um wahr zu sein? Glaubt man Moussa Yimga vom Verein der Akteure im Informellen Sektor, der den Fall öffentlich gemacht hat, erinnert das überaus raffinierte Vorgehen der Betrüger an ein Feyman-Muster: ›Die französischen Flaggen, die sie an ihren Filialen angebracht hatten und auch auf ihren Prospekten verwendeten, ihre Werbekampagne … das sah alles authentisch aus. Wir sollten glauben, es handelt sich um eine seriöse Institution.‹[5]

Fonio

Vergessen Sie Quinoa, die Zukunft gehört Fonio! Das neue, westafrikanische Trendgetreide erobert in Form kleiner Bällchen die europäischen und amerikanischen Küchen, schließlich ist es garantiert glutenfrei. Bioläden und Artikel für Fans der etwas ausgefalleneren Küche sind die besten Botschafter unseres afrikanischen Getreides in der nördlichen Hemisphäre.

Fonio gilt als älteste Getreideart Westafrikas. Im Ursprungsmythos der malischen Dogon bildet das Foniokorn, *pô* genannt, die ›Keimzelle der Welt‹.

Fonio gehört zur Familie der Hirse und blickt zweifellos auf die älteste Anbaugeschichte in Westafrika zurück, insbesondere in dessen subsaharischem Teil erstreckt sie sich über mehrere Jahrtausende. Nach dem Ernten und Schälen sieht Fonio aus wie Grieß und zeigt sich nach dem Blanchieren in Gestalt eines Miniaturreiskorns. Manch einer schmeckt sogar eine feine Haselnussnote heraus.

Als pflegeleichte und im Wasserverbrauch genügsame Kulturpflanze wächst Fonio überall, nur auf Lehmboden nicht. Fonio ist heute, nachdem es lange Zeit als Armenspeise galt und vernachlässigt worden war, der Stolz der Bauern, die es nicht nur anbauen, sondern wie ihren Augapfel hüten.

Unter Ernährungsgesichtspunkten ist Fonio nicht so reich an

Ballaststoffen und Proteinen wie Quinoa. Andererseits ist es kalorienarm, leicht verdaulich und besitzt dieselben Nährstoffe wie Reis, weist aber mehr Aminosäuren auf. Foniohirse eignet sich hervorragend für Schwangere, Kinder, Senioren und Übergewichtige.

Internationalen Sterneköchen wie Pierre Thiam, dem Senegalesen von Brooklyn, liegt der Name Fonio ständig auf der Zunge. Bei der TEDGlobal-Konferenz, die 2017 im tansanischen Arusha aufgezeichnet wurde, erklärte der Mann aus Dakar, er rechne mit einem Siegeszug des Fonio und halte es für das Getreide der Zukunft: »Ein schmackhaftes und vielfältiges Getreide, das sich an alle Kochstile anpassen und alle anderen Getreidesorten ersetzen kann.«

Fonio kann den Grieß im Salat oder im Taboulé ersetzen. Die einfachste Methode der Zubereitung ist das Dämpfen. Man kann es aber auch im Topf kochen, so wie Reis, oder wie Porridge zubereiten. Foniomehl eignet sich ausgezeichnet für Kuchen und Süßspeisen.

Bevor er sein eigenes Haus eröffnete, hatte Pierre Thiam in verschiedenen New Yorker Restaurants gelernt. Seit Ende der 1980er hatte er sich hochgearbeitet, bevor er 2001 mit dem ›Yolele‹ sein erstes eigenes Restaurant gründete. Das afrikanische Bistro verführt die Restaurantkritiker ebenso wie Persönlichkeiten aus dem Showbusiness. Man kommt wegen seiner Gerichte, und die kommen aus allen Ecken des afrikanischen Kontinents. Fünf Jahre später eröffnete Pierre Thiam ›Le Grand Dakar‹, sein zweites Restaurant. An Ambition mangelt es dem Chef nicht, und es ist noch viel zu tun. Als versierter Pädagoge bildet Pierre Thiam zukünftige Küchenchefs aus, wenn er nicht gerade an Konferenzen teilnimmt oder Kochkurse auf kleiner Leinwand bzw. an renommierten Orten leitet, wie etwa am National Museum of African Art in Washington D. C. Stets gelingt es ihm, seine Leidenschaft allen zu vermitteln, und sein Buch *Yolele! Recipes from the Heart of Senegal* (›Yolele! Rezepte aus dem Herzen Senegals‹, 2009) wurde sogar ausgezeichnet.

Um die Popularität der afrikanischen Küche auch weltweit zu steigern, setzt Pierre Thiam auf Fonio. Und die Bauern, die Fonio in der Sahelzone von der senegalesischen Küste bis hin zum Tschadsee anbauen, sind seine besten Verbündeten.

Wir wollen uns das Vergnügen nicht nehmen lassen, Ihnen das folgende Rezept für Hähnchenfonio zu verraten, das wir aus Mali haben:

Zutaten (für vier Personen):
1 Hähnchen
3 große, reife, tiefrote Tomaten
4 EL Tomatenmark
4 große Zwiebeln
1 Zehe Knoblauch
½ Glas Öl
2 Maggi-Brühwürfel*, oder Salz
2 große Möhren
1 weiße Rübe
1 großer Weißkohl
2 große Kartoffeln
1 Sellerie
1 Beutel Fonio, vorgekocht
4 Okraschoten (oder Okrapulver)
Salz, Pfeffer

Zubereitung:
1. Zunächst die Sauce: das Hähnchen waschen und zerlegen, Zwiebeln, Knoblauch und Gemüse schälen.
2. Die Hähnchenteile in einem Topf frittieren.
3. Zwiebeln, Tomaten, Möhren und Rüben fein würfeln und in den Kochtopf geben.
4. Das Tomatenmark hinzufügen, mit Salz und Pfeffer abschmecken.
5. Eine Viertelstunde köcheln lassen, dann 2 Liter Wasser sowie die garen Hähnchenteile hinzugeben.

6. Eine halbe Stunde köcheln lassen, dann den zerstoßenen Knoblauch und Sellerie zugeben, sowie den geviertelten Kohl und die halbierten Kartoffeln.

7. Derweil das Fonio zubereiten: Lauwarmes Wasser zusetzen, eine Viertelstunde ziehen lassen, dann auf kleiner Flamme aufkochen.

8. Die Okraschoten in einem kleinen Topf aufkochen und zerstoßen.

9. Die zerstoßenen Okraschoten mit der gekochten Fonio vermischen, mit Salz abschmecken. Heiß servieren.

France noire

La France noire ist ein schöner Sammelband, der 2011 von Sylvie Chalaye, Éric Deroo, Dominic Thomas, Mahamat Timera und Pascal Blanchard herausgegeben wurde. Das Buch begibt sich auf die Spur von »dreihundert Jahren schwarzer Gegenwart« in Frankreich.

Seitdem das Thema Einwanderung in Europa und insbesondere in Frankreich zu einem politischen und demagogischen Zankapfel geworden ist, glauben viele Schwarze in Frankreich, sie würden in den anglophonen Ländern besser behandelt werden – die Situation ihrer ›Brüder‹ im englischen Sprachraum erscheint ihnen erträglicher, selbst wenn Frauen, Männer und Kinder in den USA einfach wegen ihrer Hautfarbe getötet werden. Doch vor der Französischen Revolution und in gewissem Maße auch während der Kolonialzeit war es besser, in Frankreich Schwarzer zu sein als anderswo. Das belegt etwa der massive Zuzug schwarzer Intellektueller und Künstler nach Paris, die in ihrer US-amerikanischen Heimat Opfer der Rassentrennung waren.[6] »Erst seit den 1980ern nimmt dieses Gefühl, diese Zuneigung zu Frankreich ab, seitdem empfindet man sich als Schwarzer in Großbritannien, in den Vereinigten Staaten oder in Johannes-

burg als freier, akzeptierter und anerkannter, während die Staatsbürgerschaft in Frankreich schon ein völlig unbeschränktes
Rechtsgut war.«[7]

Die Gegenwart schwarzer Menschen in Frankreich erstreckt
sich über drei Jahrhunderte, in denen die Einwohner Afrikas, der
Karibik, der Inseln im Indischen Ozean und der Vereinigten
Staaten dazu beigetragen haben, die französische Nation zu er-
richten und zu erhalten. Dabei nimmt der Schwarze im Verlaufe
der Zeit verschiedene Rangstellungen ein, sein ›Status‹ chan-
giert: Vom freigelassenen, emanzipierten Menschen wird er zum
Kolonialsubjekt, vom Eingeborenen zum ›Senegalschützen‹. Er
wird dann zum ›Neger‹ und später einfach zum Schwarzen, bevor er als Einwanderer und in den 1990ern als *Black* wahrgenommen wird. Im neuen Jahrtausend dreht sich die Debatte um die
Staatsbürgerschaft der ›französischen Schwarzen‹: Die sichtbaren Minderheiten wollen nicht mehr in den Hinterhof der Republik verwiesen sein. So wie in dem Gedicht von Langston
Hughes, »Auch ich«, in dem »der dunklere Bruder«, der bisher in
der Küche gegessen hat, sich erhebt und hinausschreit, dass auch
er Teil Amerikas sei und dass er am Tisch Platz nehmen werde,
wenn Gäste kommen! Frankreich kann seine Augen vor diesen
›Stimmlosen‹ nicht mehr verschließen, die im gesamten Staatsgebiet gegenwärtig sind, einem Gebiet, das ihre Vorfahren in den
großen Kriegen verteidigt haben ...[8]

Der Eintrag »*France noire*«, siehe dazu die Quellenangabe unter dem Eintrag
»Schwarz und Weiß« (über ein Buch, dessen Titel wörtlich übersetzt ›Land wie
Ebenholz‹ lautet).

Fufu

In Äquatorial- und bisweilen auch in Westafrika ist Fufu ein derart unumgängliches Nahrungsmittel, dass es als äußerst ge-
schmacklos gelten würde, jemandem stattdessen Brot oder Reis
anzubieten. Von den kongolesischen Verbrauchern, die auf den

Brei aus Maniok, Banane und mitunter auch Yams schwören, würde man nur zu hören bekommen: Von Brot oder Reis ›wird man nicht satt‹. Fufu dient also als Beilage, und seine Zubereitung erfordert äußerste Geduld sowie Achtsamkeit, damit es am Ende nicht klumpt: Zunächst kocht man den Maniok, den Yams und/oder die Kochbanane, dann zerstößt man sie gründlich in einem Mörser. Sobald sich eine Kugel bildet, fügt man noch etwas lauwarmes Wasser hinzu. Es gibt aber auch gemahlenes Fertigfufu, das in Tüten verkauft wird. In diesem Falle bringt man nur Wasser in einem Topf zum Kochen und streut das Pulver hinein, das Ganze wird dann ordentlich durchgeknetet, bis es eine große Kugel ergibt, die man in mehrere Stücke schneidet, wenn es viele Münder zu stopfen gilt.

Gerima, Haile

Der Äthiopier Haile Gerima ist eine Person ersten Ranges sowohl in Washington D. C., wo er seit mehr als vier Jahrzehnten wohnt, als auch in Addis Abeba*, wo er zu Recht als Vater des äthiopischen Kinos gilt, und sogar in Ouagadougou, Hauptstadt von Burkina Faso und historisches Zentrum des afrikanischen Kinos. Dieser stets heitere Mann bezeichnet sich als »engagierten Independent-Filmemacher der Dritten Welt«. 1946 in Gonder geboren, emigrierte er 1967 in die USA zum Theater- und Filmstudium. Gerima ist Mitglied der berühmten Los Angeles School of Black Film Makers, einem umtriebigen informellen *melting pot*, aus dem nicht wenige dynamische Filmemacher hervorgingen, die eine neue Welt hervorgebracht haben. Aus diesem Kessel stammen mehrere Meisterwerke, darunter der erstaunliche *Bush Mama* (1976), bei dem Haile Gerima Regie führte und von zwei ebenso vielversprechenden Filmemachern unterstützt wurde, von Roderick Young und Charles Burnett.

Einige Projekte später war Haile Gerima an der größten schwarzen Universität des Landes, der Howard University in Washington D. C., gelandet. Im Vorruhestand widmet er einen Teil seiner Zeit nun dem »Sankofa« – so heißt sein Kulturzentrum, das gleichermaßen als Buchladen, Veranstaltungsort und Cafeteria dient. Hinter der Kasse empfängt er Passanten ebenso wie frühere Studenten.

Wir machten es uns zur Gewohnheit, ihn ebendort aufzusuchen. Haile Gerima, ohnehin großzügig und redselig, wird

erst recht lebendig, wenn wir aufs Kino, auf Thomas Sankara*
oder den Panafrikanismus zu sprechen kommen. Seine Filmo-
grafie ist geprägt vom Gedenken an die Sklaverei (*Sankofa, Ernte:
3000 Jahre*) und vom Erbe des Kolonialismus (*Adwa: An African
Victory*). Sein jüngster Spielfilm *Morgentau* – mit dem Sonder-
preis der Jury bei den 65. Internationalen Filmfestspielen Venedig und dem Hengst der Yennenga beim FESPACO ausgezeichnet – handelt von den zerstörten Träumen junger Intellektueller,
denen es nicht gelang, Äthiopien auf das Geleis der Moderne zu
setzen.

   Ob er sich bei den Journées cinématographiques de Carthage
(›Kinematographietage von Karthago‹, Tunesien) verausgabt,
beim Cairo International Film Festival (Ägypten) oder ob er eine
Masterclass in Johannesburg gibt, der Mann aus Gonder engagiert sich für das Wachstum eines afrikanischen Kinos mit eigenen Produktions- und Verleihstrukturen. So wie seinerzeit
Sembène Ousmane und Med Hondo hätte auch Haile Gerima
heute notfalls beinahe alles gegeben, um das Projekt *Morgentau*
fertigzustellen. Der Preis: sechs Jahre Arbeit und Schweiß sowie
das Gefühl, sich einmal mehr in den Schlund der Schulden zu
stürzen. Es überrascht also nicht, dass der Abessinier gegenüber
Filmfestivals, Verleihern, Kinokritik und natürlich gegenüber
Hollywood äußerst kritisch eingestellt ist. Unter seiner rauen
Schale und hinter aller Wut auf seine Zeit verbirgt sich ein sen-
sibler und wagemutiger Mensch, der es verstanden hat, komplexe, oftmals überlebensgroße Figuren auf Zelluloid zu bannen
und unsere Kenntnis der Menschennatur zu vertiefen.

   Zwar hat er die Welt nicht verändert, aber der Haudrauf Haile
Gerima hat sich neu erfunden. Der Filmemacher ist zum Saft-
mischer geworden: Sankofa ist weiterhin sein Laboratorium,
eine Destilliervorrichtung für Ingredienzien aus aller Welt. Hier
blättert man in Büchern, hier trinkt man ein Glas. Die Kinder
des Viertels, allesamt schwarz, kommen und lauschen den Ge-
schichtenerzählern und Schriftstellern. Mit überaus bescheidenen Mitteln würdigt Gerima sehr mutig und hartnäckig die

Leuchttürme des afrikanischen Kinos und seiner Diaspora. Traum und Utopie sind dort zum Greifen nah. Die Speisekarte fungiert als Manifest, als Liebeserklärung an befreundete Cineasten und deren Filme. Mit dem Kopf in den Wolken wird Ihnen die Entscheidung wohl schwerfallen zwischen einem Salat ›Euzhan Palcy‹ (*Die Straße der Negerhütten*; *Weiße Zeit der Dürre*) und der Vorspeise ›Sembène Ousmane‹ mit Falafel und Hummus, sofern Sie sich nicht für die Gemüseplatte ›Raoul Peck‹ (Regisseur von *Lumumba*) mit viel Tomate und Gurke sowie einer feinen hausgemachten Sauce entscheiden. Falls Sie sehr hungrig sind, empfehlen wir das Rinderfilet ›Spike Lee‹. Und falls Sie Fleisch verschmähen, gibt es nichts Besseres als einen Tofu-Toast mit dem stolzen Namen ›Julie Dash‹, die insbesondere für *Daughters of the Dust* (›Töchter des Staubes‹, 1975) verantwortlich zeichnet.

An Projekten mangelt es ihm selten, und so wartet sein neuester Film *Yetut lij* – der wie das Gros seiner epischen Filme auf Amharisch gedreht wird – auf den Zauberer, der ihm Leben einhaucht. Doch glauben Sie nicht, der Rebell Haile Gerima fröne dem Müßiggang. Immer findet er neue Mittel, die Ärmel hochzukrempeln und uns allen Respekt abzunötigen.[1]

Geschichtsschreibung

Die Moderne wurde lange Jahre symbolisiert durch die Beherrschung der Geschichte und insbesondere der Geschichtsschreibung. Aufmerksamkeit verdient vor diesem Hintergrund das Vorwort von 1980 des damaligen UNESCO-Generaldirektors Amadou-Mahtar M'Bow zu einer achtbändigen, 1970 begonnenen *Histoire Générale de l'Afrique* (›Allgemeine Geschichte Afrikas‹) der UNESCO. Es ging darum, der fast schon universellen Unkenntnis der Vergangenheit Afrikas und des Widerstands seiner Völker gegen den Sklavenhandel sowie der Kolonialisierung Abhilfe zu schaffen und das Schicksal Afrikas in die Geschichte der Menschheit einzuschreiben. Die UNESCO ver-pflichtete die seinerzeit bedeutendsten afrikanischen und inter-nationalen Spezialisten (mehr als 230), um diesen Teil der Geschichte aus afrikanischer Perspektive zu schreiben. So der erklärte Wille:

> Über lange Zeit haben allerlei Mythen und Vorurteile der Welt die wahre Geschichte Afrikas verborgen. Die afrikani-schen Gesellschaften galten als Gesellschaften, die keine Ge-schichte haben konnten. Ungeachtet bedeutender Arbeiten, die Vorreiter wie Leo Frobenius, Maurice Delafosse und Ar-turo Labriola bereits Anfang des [20.] Jahrhunderts vorgelegt hatten, blieben zahlreiche nicht-afrikanische Spezialisten ge-wissen Postulaten verhaftet und vertraten die Hypothese, diese Gesellschaften könnten nicht Gegenstand wissen-schaftlicher Studien sein, insbesondere weil es an schriftli-chen Quellen und Dokumenten fehle.
>
> Während die *Illias* und die *Odyssee* völlig zu Recht als un-verzichtbare Quellen zur Geschichte des antiken Griechen-lands angesehen wurden, sprach man der mündlichen Über-lieferung Afrikas, dem Gedächtnis der Völker, in dem zahl-reiche prägende Ereignisse ihre Spuren hinterlassen haben, jeden Wert rundweg ab. Man beschränkte sich darauf, die Geschichte eines großen Teils Afrikas mithilfe außerafrikani-scher Quellen zu schreiben und kein Bild des wirklichen Werdegangs afrikanischer Völker zu zeichnen, sondern eines voller Mutmaßungen. [...]
>
> Im Grunde weigerte man sich, den Afrikaner als Schöpfer eigenständiger Kulturen anzusehen, die sich über Jahrhun-derte hinweg in spezifischen Formen verbreitet und verste-tigt haben, die der Historiker eben nicht fassen kann, ohne gewisse Vorurteile aufzugeben und seine Methodik zu mo-dernisieren.
>
> Zugleich wurde der afrikanische Kontinent fast nie als his-torische Einheit angesehen. Man betonte vielmehr alle As-

pekte, durch die der Gedanke glaubwürdig erscheinen mochte, es habe seit jeher eine Spaltung zwischen einem ›Weißafrika‹ und einem ›Schwarzafrika‹ gegeben, die beide nichts voneinander wüssten. Die Sahara stellte man häufig als unüberwindlichen Raum dar, der die Vermischung von Ethnien und Völkern, den Austausch von Gütern, Religionen, Sitten und Gedanken zwischen den beiderseits der Wüste bestehenden Gesellschaften unmöglich gemacht habe. Man zog hermetische Grenzen zwischen den Zivilisationen des Alten Ägypten sowie Nubiens und denen der Völker südlich der Sahara. [...]

Ein weiteres Phänomen beeinträchtigte die objektive Untersuchung der afrikanischen Vergangenheit stark: Ich meine die Verbreitung von Rassenstereotypen, die mit dem Sklavenhandel und der Kolonialisierung aufkamen, die Verachtung und Unverständnis hervorgebracht haben und so tief verankert waren, dass sie gar noch geschichtswissenschaftliche Grundbegriffe verfälschten. [...]

Kenntlich an der Pigmentierung seiner Haut, nurmehr eine Ware unter vielen, zur Zwangsarbeit verdammt, symbolisierte der Afrikaner im Bewusstsein seiner Herren die imaginierte und vorgeblich minderwertige Essenz einer Negerrasse. [...]

Die Lage hat sich seit dem Ende des Zweiten Weltkriegs deutlich gewandelt, insbesondere seitdem die Staaten Afrikas ihre Unabhängigkeit erlangt haben und aktiv am Leben der internationalen Gemeinschaft und am wechselseitigen Austausch als deren Grundlage teilnehmen. Immer mehr Historiker bemühten sich, das Studium Afrikas mit größerer Genauigkeit, Objektivität und geistiger Offenheit zu betreiben und dafür – natürlich mit dem gebotenen Bedacht – afrikanische Quellen selbst zu nutzen. Indem sie ihr Recht auf die historische Initiative wahrnahmen, verspürten die Afrikaner selbst das tiefe Bedürfnis, die Geschichtlichkeit ihrer Gesellschaften auf solide Grundlagen zu stellen.

Hierin liegt die Bedeutung der *Allgemeinen Geschichte Afrikas* ..., mit deren Publikation die UNESCO begonnen hat.[2]

Gide, André

Während die Europäer auf ihren zahllosen Reisen in Afrika die Landschaft betrachteten, hatte André Gide sich mit *Kongo und Tschad* (1927) vorgenommen, die Seele der Eingeborenen zu durchdringen. So in etwa wie der Fotograf Henri Cartier-Bresson, der sagte: »Auf Reisen betrachte ich, was man mir zeigt, und fotografiere dann knapp daran vorbei.«

Auch Gide hatte sich für sein Reisetagebuch entschlossen, »knapp daran vorbei« zu fotografieren und die »Länder wie Ebenholz« zu entdecken, das Antlitz des Kolonisten haargenau zu beschreiben und der ganzen Welt die Barbarei vor Augen zu führen, die – anders als der offizielle Diskurs damals suggerierte – nicht immer nur den Einheimischen eigen war. So löste sein Buch gleich nach Erscheinen einen Skandal aus. Zunächst einmal, weil der Verfasser offen die Verbrechen der Konzessionskonzerne kritisierte, die die fernen Länder ungeniert ausbeuteten und die Einheimischen geradezu beiläufig unterwarfen, indem sie sie zu bloßen Gegenständen einer Kulisse reduzierten, die in umso düstererem Licht erschien, je länger diese Exzesse andauerten. Zweitens kam die Kritik von unerwarteter Seite, und zwar von Gide – das war die wohl größte Überraschung! Denn André Gide galt als bürgerlicher Intellektueller, dessen Œuvre im Großen und Ganzen den größtmöglichen Abstand zu gesellschaftlichen Verwerfungen wahrte. Gide war kein Émile Zola, der urplötzlich ein »J'accuse!« (›Ich klage an‹) in die Welt setzte. Und doch tat er genau das. Als er einen Blick auf einen seiner schwarzen Lastenträger warf, konnte er nicht anders, als voller Mitmenschlichkeit festzuhalten: »Ich sehe bei ihm nichts anderes als Kindlichkeit, Noblesse, Reinheit und Offenheit. Die Weißen, die Mittel und Wege finden, aus diesen Wesen Spitzbuben zu machen, sind selbst ärgere Spitzbuben oder ungeschickte Trampel.«

Was Gide am stärksten zur Verzweiflung trieb, war die *Verachtung*, die der Kolonisator gegenüber dem Kolonisierten zum Ausdruck brachte. Wie konnte man derart auf »noble« und »offene« Völker herabsehen?

Wenn man *Kongo und Tschad* heute wiederliest, kommt man kaum umhin, gleich auch in Aimé Césaires* Rede *Über den Kolonialismus* zu blättern, die einige Jahre später, nämlich 1953, erschien. Gide hätte ebenso gut Verfasser der folgenden Worte aus der Feder Césaires sein können: »Und ich sage, dass der Abstand zwischen Kolonisation und Zivilisation unendlich groß ist; dass man mit sämtlichen Kolonialexpeditionen, mit sämtlichen Kolonialstatuen, mit sämtlichen ministeriellen Runderlassen zusammen nicht einen einzigen menschlichen Wert zustande zu bringen vermag.«

Gides Buch über seine Kongoreise stand an der Wiege des Aufstands, begleitete die Bewegung der Négritude, ermutigte die »Verdammten dieser Erde« und gab den unterdrückten Völkern ihren Stolz zurück. Insofern haben wir für den Schriftsteller nur ein einziges Wort übrig: Danke!

H

Haiti

Man braucht kein großer Reisender zu sein, um zu merken, dass Haiti aus dem heißen Schoß Afrikas hervorgegangen ist. Die Heimat von Dany Laferrière, Autor und Mitglied der Académie Française, veranschaulicht wohl am besten die sogenannte afrikanische Diaspora. Und bei wem spüren wir besser, dass beider Herzen im Einklang schlagen, als bei dem großem Aimé Césaire* und seinem Hochruf auf dieses Land, in dem die Négritude sich erstmals erhob, um das Joch der Sklaverei abzuschütteln?

Bereits im Jahr eins der Sonnen der afrikanischen Unabhängigkeiten, um den französischen Titel des ersten Romans von Ahmadou Kourouma* zu zitieren, also bereits Anfang der 1960er Jahre, ging ein Teil der haitianischen Intellektuellen nach Afrika, um dort am Aufbau der jungen Nationen mitzuwirken, vor allem im Senegal, in Guinea oder auch in der Demokratischen Republik Kongo. Dichter wie Jean-François Brière aus Dakar oder Félix Morisseau-Leroy aus Accra, Filmemacher wie Raoul Peck aus Kinshasa knüpfen bis heute sichtbare und unsichtbare Verbindungen. Hocherfreut haben wir die Nachricht vernommen, dass die Regierung in Port-au-Prince im Januar 2014 offiziell am 22. Gipfel der Afrikanischen Union teilnahm. Die Haitianer sind in Afrika zu Hause.

Herero

Eine ganze Reihe von Völkermorden sind lange im Dunkeln geblieben – und als einer der bedeutendsten der an den Herero und Nama.

Dieses südwestafrikanische Volk aus der Sprachengruppe der Bantu, das heute in Teilen Namibias, Angolas und Botswanas lebt – die Herero (und die Volksgruppe der Nama) – erhob sich 1904 gegen die Kolonialmacht Deutschland. Der Aufstand wurde brutal niedergeschlagen, der führende Generalleutnant Lothar von Trotha erließ einen regelrechten Vernichtungsbefehl. Die Welt stand vor dem ersten Völkermord des 20. Jahrhunderts mit der gleichzeitigen Einrichtung von Konzentrationslagern durch die deutschen Kolonisatoren in Südwestafrika. 80 Prozent der Bevölkerung wurden vernichtet, die Zahlen der Historiker schwanken zwischen 40 000 und 60 000 Toten. Seither verlangt dieses Volk, das heute kaum mehr als 320 000 Angehörige zählt, von Deutschland vergeblich Entschädigungen. Und wir fordern Aufklärung für diese unsere Vorfahren.[1]

»Hottentottenvenus« (Saartjie Baartman)

Bis heute erregt das Schicksal von Saartjie Baartman die Gemüter. Geboren 1788 oder 1789 in der südafrikanischen Provinz Ostkap, gestorben 1815 in Paris, wurde sie zum Symbol der Gefangenschaft und der Zurschaustellung menschlicher Zoos in Europa. Das imposante Gesäß der Sklavin, die man als »Hottentottenvenus« betitelte, konnten die Europäer aus nächster Nähe besichtigen, und um es zu beschreiben, wurden sämtliche Klischees herangezogen, die die westliche Phantasie damals aufbringen konnte. Engländer, Holländer und Franzosen bekamen das Spektakel geboten, den Anblick dieses Wesens von »kurioser Rasse« mit »erstaunlicher Gesäßgröße«, wie Étienne Geoffroy Saint-Hilaire, damals Professor am französischen Naturkundemuseum, es ausdrückte. Wissenschaft und Künstler rissen sich um dieses »Exemplar«. Die einen nahmen sie auseinander, die anderen rivalisierten um die besten Zeichnungen und Gemälde von ihr. Nach ihrem Tod in Paris 1815 ging ihr Leichnam an den französischen Anatom Georges Cuvier, der einen Gipsabguss fertigte, woraufhin mehrere ihrer Organe »im Interesse der Wissenschaft« in Formaldehyd konserviert wurden. Nein, in Frieden ruhen wird sie nie, nachdem sie in extremer Not und fern ihrer Heimat Ostkap gestorben ist. Die Hottentottenvenus wurde in Europa zum Museumsobjekt, als fänden Zurschaustellung und Demütigung selbst nach dem Tod kein Ende. Im Herzen von Paris konnten die Franzosen sie weiter besichtigen, bis 1878 im Jardin des Plantes, dann im Musée d'Ethnographie du Trocadéro und von 1937 bis Anfang der 1970er Jahre im Musée de l'Homme. In den 2000er Jahren schlug die Stunde der »Rückführungen« von Kulturgütern aus dem Afrikanischen Kontinent, und Südafrika forderte ganz legitim die Überreste unserer Venus zurück. Frankreich weigerte sich zunächst, dann endlich kapitulierte es am 6. März 2002 vor den vielen Anträgen, von denen etliche sich auf Nelson Mandela beriefen. Einen Monat nach der Rückführung fand Saartjie Baartman endlich Ruhe in ihrem Heimatdorf in Südafrika, fern von den Augen all derer, die in ihr den Beweis für die Minderwertigkeit der Schwarzen sahen ...

Ibrahim, Abdullah

Geboren 1934 als Adolph Johannes Brand in einer vom Apartheidregime als *Coloureds* eingestuften Familie in einem Kapstädter Slum, erlebte der spätere Abdullah Ibrahim in seiner Kindheit und Jugend die sozialen und politischen Missstände hautnah mit. In seiner Familie mischte sich der traditionell afrikanische Grundstock mit britischen, indischen, chinesischen, muslimischen Beigaben. Die Kapregion ist bekannt für ihr vielfältiges kulturelles und sprachliches Erbe, das den Pianisten und Komponisten sein Leben lang inspirieren sollte. Sein musikalisches Bewusstsein wurde von frühester Kindheit an durch die verschiedensten Einflüsse geprägt: die musikalischen Traditionen Afrikas im Zwiegespräch mit den Riten und Rhythmen der Kapmalaien, der Musik des Kapstädter Straßenkarnevals und den neuesten Jazz-Aufnahmen. Mit sieben Jahren begann das Wunderkind Klavier zu spielen. Mit 15 machte er seine ersten Erfahrungen in einer der populärsten Bands in Kapstadt. Ende der 1950er Jahre gründete er die innovativste Jazz-Band des Landes, The Jazz Epistles, unter anderen mit Hugh Masekela und Sathima Bea Benjamin, seiner Frau. Doch unter den Zwängen des Apartheid-Systems konnte das Ensemble sich nicht entfalten. 1962 verließ Abdullah Ibrahim das Land, es folgte ein langes Exil zunächst in Europa, dann in den USA. Überall stand er an der Seite der größten Jazz-Stars, von Duke Ellington bis Thelonious Monk. Überall kämpfte er ohne Unterlass für die Errichtung einer Demokratie in Südafrika. Nach der Befreiung Nelson Mandelas kehrte der Künstler nach 30 Jahren Exil endgültig in seine Heimat zurück. Der Komponist von *Mannenberg* produziert bis heute eine friedliche Musik voller Eingebung und von einer unerreichten Anmut.

In den Vereinigten Staaten von Afrika

Der ›utopische‹ Roman von Abdourahman Waberi (2006 im Verlag Lattès erschienen, mehrfach wiederaufgelegt) war ein großer Erfolg in Frankreich, Italien und anderswo. *In den Vereinigten Staaten von Afrika* sind die Rollen vertauscht: Afrika ist sehr reich und weit entwickelt, während die Menschen im Rest der Welt, in Euramerika, nur dank der humanitären Hilfe des Schwarzen Kontinents überleben! Humorvoll bringt uns Abdourahman Waberi dazu, unser ökonomisches Vokabular zu hinterfragen: Nescafé wird zu »Neguscafé«,[1] McDonald's heißt »McDiop«, während die Kreditkarte American Express abgelöst wird von der »AfriCard« und die Mona Lisa von der »Mouna Sylla«. Die ersten Zeilen setzen den amüsanten Ton:

Da sitzt er, ausgelaugt. Schweigend. Eine flackernde Kerze wirft spärliches Licht auf die Kammer des Zimmermanns im Gastarbeiterheim. Der Weißhäutige aus der Ethnie der Schweizer spricht einen deutschen Dialekt und behauptet steif und fest, im Zeitalter von Jet und Web vor Gewalt und Hunger geflohen zu sein. Er hat sich jedoch jene Aura bewahrt, die schon unsere Krankenschwestern und Entwicklungshelfer faszinierte. Nennen wir ihn Yacouba, erstens, um seine Identität zu schützen, und zweitens, weil er einen Familiennamen hat, bei dem man sich die Zunge aushaken würde. Er wurde in einer verseuchten Favela der Region Zürich geboren …

»Indépendance Cha Cha«

In den 1960er Jahren, als die meisten Länder im frankophonen Schwarzafrika gerade in die Phase der »Sonnen der Unabhängigkeiten« eintraten, ertönten pausenlos die Worte eines Lieds namens »Indépendance Cha Cha« von Joseph Kabasele alias »Grand Kallé«, einem der Begründer der kongolesischen Rumba*. Er schuf Text und Melodie, Vicky Longomba übernahm die Gesangspartie, die Sologitarre spielte das Wunderkind Nico Kasanda alias »Docteur Nico«, den Bass Brazzos, Izeidy Mokoy alias »Petit Prince« die Maracas und Pierre Yantula Bobina das Schlagzeug. Schnell erhoben die Nationen des schwarzen Kontinents dieses Lied zur Hymne ihrer Emanzipation.

»Indépendance Cha Cha« entstand in einem Atemzug im Jahr 1960 bei einem Aufenthalt von Grand Kallé und seiner Band African Jazz in Brüssel; dort tagte gerade die berühmte *Table ronde*, der runde Tisch, an dem die politischen Anführer des Kongos und die belgischen Behörden die Unabhängigkeit von Belgisch-Kongo aushandelten. Das Lied war vollständig improvisiert, inspiriert von der Begeisterung, der Ausgelassenheit der afrikanischen Völker – und es ging sofort allen ins Ohr. Mit seiner Erzählung von diesem historischen Ereignis wurde »Indépendance Cha Cha« schnell zum einenden Kampflied, dem ersten panafrikanischen Hit.

Der Text wird auf Lingala gesungen, einer Sprache, die in beiden Kongo-Staaten verbreitet ist. Er feiert den Sieg der Unabhängigkeit und den Erfolg der *Table ronde*, der sich einer »gemeinsamen Front« verdankt, dem Zusammenschluss der meisten damaligen politischen Parteien im Kongo mit charismatischen Anführern wie Patrice Lumumba, Moïse Tschombé oder Joseph Kasavubu.

Die ersten Zeilen besingen also die kongolesische Emanzipation und diesen historischen Moment:

Wir haben die Unabhängigkeit erlangt
Wir sind endlich frei
An der *Table ronde* haben wir gewonnen
Es lebe die Unabhängigkeit, die wir gewonnen haben.

Bis heute beflügelt »Indépendance Cha Cha« zu neuer Kreativität, und wir freuen uns, dass im Jahr 2000 ein 60-minütiger belgischer Dokumentarfilm von Isabelle Christiaens und Jean-François Bastin die Geschichte dieses Titels nachzeichnete – über 40 Jahre nach der Unabhängigkeit von Belgisch-Kongo.[2]

Jip's Café

Jip's Café im 1. Pariser Arrondissement (41, rue Saint-Denis), gegründet 1990 von Jean-Pierre Chanson, bietet nicht nur eine »einfache afro-kubanische Küche«, wie sie sich selbst beschreibt. Dieser Ort mit seiner riesigen umlaufenden Außenveranda, der mit Holzschnitzereien geschmückten Innendeko und einer Bar, in der sich die Import-Getränke drängeln, ist eine Begegnungsstätte der Kulturen, ganz im Gegensatz zu den umliegenden Geschäften.

Seit Jeannot Bonini und seine Brüder 1992 das Geschäft übernahmen, ist das Lokal mehr als belebt und hat sich stark verjüngt. Es ist ein kleines Afrika mitten im Herzen von Paris; Passanten bleiben stehen, um die »Stimmungsmacher« auf der Tanzfläche zu bewundern oder die Kulturevents zu besuchen, die das Haus veranstaltet.

Hier genießt man exotische Cocktails, verfolgt die Modenschauen der Sapeurs (vgl. Sape*), besucht Ausstellungen, tanzt im Salsa-Kurs, lauscht den Darbietungen von Musikern wie der Kubanerin Niuver oder anderen jungen Talenten vom Kaliber des kubanischen Pianisten Pity Cabrera. Das Jip's ist heute ein Muss für alle Liebhaber afro-kubanischer Kulturen.

Alain Mabanckou, regelmäßiger Gast an der Bar und enger Freund des Wirts, hat den Ort in seinem Roman *Black Bazar* verewigt, der 2009 bei Seuil (und in deutscher Übersetzung bei Liebeskind) erschien. Die fiktive Handlung spielt überwiegend im Jip's, und die Figuren – die absoluten Stammgäste – könnten Besucher noch heute dort antreffen: unter anderen den Mann aus der Republik Kongo »Paul-aus-Großkongo«, den Kongolesen aus Brazzaville »Willy, den Barmann«, den Ruander »Bastard«, »Yves-den-Ivorer-schlechthin«, »Roger-den-Franko-Ivorer« und Jeannot Bonini, »den Wirt«.

Jugend (Brief von Amadou Hampâté Bâ an die)

1985 verfasste der malische Schriftsteller Amadou Hampâté Bâ*, dieser Inbegriff von Weisheit und traditionellem Wissen, einen Brief an »die Jugend«,[1] der sich liest wie ein Testament. Sechs Jahre vor seinem Tod erteilte Amadou Hampâté Bâ der afrikanischen Jugend eine anschauliche Lektion fürs Leben, die bis heute Kraft und Vitalität ausstrahlt.

Brief an die Jugend (1985) von Amadou Hampâté Bâ

Meine lieben Nachgeborenen,

Hier spricht zu euch einer der Erstgeborenen des 20. Jahrhunderts. Er hat also schon ein langes Leben gelebt und, das könnt ihr euch vorstellen, in der weiten Welt vieles gesehen und gehört. Dennoch will er sich in keiner Weise als Lehrmeister aufspielen. Vor allem sieht er sich als ewig Suchenden, als ewigen Schüler, und bis heute ist sein Wissensdurst so lebendig wie am ersten Tag.

Den Anfang machte er mit einer Suche nach sich selbst, er setzte viel Mühe daran, sich zu entdecken und gut kennenzulernen, um sich sodann in seinem Nächsten wiedererkennen und ihn entsprechend lieben zu können. Wenn es nach ihm ginge, machte jeder von euch es genauso.

Nach dieser schwierigen Selbstfindung unternahm er viele Reisen durch die Welt: nach Afrika, in den Nahen Osten, nach Europa, Amerika. Als wissbegieriger Schüler ohne Komplexe und ohne Vorurteile ging er bei allen Meistern, bei allen Weisen in die Lehre, denen er dabei begegnen durfte. Brav hörte er ihnen zu. Getreu nahm er ihre Worte auf und unterzog ihre Lektionen einer objektiven Analyse, um die verschiedenen Aspekte ihrer Kulturen und dadurch auch die Gründe für ihr Verhalten gut zu verstehen. Kurz, er bemühte sich immer, die Menschen zu verstehen, denn die große Lebensaufgabe ist GEGENSEITIGES VERSTÄNDNIS. [...]

In dieser Zeit, auf der so viele verschiedene Bedrohungen lasten, müssen die Menschen ihr Augenmerk nicht mehr auf das legen, was sie trennt, sondern auf das, was sie, im Respekt vor der Identität jedes Einzelnen, gemeinsam haben. Dem Anderen zu begegnen und zuzuhören ist auch für die Entfaltung der eigenen Identität immer eine größere Bereicherung als das Ausfechten von Konflikten oder fruchtlosen Debatten, in denen man nur seinen eigenen Gesichtspunkt durchsetzen möchte. Ein alter afrikanischer Weiser sagte: Es gibt »meine« Wahrheit und »deine« Wahrheit, die sich nie begegnen werden. »DIE« Wahrheit steht in der Mitte. Um sich ihr anzunähern, muss sich jeder ein Stückchen von »seiner« Wahrheit trennen und einen Schritt auf den anderen zugehen ...

Ihr jungen Leute, die Letztgeborenen des 20. Jahrhunderts, lebt in einer Zeit der Angst, so bedrohlich lasten die Gefahren auf der Menschheit, und zugleich in einer Zeit der Faszination, wenn man bedenkt, welche Möglichkeiten der Erkenntnis und zwischenmenschlichen Kommunikation sie zu bieten hat. Die Generation des 21. Jahrhunderts wird ein fantastisches Aufeinandertreffen der Rassen und Ideen erleben. [...] Alle Staaten, ob stark oder schwach, reich oder arm, stehen künftig in wechselseitiger Abhängigkeit, allein schon mit Blick auf die Ökonomie oder auf die Gefahren eines internationalen Kriegs. Ob sie es wollen oder nicht, die Menschen sitzen auf demselben Floß: Sobald ein Orkan aufkommt, ist die ganze Welt auf einmal in Gefahr. Sollten wir da nicht besser versuchen, einander zu verstehen und gegenseitig zu helfen, bevor es zu spät ist?

Gerade die wechselseitige Abhängigkeit der Staaten gebietet, dass Menschen und Kulturen einander ergänzen. Die Menschheit von heute ist wie eine große Fabrik, in der am Fließband gearbeitet wird: Jedes Einzelteil, ob klein oder groß, spielt seine genau bestimmte Rolle und wirkt sich damit auf das Funktionieren der gesamten Fabrik aus.

In der Regel stehen sich heute die Interessensblöcke hart und unversöhnlich gegenüber. Ihr jungen Leute werdet vielleicht allmählich zulassen, dass eine neue Gesinnung aufkommt, die mehr auf Komplementarität und Solidarität gerichtet ist, und zwar in individueller wie internationaler Hinsicht. Darin besteht die Bedingung für künftigen Frieden, ohne den es keine Entwicklung geben kann. [...]

Die traditionelle Kultur (ich spreche hier vor allem von der afrikanischen Savanne südlich der Sahara, die ich besonders gut kenne) war vor allem eine Kultur der Verantwortung und der Solidarität auf allen Ebenen. Kein Mensch war dort jemals auf sich allein gestellt. Niemals hätte man eine Frau, ein Kind, einen Kranken oder einen Greis an den Rand der Gesellschaft abgeschoben wie ein defektes Einzelteil. Man fand immer einen Platz für sie inmitten der großen afrikanischen Familie, in der selbst der durchreisende Fremde Obdach und Nahrung erhielt. Der Geist der Gemeinschaft und der Sinn fürs Teilen waren Grundlage aller menschlichen Beziehungen. [...]

Der Mensch identifizierte sich mit seinem Wort, das heilig war. Konflikte wurden meist friedlich durch ein »Palaver« geschlichtet: »Wo man sich zusammensetzt, um zu reden«, so sagt das Sprichwort, »herrscht Wohlbehagen, und Zwietracht bleibt aus.« Die Ältesten waren respektierte Schiedsrichter und wachten über den Erhalt des Friedens im Dorf. »Frieden!«, »Frieden allein!«, lauten im Kern alle rituellen Grußformeln in Afrika. Eines der großen Ziele der traditionellen Initiationen und Religionen bestand darin, dass jeder Einzelne völlige Selbstbeherrschung erwarb und einen inneren Frieden fand, ohne den es keinen äußeren Frieden geben kann. [...]

Dem Menschen fiel auch die Verantwortung für das Gleichgewicht der natürlichen Umwelt zu. Es war ihm verboten, willkürlich einen Baum zu fällen, ohne triftigen Grund ein Tier zu töten. Die Erde war nicht sein Eigentum, sondern ein heiliges Pfand, das der Schöpfer ihm anvertraut hatte und das er nur verwaltete. Eine Vorstellung, die aktuell von ganz besonderer Bedeutung ist, wenn man bedenkt, mit welcher Leichtfertigkeit die Menschen heute die Reichtümer der Erde ausbeuten und ihr natürliches Gleichgewicht zerstören.

Sicherlich hatte – wie alle menschlichen Gesellschaften – auch die afrikanische Gesellschaft ihre Fehler, ihre Exzesse und ihre Schwächen. Euch jungen Frauen und jungen Männern, den Erwachsenen von morgen, wird die Aufgabe zufallen, die schädlichen Gewohnheiten wie von selbst abzulegen, die positiven traditionellen Werte jedoch mit Bedacht zu bewahren. Das menschliche Leben ist wie ein großer Baum, und jede Generation ist wie ein Gärtner. Der gute Gärtner reißt keine Wurzeln aus, sondern weiß zum gegebenen Zeitpunkt die abgestorbenen Äste herauszuschneiden und nach Bedarf klug die passenden Edelreise aufzupfropfen. Den Stamm abzusägen wäre Selbstmord, Verzicht auf die eigene Persönlichkeit, um künstlich die der anderen zu übernehmen, ohne das aber je ganz zu erreichen. Auch da lassen wir das Sprichwort sprechen: »Das Stück Holz ist lange im Wasser getrieben, vielleicht schwimmt es, aber ein Kaiman wird es nie werden!«

Ihr jungen Leute, seid dieser gute Gärtner, der weiß, dass ein Baum, um in die Höhe zu wachsen und seine Äste in alle Richtungen des Raums auszustrecken, tiefe, mächtige Wurzeln braucht. Wenn ihr nur fest verankert seid in euch selbst, werdet ihr euch ohne Furcht und ohne Schaden der Außenwelt öffnen können, um ihr zu geben und von ihr zu nehmen.

Damit ihr diese umfassende Aufgabe meistern könnt, sind zwei Werkzeuge unverzichtbar: Erstens die Vertiefung und der Erhalt eurer Muttersprachen, die bei der Vermittlung unserer spezifischen Kulturen unersetzbar sind; und dann die vollständige Beherrschung der aus der Kolonisierung ererbten Sprache (für uns des Französischen), die genauso unersetzbar ist, nicht nur, damit die unterschiedlichen Ethnien Afrikas untereinander kommunizieren und sich besser kennenlernen können, sondern auch, damit wir uns nach außen öffnen und in den Dialog mit den Kulturen der ganzen Welt treten können.

Junge Leute Afrikas und der Welt, das Schicksal will es so, dass ihr in diesem ausgehenden 20. Jahrhundert, zu Beginn einer neuen Ära, wie eine Brücke zwischen zwei Welten steht: der Welt der Vergangenheit, deren uralte Kulturen nur darauf aus sind, euch ihre Schätze zu vermachen, bevor sie untergehen, und der Welt der Zukunft, die voller Unsicherheiten und Probleme steckt, aber auch reich an neuen Abenteuern und spannenden Erfahrungen sein wird. An euch ist es, die Herausforderung anzunehmen und dafür zu sorgen, dass es nicht zur Verstümmelung und zum Bruch kommt, sondern zur heiteren Kontinuität, zur Befruchtung einer Epoche durch eine andere.

Gedenkt in den Strömungen, die euch mitreißen werden, unserer alten Werte Gemeinschaft, Solidarität und Bereitschaft zum Teilen. Und wenn ihr das Glück habt, einen Teller Reis zu haben, dann leert ihn nicht alleine. Wenn Konflikte euch bedrohen, gedenkt der Tugenden von Dialog und Palaver!

Und wenn ihr anpacken wollt, statt eure ganze Energie sterilen und unproduktiven Arbeiten zu widmen, dann denkt daran, zu eurer Mutter Erde zurückzukehren, unserem einzigen wahren Reichtum, und schenkt ihr all eure Zuwendung, damit sie genug Ernte bringt, um alle Menschen zu ernähren. Kurz: dient dem Leben in all seiner Vielfalt!

Manche von euch werden vielleicht sagen: »Das ist zu viel verlangt! So viel Mühe überfordert uns!« Erlaubt dem alten Mann, der ich bin, euch ein Geheimnis zu verraten: So, wie es kein »kleines« Feuer gibt (es kommt ganz darauf an, womit es brennt), gibt es auch keine kleine Anstrengung. Jede Anstrengung zählt, und am Anfang weiß man nie, aus welcher scheinbar kleinen Tat das Ereignis hervorgeht, das die Dinge verändern wird. Vergesst nicht, dass der König der Bäume in der Savanne, der mächtige, majestätische Baobab, aus einem Samenkorn stammt, das zu Beginn nicht größer ist als eine winzige Kaffeebohne …

K

(Si) Kaddour, Benghabrit – Kaffee – Kasàlà – Kauri –
Keita, Salif – Keur Samba (das) – Kimpa Vita (oder Dona
Beatriz) – Klimaflüchtlinge – Kourouma, Ahmadou –
Kuba – Kwanzaa

(Si) Kaddour, Benghabrit

So unbekannt er weiten Teilen des frankophonen Publikums im
Maghreb, in Afrika und in Frankreich noch sein mag – diese spirituelle und historische Persönlichkeit von außergewöhnlichem
Format gibt uns Gelegenheit, die formlose Masse der Geschichte
als einen langen Strang zu betrachten, der dies- und jenseits des
Mittelmeers geflochten wurde. So gesehen ist manchmal schwer
zu trennen, was auf die einen oder die anderen Beteiligten zu-
rückgeht, was genuin afrikanisch, maghrebinisch oder europäisch ist – und wir betonen mit Nachdruck: Das ist auch gut so!

Abdelqader Ben Ghabrit, genannt auch Si Kaddour Benghabrit, wurde 1868 im algerischen Sidi Bel Abbes geboren. Er starb
1954 in Paris. Sein großes Lebenswerk war die Große Pariser Moschee.

In dem Film *Die freien Menschen* (2011) des Franko-Marokka-
ners Ismaël Ferroukhi geht uns eine geradezu magische Szene
extrem zu Herzen. Nichts Besonderes in Sachen Technik und
Szenographie ist zu sehen, keinerlei sportliche Leistung oder
künstlerische Bravour. Der Film berührt von vorn bis hinten,
weil die Geschichte gut erzählt wird, weil die Personen gut dar-
gestellt sind. Gegen Ende erspäht der Imam (Si Kaddour Benghabrit, gelassen und stimmig gespielt von Michael Lonsdale) vom
Mirhab aus zwei Menschen in Lebensgefahr: Younès, die Haupt-

figur des Films, großartig gespielt von Tahar Rahim, und das kleine jüdische Mädchen, das er schon einmal aus den Fängen der Gestapo gerettet hat. Diesmal stecken sie in der Falle. Mehrere deutsche und französische Soldaten stehen, die Waffe im Anschlag, nur wenige Meter vor ihnen im rechteckigen Innenhof der Pariser Moschee. Und genau da geschieht das Wunder – für die beiden Flüchtigen. Der Imam fordert die Gemeinde auf, den Gebetssaal zu verlassen. Die Gläubigen folgen ihm wortlos. Sie strömen durch die drei Tore, die auf den Hof münden. Damit bieten sie den beiden Flüchtigen Rettung und Schutz, denn jene mischen sich einfach unter die Menge, die sie wie eine Welle bis an den Ausgang trägt. Gläubige und Flüchtige verschmelzen und vermischen sich in derselben fließenden Bewegung. Eine menschliche Masse, die zusammenhält, einander Rettung entbietet. Ein fleischlicher Schutzschild auf dem Boden des Gebets. Eine Mauer, die Suren der Hoffnung auf den Lippen. Ein spiritueller Urquell, schön, weil zerbrechlich. Die Szene dauert keine Minute, aber sie enthält die ganze Botschaft des Films: Wir sind bessere Menschen, wenn wir einander die Hand reichen, um die Welt ein bisschen gerechter und brüderlicher zu machen. Die Gläubigen, die Pantoffeln noch in der Hand, noch ganz versunken in ihrem stillen Gebet, in ihrem Bemühen, nichts zu sein im Angesicht der Macht des Göttlichen, werden vor Ferroukhis zärtlicher Kamera noch durchsichtiger, spiegeln am Ende nichts als Liebe und Freude. Und wir wünschen uns nur eines: den Film küssen zu können. Und natürlich Ismaël Ferroukhi zu danken.

Wie hat der Regisseur von Si Kaddour gehört? Ausgangspunkt war ein Artikel im *Nouvel Observateur*. Dort ist zu lesen, dass sich in der Pariser Moschee während des Zweiten Weltkriegs Résistance-Mitglieder und Juden versteckt haben sollen. Nach ein paar Recherchen – die schöne Reportage des *Figaro*-Journalisten Mohammed Aïssaoui lag noch nicht vor – erfuhr der Regisseur von der Existenz einer bedeutenden maghrebinischen Gemeinschaft in Paris, deren Mitglieder vor dem Krieg als Fabrikarbeiter ins Land gekommen waren. Eine ganze verborgene

Welt mit an der Armutsgrenze lebenden Arbeitern und arabischen Lokalen, Barbieren und dem muslimischen Krankenhaus in Bobigny, zu dem sogar ein Friedhof gehört. Der Regisseur wunderte sich, dass er noch nie davon gehört hatte, und begeisterte sich für den künftigen Imam aus Sidi Bel Abbes. Er entdeckte, welche Rolle Si Kaddour während der deutschen Besatzung gespielt hatte, und war beeindruckt von der profunden Bildung, der tiefen Menschlichkeit, der Aura und der Leidenschaft des Geistlichen. Im Kreise der Seinen konnte der Mann, der die älteste Moschee im französischen Mutterland gründete, sich je nachdem verschwiegen und zugänglich zeigen, feierlich und vergnügt. Er frequentierte geistliche Zirkel, ohne sich der Pariser Kunst- und Musikszene zu entziehen. Der Artikel im *Nouvel Observateur* riss den Filmemacher mit, führte ihn durch die Windungen der kleinen und der großen Geschichte. Als er eines Tages einem Freund von seinen Entdeckungen erzählte, bestätigte der, dass Ben Ghabrit während des Kriegs seine jüdischstämmige Großmutter gerettet habe. Eine Anekdote fügte sich an die andere, und nach und nach deckte Ferroukhi ein Stück dieser halb afrikanischen, halb französischen Geschichte auf. Nach dem Filmstart kam es zu lebhaften Auseinandersetzungen unter Historikern. Benjamin Stora, der historische Berater zu Ferroukhis Film, betonte, im Film sei weder die Rede von der Existenz eines organisierten Netzwerks noch von einer massiven Rettung von Juden und Résistance-Mitgliedern. Diverse Künstler aus der Kino-, der Literatur- und der Kunstszene sehen in Si Kaddour Benghabrit jedenfalls einen Quell der Inspiration und des Lichts, das so bald nicht verlöschen wird. Auch wir reihen uns bescheiden unter ihnen ein. Wir wünschen uns, dass unser Wörterbuch seinen Schatten und seine Spur verlängern möge.[1]

Kaffee

Herr Kellner, einen Kaffee bitte!

Wer kann wohl behaupten, niemals auch nur das geringste Gefühl für dieses göttliche und ausgesuchte Gebräu verspürt zu haben, das in allen Sprachen, von einigen Abweichlern abgesehen, den Namen *café* trägt? Für die breite Masse erschöpft sich seine Präsenz im Inhalt der Tasse, die sein Reich von dem Raum, in dem er geröstet und ausgeschenkt wird, bis in das Haus ausdehnte, wo er öffentlich genossen wird.

Für uns Mythenjäger ist er ein Geschenk des Himmels. Begeben wir uns also auf die Spuren dieser Bohne, die sich glücklicherweise nicht verlieren, weder in den Sandstürmen des letzten Jahrhunderts noch im Dämmerlicht des Anbeginns der Zeit. Wenn sie sich irgendwo verlieren, dann wohl an der afrikanischen Rotmeerküste, irgendwo in der Mitte des 15. Jahrhunderts. Seinem unerklärlichen, ja mysteriösen Ursprung verdankt unser Eintrag seine wertvolle Substanz. Dieser Ursprung prägte die Welt dies- wie jenseits des Horns von Afrika, das lange Zeit seine Heimstatt war. Hier fing alles an: zunächst das Handelsgeschäft, ein Wirtschaftskreislauf. Dann die Zeremonien. Schließlich eine ganze Kultur, die die Welt erobern sollte.

Entgegen einer in der arabischen Welt gern kolportierten Legende stammt der Kaffee nicht aus Mokka, jenem sandigen Marktflecken an der Küste des heutigen Jemen. Nein, die Bohnen stammen von einem hübschen Busch lebendigen Grüns, der seinen Ursprung im abessinischen Hochland hat, genauer: in der Provinz Kaffa, die zunächst der Bohne und dann dem Getränk ihren Namen gab. Richtig ist allerdings, dass die Araber die ersten Pflanzungen anlegten, und zwar in der Gegend um Mokka. Und der bittere Trunk verbreitete sich entlang der Handelswege von Arabia Felix, das schon für die alten Griechen und Römer einen Gutteil der arabischen, ehedem grünen Halbinsel bedeckte, und gelangte schließlich nach Venedig.

Das Caffè Florian, 1720 am Markusplatz eröffnet und nach

seinem Gründer Floriano Franscesconi benannt, ist als ältestes Kaffeehaus Europas in die Geschichte eingegangen. Es sticht hervor durch sein luxuriöses Ambiente und seine Lage direkt am Campanile, dem freistehenden Glockenturm der Kirche San Marco. »In Paris wird sehr viel Kaffee getrunken; es gibt viele öffentliche Häuser, in denen man ihn ausschenkt. In einigen dieser Häuser werden Neuigkeiten berichtet, in anderen spielt man Schach«, glaubt Montesquieu in seinen *Persischen Briefen* bereits ein Jahr später (1721) zu wissen. In Frankreich verhalf der bittere Trunk dem Procope zum Ruhm, dem ältesten Café-Restaurant von Paris, das 1686 eröffnet wurde. Der Kaffee selbst wurde am Hofe von Ludwig XIV., dem Sonnenkönig, von Gesandten des Sultans Mehmed IV. eingeführt. Die Reputation des Procope, eines Nervenzentrums der Französischen Revolution, dessen Name mit Intellektuellen und Künstlern wie Voltaire, Diderot und d'Alembert verbunden war, war auf bestem Wege und setzte ihren Aufstieg fort. Und die Reputation des Kaffees tat es ihr gleich. Nichts und niemand konnte seine Verbreitung stoppen. Es genügte eine Handvoll in Mokka entwendeter Bohnen, damit sich die Pflanzungen zunächst in Indien ausbreiteten, später dann auch im Osten, in Mysore, auf Ceylon und Java: Auf dieser Insel legten die Holländer die ersten Kaffeeplantagen an. Von Java und den übrigen Sundainseln, darunter Sumatra, trat die abessinische Bohne ihren Siegeszug an. Über die Philippinen nach Brasilien, Kuba*, San Domingo, Puerto Rico und auf die Bourbonen-Insel ... so schließt sich der Kreis.

In der Neuen Welt wurde der Kaffeeanbau von Sklaven geleistet. Inzwischen kann sich keine Region der Welt mehr dem Anbau und der Ökonomie des Kaffees entziehen, der nun weit mehr als nur ein Getränk ist. Kaffeeessenzen finden Verwendung in der Süßwarenindustrie, in der Konditorei, in der Parfumherstellung und auch bei der Produktion bestimmter Medikamente. Als äußerst gewinnträchtige Ware wird Kaffee ausschließlich in Ländern des Südens hergestellt und vorrangig in den Ländern des Nordens verbraucht. Noch 2019 lag Kaffee auf dem zweiten Platz der Handelswaren weltweit, direkt nach dem Erdöl. In Zentralamerika wie auch in Äthiopien, seinem Heimatland, gehen mehr als 90 Prozent des Kaffees in den Export. Eine Handvoll Großkonzerne, darunter Kraft und Nestlé, kontrolliert die Hälfte der Weltproduktion.

Schlussendlich kommt es auch vor, dass der Kaffee kalt wird, dass er mancherorts nicht mehr die Voraussetzung für den Beginn einer Konversation ist, anders als früher in den lärmenden und verrauchten Cafés. Dann befindet man sich in der virtuellen Welt. Willkommen im Internetcafé!

Kasàlà

Dem Kongolesen Jean N. S. Kabuta[2] verdanken wir einen Einblick in die gewundenen Wege des Kasàlà, einer afrikanischen Form der Dichtung mit rituellem und pädagogischem Charakter, die im subsaharischen Afrika weit verbreitet ist. So kennt man sie in der Demokratischen Republik Kongo als *Kasàlà*, in Ruanda und Burundi als *Amazina*, im südlichen Afrika als *Izibongo*, in Nigeria als *Oriki* und so weiter. Nach einem vergleichenden Studium dieser oralen Kunstformen entwickelte Kabuta ab den frühen 1990er Jahren eine Form der Dichtung, die er zusammenfassend als *Kasàlà* bezeichnet und als Schule des Staunens definiert, in der man das Leben in all seinen Formen, im Menschen wie der Natur, annimmt und lobpreist. Seit Jahren bildet er auch Kursleiter für Kasàlà aus, die in Zentralafrika, Europa und Nordamerika diese Dichtung lehren. Kabuta ist emeritierter Professor der Universität Gent, Dichter, Schriftsteller und Forscher sowie Gründer des gemeinnützigen belgischen Vereins Kasàlà, der sich der Verbreitung des Kasàlà verschrieben hat.

Über seine Kasàlà-Seminare, -Workshops und -Fortbildungen, die Dichtung und afrikanischer Philosophie ein breites Forum bieten, konnte Kabuta ein wachsendes Publikum in diese Kunstform einweihen, die die Person in ihrem Körper, ihrer Geschichte, ihrem Lebensraum, ihrer Gemeinschaft und ihrer Genealogie verwurzelt.

Originell an Kabutas Arbeit ist vor allem, wie er Schriftlichkeit und Mündlichkeit miteinander verbindet, um den Reichtum der afrikanischen Kulturen außerhalb Afrikas bekannt zu machen; und dabei liegt der Vorrang stets darauf, den Anderen, sich selbst sowie die sozialen und ökologischen Bindungen zu preisen.

Beim Kasàlà belegt man in ungebundener Sprache – sie kann symbolhaft sein, rhythmisiert, theatralisch oder gegebenenfalls auch humoristisch – sich selbst oder den Anderen mit Namen: in Form eines Emblems, eines Totems, eines Wahlspruchs, eines Programms; als Beschwörung rufen diese Namen die betreffende Person ins Leben und fordern sie auf, noch lebendiger zu werden, in ein fruchtbareres Leben einzutreten, menschlicher zu werden. Diese Beschwörungsnamen erinnern an das, was zahlreiche Dichter der Négritude in ihren Versen tun, etwa wenn sie schreiben: »Ich bin Gewitter! So bin ich denn Vulkan« oder: »Ich nenne dich Himmel.« Kasàlà ist also diese Kunst des Lobpreises, die in der Gestalt des Menschen das Leben feiert. Zugleich ist es ein Weg, das Dasein zu entfalten und zu offenbaren. Die »Kasàleurs«, wie die aktiven Anhänger des Kasàlà in Québec heißen, sprechen von einer Schule der Demut.

Das Ganze läuft folgendermaßen ab: Der Kasàleur liest, rezitiert oder singt, vorzugsweise vor Publikum, einen Text, in dem er den Anderen preist oder bereitwillig Einblick in sein Innerstes gibt und sich ganz einfach davon überraschen lässt, was dann passiert. Diese Übung erfordert zugleich Vertrauen in die anderen und eine große Freiheit gegenüber sich selbst.

Kasàlà ist ein Weg der Erkenntnis, der in einem rituellen Kontext ganz ohne Wertung stattfindet. Anders als im allgegenwärtigen sozialen Wettbewerb stellt der rituelle Raum die Erfahrung von Anerkennung und Komplementarität in den Vordergrund – zwei Grundvoraussetzungen für die Bereitschaft zur Kooperation. Als rituelle Praxis transzendiert das Kasàlà die Trennung zwischen dem Anderen und dem Selbst; sie rührt an das Weltwesen, dessen Ausdruck wir alle sind. Dabei gewinnen die Teilnehmenden die Einsicht, dass das Leben ein grenzenloses Kontinuum ist, ein großes Ganzes mit wechselseitigen Abhängigkeiten und Verbindungen. Nichts anderes lehrt auch die traditionelle afrikanische Weisheit mit all ihren Symbolen und Riten.

Die Praxis des Kasàlà vollzieht einen Akt der Verwandlung mit dem Ziel, das Selbst über sich selbst hinausgehen zu lassen. Ob gelesen, deklamiert oder gesungen, immer ist diese Dichtung eine andauernde Einladung zum »Mehr-Sein«. Insofern sind die Verse und Sprüche des Kasàlà mit Mantra und Gebet vergleichbar, denn auch sie verändern zwar nicht die Dinge, wohl aber die Menschen, die dann wiederum die Dinge verändern. Eine vollständige Kunstform ist Kasàlà dann, wenn es ihm gelingt, das Leben treffend, authentisch und emotional zu benennen. Es ist die Kunst der notwendigen Mediation – ein Gelehrter wie Amadou Hampâté Bâ* erklärt: »Die afrikanische Weisheit ist unermesslich, vielgestaltig und betrifft alle Aspekte des Lebens. In Afrika entspricht der sichtbaren, offenliegenden Seite der Dinge immer ein unsichtbarer, verborgener Aspekt, der gleichsam ihr Quell, ihr Prinzip ist.« Kasàlà wird damit zur ästhetischen Erfahrung, und nur diese erlaubt eine Transformation des Menschen. Als literarische Gattung und Lebenspraxis ist das zeitgenössische Kasàlà, wie es von Jean Kabuta kodifiziert wurde und wie er es unterrichtet, eine echte »Praktik des Selbst« nach dem Verständnis des Philosophen Michel Foucault; kurz gesagt fördert diese Praxis das Aufkommen einer Dynamik mit dem Potential, Person und Kultur zu verändern.

Kauri

Ihr Ursprung verliert sich im Dunkel der Zeit. Für einige Autoren sind Kauris afrikanischen Ursprungs. Sie schreiben ihnen eine ghanaische, mandinkische oder angolanische Abstammung zu. Beweisen lässt sich das nicht. Kauris sind fahrendes Volk, im eigentlichen wie im übertragenen Sinne. Ihr wissenschaftlicher Name, *Cypraea moneta*, verweist auf ihre Rolle im Tauschhandel. Eben der Seehandel sollte ihnen eine ganz andere Rolle verleihen als die, für die sie die Natur erschaffen hatte. Denn Kauris sind zunächst einmal kleine Schnecken. Man fand sie zahlreich im Umfeld der Malediven, der Philippinen und von Borneo. Ihre geringe Größe (rund 3 Zentimeter), ihr Gewicht, ihre porzellanartige Farbgebung und ihr Überfluss in den tropischen Zonen des Indischen Ozeans und des Pazifiks bereiteten ihnen ein besonderes Schicksal: Kauris sind die Urahnen unserer Geldstücke. Man fand sie bereits im alten China, und seit dem 10. Jahrhundert gelangten sie mit arabischen Seeleuten in die Häfen Madagaskars sowie Ostafrikas.

Der Name der Schnecke soll sich von einem Sanskrit-Wort herleiten, das die Briten als *cauri* oder *cowri* transkribiert haben. Ihre Verbreitung und Zirkulation als Geld intensivierte sich im Zeitalter der mittelalterlichen afrikanischen Großreiche Ghanas und Malis, die alle im großen Bogen des Niger erblühten. Von dem Geldstück, das die Kauri seit dem 10. Jahrhundert war, wandelte sie sich zum Prunkgegenstand, zu einem Objekt der Kontemplation und einem Werkzeug für Kunst und Wahrsagerei. Man fertigt auch Kleidungsstücke, die ganz oder teilweise aus Kauris bestehen. Die eingeweihten Männer und Frauen, die in heiligen und zeremoniellen Darbietungen Masken, Kostüme und Talismane tragen dürfen, tragen sie auch an den heiligen Orten. Auch schmücken Kauris magische und rituelle Gegenstände wie Rinderhörner, Rasseln und alles, was die ethnologische Forschungsliteratur allgemein als *gris-gris* (›Talisman‹) oder »Fetisch« bezeichnet. Man benutzt sie noch heute in der Casamance bei den Diola und im Osten des Senegal bei den Bassari, zwei Bevölkerungsgruppen, die ihre traditionellen religiösen Praktiken lebendig erhalten und den Einflüssen des Islam wie des Christentums länger widerstanden haben.

In der Orakelkunst ergänzt oder ersetzt unsere Kauri die Würfel, Knöchlein, Fruchtkerne und Kolanüsse. Und den Atlantik überquerte sie zweifellos in den Taschen eines Wahrsagers – zur selben Zeit wie die Männer und Frauen, die man dem afrikanischen Boden entrissen hatte und in Nutzvieh verwandelte, verkaufte man sie doch als Sklaven in der Neuen Welt. Vielleicht aber haben die afrikanischen Wahrsager Kauris auch an den karibischen Küsten wiedergefunden? Von den Ufern Carolinas über Kuba* und San Domingo bis hin zum brasilianischen Recife und Bahia* in der Allerheiligenbucht haben Kauris ihren Platz in den religiösen Zeremonien gefunden, die von den Plantagenbesitzern und von der Kirche verboten waren. Noch heute verwenden die Wahrsager in Brasilien wie auf Kuba und Haiti* die Schneckengehäuse für magische Rituale, die dem gewöhnlichen Sterblichen verschlossen bleiben.

Es sei noch einmal betont, Kauris sind fahrendes Volk. Sie sind wohl Adoptivkinder Afrikas, doch das wurden sie aus freien Stücken und aus Loyalität.

Keita, Salif

Salif Keita mit der Seidenstimme ist seit dem Tod von Ali Farka Touré der beliebteste Sänger in Mali. Als Adeliger hat er seiner Familie das Recht abgetrotzt, gemeinsam mit den Griots, den Barden Westafrikas, singen zu dürfen. Heute setzt er sich für die Grundrechte von Menschen mit Albinismus ein, die sozialer Ablehnung und dem allgemeinen Gespött zum Opfer fallen, wenn sie nicht gleich umgebracht werden, was quer über den Kontinent von Mali bis Malawi vorkommt. Als Betroffener wird Keita nie die Demütigungen vergessen, die rigorose Ablehnung seines Vaters, die Einsamkeit, die Beschimpfungen, die er seiner Hautfarbe wegen von Kindheit an über sich ergehen lassen musste. Das Leben dieses Mannes gleicht in gewisser Hinsicht seiner Heimat, uralt und neu, verflucht und gesegnet zugleich. Der beste Biograph dieses Griot-Sängers konnte nur ein anderer Keita sein, sein Cousin und Kindheitsfreund Cheick Cherif Keita. Er beschreibt das unglaubliche Schicksal dieses Künstlers,[3] der früh zur Weltberühmtheit wurde, aber immer den edlen humanistischen Werten seiner Heimat, der Mandé-Region, treu blieb. Folgt man den Texten von Salif Keita, ist man ständig in Bewegung. Sie sind eine Reise durch die weite Welt, heute hier, morgen da. Man ist Aussätziger bei den Keita, den adligen Mandinka, und umgekehrt: ein Adliger bei den Aussätzigen. Im Gespräch mit einer Journalistin von *Libération* zeichnet der Künstler mit der langen Diskographie die groben Linien seines Lebens nach:

> Geboren und aufgewachsen bin ich in Mali. Nach Frankreich kam ich zum ersten Mal 1974. Es war ein Schock, die Modernität, die schönen Straßen, alles so durchorganisiert. Später, um 1983, habe ich mich als Musiker dort niedergelassen. Als in den 1990er Jahren in Mali die Demokratie aufkam, bin ich in die Heimat zurückgegangen. [...] In Frankreich habe ich gelernt, was ›industrielle‹ Musik ist, die Massenproduktion. In Afrika dagegen ist Musik kein Beruf. Auch die familiären Beziehungen sind ganz anders. Hier ist ein Kind mit achtzehn volljährig. Es will unabhängig sein, sich von seinen Eltern lösen. Da verflüchtigt sich die Liebe in der Familie. Bei uns bleibst du für deine Eltern Kind, solange sie leben. Die Familie ist ein Palaverbaum mit seinen Früchten und seinem Schatten, ein Ort, an dem man sich gerne aufhält. Eine gedeihende Familie ist das Symbol der Liebe. Das müssen die Franzosen noch lernen.[4]

Wieder hat in seinem Land der Bürgerkrieg gewütet und es in zwei Teile zerrissen. Wie sehr viele Kolleginnen und Kollegen hat Salif Keita sich für Frieden und Versöhnung stark gemacht, und er glaubt fest daran, dass die Rettung für sein Land und den ganzen Kontinent in der Kultur liegt. Zum Beweis: In der Heimat von Salif Keita, Oumou Sangaré, Rokia Traoré, Farka Touré und Bands wie Tinariwen trägt die Musik schon mehr zur Handelsbilanz bei als die Baumwolle!

Keur Samba (das)

Afrikanische Disco mit Kultstatus, gegründet in den 1970er Jahren in der Rue de La Boétie im 8. Arrondissement von Paris. Öffnungszeiten von Mitternacht bis sieben Uhr morgens! Im Keur Samba verkehren häufig Minister- oder Präsidentensöhne, Stars aus der afrikanischen Musikszene oder aus dem Fußball. Früher konnte man dort dem Schauspieler Roger Moore begegnen, dem aus Somalia stammenden Model Iman an der Seite ihres Manns David Bowie oder den Musikern Mick Jagger und Prince.

Kimpa Vita (oder Dona Beatriz)

Kimpa Vita (1684–1706), Taufname Dona Beatriz, war eine Politikerin und Prophetin im Königreich Kongo. Sie begründete eine religiöse Strömung, die verschiedene Einflüsse miteinander verschmolz, jedoch vom kongolesischen König Nusamu a Mvemba (Pedro IV.) scharf unterdrückt wurde. Als Pionierin des Widerstands bewies sie echte spirituelle Entschlossenheit, »tropikalisierte« sie doch gar die biblischen Gebete, um sie den Traditionen des zerfallenden Königreichs Kongo anzupassen, das sie einen und von den Scharen europäischer Missionare befreien wollte. Man nennt sie auch die »kongolesische Jeanne d'Arc«, denn wie der Jungfrau von Orléans, die im 15. Jahrhundert in Rouen bei lebendigem Leib verbrannt wurde, wurde auch Kimpa Vita der Prozess gemacht; sie starb 1706 auf dem Scheiterhaufen.

Klimaflüchtlinge

Es gibt eine Fotografie, die im kollektiven Gedächtnis Deutschlands einen Nerv trifft. Zu sehen ist darauf das Kombischiff *Eduard Bohlen*, dessen Wrack seit über einem Jahrhundert im Sand der Wüste Namib versinkt; am 5. September 1909 war es im Ne-

bel an der Küste des damaligen Deutsch-Südwestafrika auf
Grund gelaufen. Heute liegt das Wrack über 200 Meter landein-
wärts, weil die Wüste sich in den Ozean vorgeschoben hat. Die
Eduard Bohlen, Flaggschiff der Hamburger Woermann-Linie,
bediente die deutsche Kolonie seit 1891. Während des deutschen
Vernichtungskriegs gegen die Herero* und Nama, die sich gegen
die deutsche Kolonialmacht erhoben, wurde sie 1904 auch als
Sklavenschiff genutzt. Welche Lehre lässt sich aus dem tragischen
Schicksal dieses stolzen Recken der kolonialen Ausbeutung ziehen? Ein künftiger Historiker sähe in ihm wohl einen Fremdkörper von einem anderen Planeten, der künftigen Generationen als bizarres Zeugnis eines gefräßigen, verantwortungslosen
und selbstmörderischen Gesellschaftsmodells dienen kann.

Das traurige Ende der *Eduard Bohlen* beweist, dass Umwelt-
probleme gar nicht so neu sind, wie wir meinen, dass sie die ganze Welt betreffen (»Die Erde ist eine Insel«, wiederholen die
weitsichtigen Dichter von gestern und heute, von John Donne
bis Edouard Glissant, meist freilich als einsame Rufer in der
Wüste) und dass sie nach globalen Lösungen verlangen. Die Probleme, die die Erderwärmung und ihre wirtschaftlichen, politischen und sozialen Folgen mit sich bringen, türmen sich so hoch
wie der Himalaya, und niemand ist gegen sie gefeit. Es geht um
nicht weniger als das Überleben der Menschheit. Das Himalaya-
Bild ist kaum übertrieben, denn die UNO prognostiziert für 2050
jährlich 250 Millionen Klimaflüchtlinge, wenn der derzeitige
Trend beim Ausstoß von Treibhausgasen nicht umgekehrt wird.

Ende August 2005 berichteten die Medien in praktisch globa-
ler Einmütigkeit vom Martyrium der Einwohner von New Orleans, der weltberühmten Stadt des geselligen Multikulturalis-
mus, über die der Hurrikan Katrina hinweggefegt war. Nach
zwei Deichbrüchen standen innerhalb weniger Stunden 80 Prozent der Häuser in New Orleans unter Wasser, an manchen Orten bis zu 7,60 Meter tief. Es war eine Katastrophe mit Ansage.
Bereits im Oktober 2001 hatte die Zeitschrift *Scientific American*
Überschwemmungen angekündigt und das Szenario im Detail

beschrieben. Natürlich zeigte die Analyse der sozialen Folgen, dass der Hurrikan die Menschen nicht alle gleich schwer getroffen hatte: In rund der Hälfte der zerstörten Stadtviertel wohnten Afro-Amerikaner, die in den von der Katastrophe verschonten Gebieten aber nur ein Viertel der Bevölkerung ausmachten. Je ärmer man ist, desto stärker ist man diesen sogenannten Naturkatastrophen ausgesetzt: Das gilt für einen von Arbeitslosigkeit bedrohten Schwarzen in einem benachteiligten Viertel von New Orleans genauso wie für einen Namibier im Angesicht der schleichenden Desertifikation oder einen Inuit in den arktischen Weiten, dem sein Lebensraum unter den Füßen zerschmilzt wie Schnee in der Sonne.

Seit dieser Katastrophe – die vorhersehbar und damit vermeidbar war – gibt es den Begriff des »Klimaflüchtlings« für Personen, die aufgrund meteorologischer Ereignisse ihre Heimat verlassen müssen. Mit Sicherheit wird dieser Begriff in den kommenden Monaten und Jahren immer öfter zu hören sein. Und solange der Heißhunger auf natürliche Ressourcen andauert, werden auch neue Katrinas über die Küstenstädte fegen, werden neue *Eduard Bohlens* im Sand stecken bleiben, werden neue Hungerrevolten aufflammen und neue Konflikte zwischen Einheimischen und Zugewanderten ausbrechen. Schon bald wird die Unterscheidung zwischen Flüchtlingen, die vor einem Krieg fliehen, und denen, die von einer Naturkatastrophe aus ihrer Heimat vertrieben werden, zwischen politischen und Klimaflüchtlingen keinen Sinn mehr ergeben, so häufig wird es zu neuen Kriegen um fossile Energien oder um Trinkwasser kommen … und um alles andere.

Bis ein Konsens gefunden ist, werden die Weltklimaverhandlungen einem Haifischbecken gleichen. Wir stehen am Scheideweg. Uns bieten sich drei Möglichkeiten: a) weitermachen wie immer, das heißt die kritische Situation der Welt verschlimmern oder gar mit Vollgas auf die Mauer zufahren; b) den »bescheidenen Vorschlag« des irischen Schriftstellers Jonathan Swift aus dem Jahr 1729 umsetzen; in seiner gleichnamigen Satire *A mo-*

dest proposal regte er an, das Problem von Armut und Überbevöl-
kerung im Irland des 18. Jahrhunderts dadurch zu lösen, dass man
Säuglinge als Nahrungsmittel benutzt; c) unsere Gesellschafts-
modelle, unsere Daseins-, Lebens- und Denkmuster neu definieren. Den Vorhersagen der Dichter Gehör schenken. Konkreter
besteht dieser dritte Weg – er ist der mühsamste und der ver-
nünftigste – darin, sich von lokalen Praktiken inspirieren zu lassen, die auf Bürgersinn und Verantwortung beruhen, etwa von
der norwegischen Energiepolitik und der Schweizer Verkehrs-
politik. Und so werden die feurigen Stimmen der Dichter aus
Afrika und der ganzen Welt das Schweigen derjenigen, die vor
allen Klimakatastrophen fliehen, greifbar und hörbar machen.[5]

Kourouma, Ahmadou

Von seinen Malinke-Ahnen hatte Ahmadou Kourouma (1927–
2003) das Äußere eines stets schmunzelnden Kolosses geerbt.
Sein Lachen war laut und durchdringend. Sein runder Kopf saß
auf einem kräftigen Nacken, er hatte spöttische, manchmal ver-
schlafene Augen, und seine kantigen, breiten Schultern folgten
nur der Bewegung des Beckens. Sein mit dem Alter schwerer
werdender Gang war dennoch sicher und gemessen. Immer aufmerksam, war er ein wacher, ausdauernder Zuhörer. Ahmadou
Kourouma konnte eben noch gedöst haben und einen im nächsten Moment völlig überrumpeln. Schon mit dem ersten Hände-
druck verschaffte er sich Respekt. Helle Stimme, ruhige Be-
stimmtheit, gerecktes Kinn. Seine Figur von den Dimensionen
einer Skulptur von Ousmane Sow* und seine langen Arme haben uns wiederholt beeindruckt. Und dabei war Ahmadou Kourouma die Einfachheit in Person. Uns bleibt die Erinnerung an
einen demütigen Mann, der sich selbst nie allzu ernst nahm. Er
war so großzügig und bescheiden, dass er selbst am meisten
staunte, wenn ein Journalist ihn um ein Interview bat oder eine
Leserin um eine Widmung. Jedes Mal, wenn wir ihm in Afrika,

in Frankreich oder anderswo begegneten, verblüffte er uns mit seiner Herzlichkeit, seinem Auftreten in der Art eines Malinke-Bauern und ganz ohne gekünstelte Rhetorik, die so typisch für ihn war und ihm so manchen Spott einbrachte. Trotz seines Erfolgs (den er sehr früh hatte) sowie der Preise und Ehrungen (die sehr spät kamen) verlor er nie das Wesentliche: seine Umgänglichkeit und seinen Sinn für Geselligkeit. Er war immer bemüht, mit Zuwendung und Herzlichkeit auf jeden Zuspruch und alle Anfragen zu reagieren. In Gesellschaft der Menschen war Ahmadou Kourouma anderswo, versunken in seine Träume und Gedanken. Und jedenfalls stand er außerhalb der engen Literaturszene mit ihren Initiationsriten, ihren Konventionen und kleinen Extravaganzen.

Wir lernten Ahmadou Kourouma in Lille kennen, bei einer der ersten Ausgaben des Festivals Fest'Africa, das um die Jahrtausendwende für viel Wirbel sorgen sollte. Wir waren eingeladen, um dort von unserer schriftstellerischen Arbeit zu sprechen. Wir waren junge Autoren mit einem kleinen Achtungserfolg, er dagegen war Autor von zwei Klassikern, die längst überall Schullektüre waren: *Der letzte Fürst* (1968) und *Monnè, Schmach und Ärger* (1988);[6] beide haben viel dazu beigetragen, der Literatur aus dem Maghreb und aus dem subsaharischen Afrika Respekt zu verschaffen. Zwei Romane in zwanzig Jahren, und sein Ruf war ungebrochen. Wenige Monate nach unserer Begegnung in Lille erschien sein dritter Roman *Die Nächte des großen Jägers* (1998), der mit dem *Prix du Livre inter* ausgezeichnet wurde. Und dann erinnern wir uns, wie in einer Bibliothek in einem Slum in Dschibuti einmal eine Handvoll Halbwüchsiger dreist auf Ahmadou zugingen und ihn aufforderten, über die »Stammeskriege« zu schreiben – das Land litt noch unter dem Bürgerkrieg, dem ersten in seiner noch ganz jungen Geschichte. Wie gewohnt lachte Ahmadou Kourouma hell auf, murmelte ein paar wenig überzeugende Worte und verabschiedete sich von diesen glühenden jungen Leuten, die der Bürgerkrieg in Dschibuti derart quälte. Ein paar Jahre später, 2000, erschien sein viertes Werk,

Allah muss nicht gerecht sein, das den Prix Renaudot sowie den Jugendjurypreis *Goncourt des lycéens* erhielt. Endlich winkte dem ivorischen Autor der Erfolg. Der Roman ist den Kindern in Dschibuti gewidmet: Kourouma hatte Wort gehalten.

In der literarischen Landschaft Afrikas ist Kourouma ein Sonderfall. Er studierte in Nantes Schiffbau, dann in Lyon Versicherungsmathematik und arbeitete schließlich als Versicherungskaufmann. Nichts prädestinierte ihn fürs Schreiben. Dennoch gelang es ihm, die afrikanische Literatur von Grund auf zu erneuern. Seine Laufbahn grenzt an ein Wunder. Erst spät, nach einer Reihe von Zwischenfällen, kam er überhaupt zur Literatur, so erzählt er es in vielen Interviews; dass er seinen ersten Roman, *Der letzte Fürst* (*Le Soleil des Indépendances*), schrieb, ist auf politische und nationale Umstände zurückzuführen. Frisch aus dem Gefängnis entlassen, wollte Kourouma davon berichten, unter welchen Bedingungen seine Freunde lebten, die dieses Glück nicht hatten; doch da er keine Reportage schreiben konnte, ohne sich der Zensur auszusetzen, verfasste er eben diese merkwürdige Erzählung, halb Bardengesang, halb politisches Pamphlet. Afrika hatte sich gerade erst von der Kolonisierung befreit. Noch kein frankophoner Autor hatte die Geschichte der afrikanischen Unabhängigkeiten erzählt. Es gab kein Vorbild, an das er sich halten konnte. Dieses erste Buch schrieb Kourouma aus reiner Intuition, und er bewies darin große Originalität sowie ein erstaunliches Feingefühl in seiner Einschätzung Afrikas. Sein Blick auf die afrikanische Welt sucht weniger nach rigorosen Gegensätzlichkeiten, als es Kollegen wie Mongo Beti* und Ousmane Sembène tun; stattdessen bedient er sich viel stärker einer offen politisch-didaktischen Prosa. Die Protagonisten in Kouroumas Romanen sind keine Opfer, eher listige Schelme – polyglotte Griots, Übersetzer und schlaue Mittler; in der englischsprachigen Anthropologie würde man sie Trickster nennen.

Das Werk des ivorischen Schriftstellers Ahmadou Kourouma wurde zwar sehr umfassend kommentiert, bleibt aber trotzdem überschaubar: vier Romane, ein (selten gespieltes) Theaterstück und eine Handvoll Bilder- und Kinderbücher in über dreißig Jahren Arbeit. Kourouma ist der talentierteste Darsteller der afrikanischen Geschichte in französischer Sprache. Das bezeugt sein vorletzter Roman, *Die Nächte des großen Jägers*, »eine reinigende Erzählung in sechs Abenden«, die man als *Donsomana* bezeichnen kann, eine literarische Gattung, die in den westafrikanischen Savannen sehr geschätzt ist. Präsident Kogaya, Jäger und zugleich blutiger Diktator der Golfrepublik (sein Totem ist der Falke), hat nach dreißig Jahren ungeteilter Herrschaft seine Macht eingebüßt. Schuld daran ist das Ende des Kalten Kriegs, seit dem in der Geopolitik ein anderer Wind weht. Tonangebend sind fortan Nationalkonferenzen, wie sie der französische Staatspräsident François Mitterrand im Juni 1990 bei einer Rede in La Baule angeregt und gefördert hatte. Kurz gesagt: Diktaturen in Tarnfarben sind von gestern. Die Väter der Nationen, egal ob alt oder jung, werden sich ein wenig flexibel zeigen und den Weg über die Wahlurne gehen müssen, wenn sie wie Koyaga ihren Platz als Staatenlenker behalten wollen. Um ihre Position zu stärken, hübschen sie also ein bisschen die Fassaden auf. Dieser dritte Roman spielt gerade in dieser heiklen Zeit, in der die afrikanischen Völker an die Erneuerung der politischen Eliten glaubten. Und Kourouma führt über seinen Griot-Erzähler in einem Wurf die Geschichte des Kontinents vor, von der Berliner Konferenz 1884/85 bis hin zur aus dem Aderlass der Kolonisierung folgenden Zersplitterung (um die historische Epoche unter den »Eingeborenendekreten« war es in Kouroumas zweitem Werk gegangen, *Monnè, Schmach und Ärger*), nicht zu vergessen das Gespött über die Unabhängigkeitserklärungen und den Größenwahn der obersten Anführer.

Koyagas Mutter, die Zauberin Nadjouma, Besitzerin eines Meteorsteins, und der Marabut Bokana, gestützt auf seinen Koran, bilden gemeinsam mit den Hyänenhunden seiner Leibgarde die Stützpfeiler dieser düsteren Macht. »Den Gegner zu töten, zu entmannen: solche Verhaltensweisen sind auf der Ebene der Magie erklärbar«, wiederholt der Autor in seinen Interviews und ergänzt: »Bis heute haben alle Staatschefs ihren Marabut [...]. Afrika täte wirklich gut daran, rationaler zu werden.« Es wäre ein Fehler, das zu belächeln, denn Kourouma bezieht sich auf die jüngste Geschichte von mindestens zwei afrikanischen Ländern – seiner Heimat Elfenbeinküste sowie Togo, wo er lange im Exil lebte (1983–93). Im Laufe der Lektüre wird der Leser mühelos eine Reihe von afrikanischen Diktatoren wiedererkennen, von Mobutu bis Houphouët-Boigny, von Sécou Touré bis Bokassa und Hassan II., um nur die zu nennen, die nicht mehr unter uns sind.

Und schließlich ist Ahmadou Kourouma bekanntermaßen ein exzellenter Erzähler, dem es nichts ausmacht, die edle französische Hochsprache, wie sie in den Pariser Salons seit Madame de Sevignés Zeiten geschliffen wurde, zu malträtieren. Genau dafür kannte man ihn seit seinem ersten Roman, den die französischen Verlage wegen der befremdlichen Sprache noch abgelehnt hatten, bevor er in Québec auf fruchtbaren Boden fiel. Zwar ist sein dritter Roman nüchterner, doch auch darin finden sich noch reichlich Wendungen, die man sich auf der Zunge zergehen lassen kann, und ganze Wagenladungen von Spruchweisheiten zu Beginn und am Schluss jedes Kapitels. So etwa dieses köstliche Bild: »Der Diktator mit dem Kaiman-Totem war [...] gleichzeitig freigebig wie der Hintern einer Ziege und nachtragend, gehässig und gemein wie eine Laus oder die Syphilis.«[7] Ganz am Ende des Romans klärt sich auch die Tragweite des rätselhaften französischen Titels, in wörtlicher Übersetzung etwa: ›Bis die wilden Tiere wählen gehen‹. Mit seinem erstaunlichen, häufig irritierenden Schreibstil folgt Kourouma forschend den gewundenen Wegen auf der politischen und historischen Landkarte der jüngsten Entwicklungen in den Ländern Afrikas, und das unter Verwendung einer alles andere als banalen Architektur und Sprache.

Ahmadou Kourouma starb am 11. Dezember 2003 nach einer eigentlich harmlosen Operation. Seine ewige Ruhe verbringt er im muslimischen Teil des Friedhofs von Bron (Département Rhône, Frankreich). Es ist höchste Zeit, sein Werk zu genießen und zu feiern.

Kuba

Beim Staatsbegräbnis für Nelson Mandela durften nur drei Menschen eine Rede halten: Barack Obama*, der südafrikanische Präsident Jacob Zuma und Raúl Castro. Der Sohn eines kenianischen Studenten und erste schwarze Präsident der Vereinigten Staaten von Amerika, Barack Obama, war damals eine globale Ikone. Doch manch einer fragte sich: Wieso kommt der Kubaner Raúl Castro in den Genuss eines solchen Privilegs? Nun, Kuba hatte mit Hilfsanstrengungen für die Afrikaner, die man in der Karibik als Brüder betrachtete, nicht gegeizt. Solidarität war für die Machthaber in Havanna keine hohle Phrase: Sie entsandten kubanische Schullehrer und Soldaten, Filmemacher und Ärzte in alle Ecken des Kontinents, nach Algier und Mogadischu, nach Kap Verde und nach Mosambik, nach Luanda und nach Sansibar. Hunderttausende afrikanischer Studenten lernten an kubanischen Universitäten. Doch das ist noch nicht alles: »Die Kubaner zogen nach Angola in den Kampf«, schrieb Nelson Mandela, »und dank Kuba kam die Apartheid zu Fall.«

Man stelle sich vor, was Ernesto ›Che‹ Guevara, der Theoretiker der permanenten Revolution, im Osten Kongos hätte erreichen können, wenn ein mutiger und disziplinierter Laurent Kabila, damals Rebellenführer des *Simba* (›Löwe‹ auf Swahili), das Regime Mobutus beseitigt hätte. Eine neue Seite im großen Buch der Geschichte wäre in Zentralafrika geschrieben und die Diktatur* Mobutus wäre verkürzt worden. Angesichts der Sorglosigkeit der Guerilleros vor Ort blieb dem Che allerdings keine andere Wahl, als das afrikanische Schlachtfeld zu verlassen und in den Dschungel Boliviens zu ziehen, wo er einen tragischen Tod fand.

Vergessen wir dieses Intermezzo und betrachten wir die Tiefenströmungen der Geschichte: Lange Zeit war Kuba ein leuchtendes Vorbild für Millionen von Afrikanern, ebenso wie für ganz Lateinamerika. Ein politisches Vorbild, aber mehr als das. Die Beziehungen zwischen der Karibikinsel und dem Kontinent lassen sich nicht auf diplomatisches Kalkül und die Regeln der Realpolitik reduzieren. Sie sind Ausdruck anderer Bedürfnisse: der Vernunft des Herzens, eines Ideals der unbedingten Brüderlichkeit und der Solidarität. Unsichtbare und unverbrüchliche Bande, in tiefster historischer Nacht geknüpft, verbinden beide Seiten über die stürmischen Wasser des Atlantiks hinweg. In guten wie in schlechten Zeiten schlägt das Herz Kubas – wie auch seiner haitianischen Schwester – stets im Rhythmus afrikanischer Trommeln.

Kwanzaa

Es handelt sich um ein rituelles geistliches Fest, das noch ganz jung ist: Bis auf ein paar Monate ist es genauso alt wie wir. Kwanzaa, dieses durch und durch afrikanische Fest, wurde 1966 in den USA erfunden, als Reaktion auf das Weihnachten der »weißen« Christen, denen eine Mitschuld an der Unterdrückung der Schwarzen gegeben wird. Der Erfinder heißt Maulana Karenga. Geboren 1941 in Maryland, wandelte sich der Student Ronald Everett in Kalifornien zu Maulana Karenga (Swahili für ›Wächter der Tradition‹), einem radikalen Aktivisten mit einem Hang zu afrikanischen Kosmologien. Als junger Mann schloss er sich den Black Panthers an, trennte sich aber wieder von ihnen, um in Los Angeles eine Gegenbewegung zu gründen. In diesen leidenschaftlichen Jahren erfand er 1966 Kwanzaa, ein einzigartiges Fest, das die Bindungen zwischen Afro-Amerikanern und dem Kontinent ihrer Vorfahren fördern und mit neuem Zauber füllen soll.

Kwanzaa findet in der Woche vom 26. Dezember bis 1. Januar statt; sein Name und seine Riten sind afrikanischen Sprachen und Kulturen entlehnt. Das Wort *Kwanzaa* bedeutet auf Swahili ›erste Frucht‹ und verweist auf die Trankopfer und anderen Feierlichkeiten nach der ersten Ernte, die einst in großen Teilen Afrikas vollzogen wurden, vom Hochland von Abessinien bis ans Kap der Guten Hoffnung.

Im Mittelpunkt von Kwanzaa steht die Zahl 7. Sieben Tage, vom 26. Dezember bis zum 1. Januar. Sieben Grundprinzipien (Swahili: *Nguzo Saba*), an denen man sein persönliches Verhalten ausrichten und die man diese ganze Woche lang respektieren soll – gerne auch das ganze Jahr über. Ein siebenarmiger Kerzenleuchter, der *Kinara*, symbolisiert sie. Maulana Karenga stellt die Grundlagen seiner »panafrikanischen Gemeinschafts-Philosophie« in sieben Geboten dar: *Umoja* (Einheit), *Kujichagulia* (Selbstbestimmung), *Ujima* (Zusammenarbeit und gemeinsame Verantwortung), *Ujamaa* (wirtschaftliche Zusammenarbeit unter Schwarzen), *Nia* (Zielstrebigkeit), *Kuumba* (Kreativität) und *Imani* (Glauben an die Gemeinschaft). Jeden Tag wird eine Kerze entzündet und über die entsprechende Hauptregel meditiert. Die Farben der sieben Kerzen (drei grüne und drei rote, dazwischen eine schwarze) verweisen auf die Farben der panafrikanischen Flagge von Marcus Garvey (1887–1940), dem Aktivisten, der Anfang des 20. Jahrhunderts die Rückkehr nach Afrika predigte.

Bekannt geworden durch Lieder von Künstlern wie Stevie Wonder und diversen Hiphop-Stars und nach der Legitimierung durch Präsident Bill Clinton gehört Kwanzaa immer mehr zum Mainstream. Seit 1997 bringt die US-Post eine offizielle Kwanzaa-Briefmarke heraus. Nicht überall kommt freilich diese Begeisterung gut an. Im Dezember 2011 warf ein Populist namens Donald Trump Präsident Barack Obama vor, er habe absichtlich vergessen, seinen Mitbürgern frohe Weihnachten zu wünschen, und stattdessen Kwanzaa bevorzugt.

Laâbi, Abdellatif – Lëmbël oder Ventilatortanz – »Little
Ethiopia«

Laâbi, Abdellatif

Mitte der 1980er Jahre lernten wir Abdellatif Laâbi kennen, den
marokkanischen Dichter, geboren 1942 in Fès, dem kulturellen
und spirituellen Zentrum des Landes. Er war Lehrer für Französisch und Philosophie und gründete gemeinsam mit einigen
Dichtern die Zeitschrift *Souffles* (1966–72), die für die afrikanischen intellektuellen Eliten eine sehr wichtige Rolle spielte.
Neun Jahre lang saß er unter dem Regime Hassans II. wegen
staatsfeindlicher Gesinnung in Haft. Doch die langen Jahre hinter Gittern brachen ihn nicht etwa, sondern machten ihn stärker,
denn sie verhalfen ihm zu mehr Präsenz in der Welt. Nach einem
langen Exil in Frankreich kehrte Abdellatif Laâbi in den 2000er
Jahren mit seiner nie von seiner Seite weichenden Frau schließlich nach Marokko zurück. Der Meister der Worte ist uns zur
Stütze geworden, zum Quell der Bewunderung und der Zuneigung. Ein Anker, oder um es in der geselligen Sprache von uns
Afrikanern zu sagen, ein großer Bruder. Wir mögen seinen fein-
fühligen, großzügigen Schreibstil. Mann und Werk sind eins –
ein Block, in ihrem Kern fest verwachsen. Die Stimme des Dichters aus Fès, der 2009 mit dem renommierten Prix Goncourt für
Dichtung ausgezeichnet wurde, wirkt auf uns daher immer wie
ein Balsam. Sein Gedichtband *Zone de turbulences* (›Turbulenzzone‹, Éditions de la Différence, 2011), den wir vor der Arbeit an
diesem Eintrag noch einmal gelesen haben, fällt nicht aus der
Reihe. Er ist ganz Nüchternheit, Wachsamkeit, eine Einladung,

sich im Leib des Gedichts aussäen zu lassen. Er ist ein Gesang auf Augenhöhe. Ein Ja zum Leben, so schön, so schlicht wie nie. Abdellatif Laâbi lädt uns ein, an die Weisheit der Ahnen anzuknüpfen. Die Gegenwart hell zu besonnen. Unseren inneren Garten zu bepflanzen. Das Heute zu pflücken, ohne Pause. Es zu empfangen. Es abzutasten, zu streicheln, sich mit ihm zu vereinen.

> Du Seelengärtner
> hast du noch
> einen Flecken Menschenerde
> um darin ein paar Träume mehr zu pflanzen?
> Hast du die Samen erlesen
> in der Sonne, die Geräte,
> den Vogelflug befragt
> die Sterne beobachtet, die Gesichter,
> die Kiesel und die Wellen?
> Hat die Liebe dieser Tage zu dir gesprochen in ihrer fremden
> Zunge?
> Hast du noch eine Kerze entzündet
> um die Nacht in ihrem Hochmut zu verletzen?
> Doch sprich
> wenn du noch da bist
> sag mir zumindest:
> Was hast du gegessen, getrunken?[1]

»Meinen ersten Schock«, erzählt uns Abdellatif Laâbi, »hatte ich bei der Entdeckung von Dostojewski. Mit ihm habe ich entdeckt, dass das Leben ein innerer Ruf ist, ein mitfühlender Blick auf die Welt der Menschen.« Innerer Ruf, Mitgefühl, da sind seine Signalwörter, von Anfang an. Und da sind sie bis heute, in den Falten dieser *Turbulenzzone.* Dieses lange Gedicht in drei Sätzen spannt einen großartigen Bogen vom Präludium zur Coda. Ja, alles beginnt mit dem Schmerz des Körpers, dieses »Kontinents«, der in unzähligen Schlachten Haut und Haare riskiert hat; doch das letzte Wort hat der Gesang.

Präludium
Der körperliche Schmerz ist verebbt
So kannst du ans Schreiben denken
nur leider hast du gerade keine
Idee
nicht einmal eine vage Ahnung
von dem, was Flügel gibt
den Worten
sie auffordert, deine Turbulenzzone zu queren [...]

Der Geist des heiteren Dichters weigert sich, sich zu erniedrigen oder sich in dem Getöse zu verlieren, das so viele Menschen umfängt.

Erste Anzeichen
in der Magengrube
Wut, vermischt mit Zärtlichkeit
ein Wiederaufwallen von Wünschen, gegenstandslos
                         bislang
Akkorde aus einem Instrument
der Nostalgie verfallen
Stumme Bilder
sepiabraun
kündend von einer fernen Zukunft.

An niemand anderen als uns selbst richtet der Dichter sich über den vorgeschobenen Seelengärtner. Wenn wir so weise sind, uns restlos und schweigend dem zuzuwenden, der das Land von innen her bestellt, so werden wir wachsen und mit ihm voranschreiten, nicht morgen, sondern hier und jetzt, denn er ist »Sohn von heute«. Gemeinsam suchen wir weiter

das naturbelassene
kaltgepresste Öl
der Erkenntnis.[2]

Lëmbël oder Ventilatortanz

Der *Lëmbël*, übersetzt etwa ›Ventilatortanz‹, ein populärer Tanz aus Senegal, sorgt mit seinem erotischen oder gar pornographischen Charakter für heftige Kritik. 2005 brachten manche Gegner oder Moralapostel gar professionelle Tänzerinnen vor Gericht, mit dem Vorwurf, sie würden in einem Nachtclub auf pornographische Weise den *Lëmbël* tanzen.

Den Tanz, der vom traditionellen, ebenfalls sinnlichen senegalesischen *Sabar* abstammt, prägen Körperbewegungen, vor allem des Beckens, und stoßende Hüftschwünge, die ganz zweifelsfrei eine sexuelle Provokation darstellen. Inzwischen haben die Afro-Amerikanerinnen den Ventilatortanz übernommen und im »Twerk« ›amerikanisiert‹ – bekannt dafür ist insbesondere Rihanna. Doch wie man im Senegal betont, entspricht eine Kopie nie dem Original; *Lëmbël* ist dort eine Geisteshaltung, die Tradition eines ganzen Volks, ja noch besser, der Ausdruck einer Befreiung der afrikanischen Frau im Allgemeinen und der Westafrikanerin im Besonderen. Vielleicht erfasst die senegalesische Choreographin Fatou Cissé am besten, was dieser Tanz zu bieten hat:

> Wo die Tradition die Frauen fesselt, in den Hintergrund stellt, ihren Bezug zum eigenen Körper reglementiert, da ist der *Sabar* der Moment, in dem alle Ketten gesprengt werden, in dem die Frauen sich ganz und gar gehen lassen und besonders ihre sexuelle Macht vorführen. […] Es geht darum zu zeigen, dass du die Schönste bist, die Begehrteste, und am besten gekleidet bist. Du wirst Miss World und provozierst deine Rivalinnen. Bei uns sagt man: ›Ich schlage dich, ohne dich anzufassen.‹ Genau das ist das Prinzip beim *Sabar*.[3]

»Little Ethiopia«

»Little Ethiopia« ist das »afrikanische« Viertel von Los Angeles; es liegt in Mid-Wilshire im Zentrum der Stadt. Es ist das »Revier« der Äthiopier und Eritreer, die Anfang der 1990er Jahre dorthin gezogen sind; zuvor war es ein jüdisches Viertel. Da Amerika nie davor zurückschreckt, die Dinge beim Namen zu nennen, kann man am Eingang zu diesem Viertel den Namen »Little Ethiopia« auf Schildern lesen, so wie es keine fünf Kilometer entfernt »Korea Town« gibt oder noch etwas weiter »Little Tokyo«. Für Liebhaber der äthiopischen Küche ist dies der Himmel auf Erden, die Restaurants sind in den Landesfarben dekoriert, ganz besonders das berühmte Messob Ethiopian Restaurant, in dem Sie vom lächelnden Porträt des Kaisers Haile Selassie begrüßt werden.

M

Maggi-Brühwürfel – Mami Wata – Mandela, Winnie –
Mbappé, Kylian – Mbembe, Achille –
Militärinterventionen

Maggi-Brühwürfel

Man findet ihn überall in Afrika, von Dakar bis nach Dschibuti
und von Tanger bis nach Kapstadt. Er findet sich in allen Brätern
und Töpfen. Die einfachen Leute mischen ihn in alle Soßen und
Gerichte, in die heimischen wie die importierten. Unangreifbare Hegemonie!

Er findet sich auch in der Diaspora. Auf kulinarischen Ausflügen in Paris, im Viertel Château-Rouge* ebenso wie im benachbarten Goutte-d'Or, entkommt man ihm nicht. ›Er‹, das ist
der Maggi-Brühwürfel. Entstanden ist er indes ganz ohne das
Zutun afrikanischer Mythen, seine Wurzeln reichen nicht bis zu
den Quellen des Nil. Ganz im Gegenteil, das Abenteuer der Brühe beginnt in sehr großer Entfernung von diesen ruhmreichen
Quellen. Es beginnt mit einem Schweizer, halb Unternehmer,
halb Abenteurer: einem gewissen Julius M. Johannes Maggi
(1846–1912), der zunächst als Müller und im Vertrieb für pasteurisierte Milch reüssierte, um schließlich einem Würzmittel seinen Namen zu leihen.

Bevor er das afrikanische Hinterland und dessen Imbissbuden eroberte, setzte sich der Brühwürfel in seiner Heimat durch –
nämlich in Westeuropa. Julius Maggi ließ ihn 1907 als »Bouillon-Kapsel« patentieren, und die Werbung für den *Kub Or* (›Goldwürfel‹), wie er auf Französisch heißt, verspricht: »Die kleine
Sünde für Feinschmecker lässt Sie täglich und schmackhaft ko-

chen«, sie verstärke »in angenehmer Weise den Geschmack Ihrer Gerichte«. Auf der Grundlage pflanzlicher Zutaten ist der Würfel, so sagt man, der ideale Begleiter für Gemüse, Pürees, Suppen, Fleisch- und Reisgerichte. Seit den 1970ern hat der Würfel Afrika erobert: Sei es, dass man ihn in der Hähnchen-Tajine in Nouakchott kocht oder dass man ihn zum Sombé gibt, dem Gericht aus zerstoßenen Maniokblättern, das im Zwischenseengebiet sehr beliebt ist, der Maggi-Würfel ist heutzutage überall heimisch. Und er ist nicht zu übersehen. Die Verpackungen des Maggi-Brühwürfels finden sich auf verschiedensten Werbeträgern: auf den Metalldächern der Imbissbuden, als gelb-roter Linoleumboden in der Küche oder auch auf Kisten, Bänken und Tischen.

Die Magie der kulinarischen Globalisierung verpflichtet. Zurück also zu dem industriellen Würzkrautwürfelchen, das – vom riesigen Nyanzasee (auch Victoriasee genannt) bis zum winzigen Gafsasee in Tunesien – die Geschmäcker vereinheitlicht und die weniger bekannten, traditionellen, mit jahrhundertealten Techniken konservierten Gewürze und Kräuter dem Vergessen anheimgibt. Seine Macht geht inzwischen so weit, dass in einigen Regionen keine Matrone hinter ihrem Kohlenbecken mehr zu sagen vermag, was sie anstelle des Schweizer Konzentrats verwendet hatte, bevor dieses vor gut vierzig Jahren die afrikanischen Märkte überschwemmte.

Dabei hatte wohl nicht der Zufall seine Hand im Spiel, sondern mächtige Paten. Angefangen mit seinem Eigentümer: Kein geringerer als der Nahrungsmittelriese Nestlé hat die Marke von Julius Maggi 1947 aufgekauft. Der afrikanische Kontinent weckt auch heute noch Begehrlichkeiten. Allein die Demokratische Republik Kongo mit ihren 80 Millionen Einwohnern kann die Handelsbilanz von Nestlé ordentlich aufpeppen. Keine Überraschung also, dass der Brühwürfel zu den Tausenden Warentonnen gehört, die über die Häfen von Matadi und Boma importiert und anschließend auf dem majestätischen Fluss Kongo transportiert werden, um sich in das ganze Land zu ergießen. Und warum aufhören, wenn es doch am schönsten ist? 2012 eröffnete Nestlé eine Fabrik in Kinshasa. Die Ware wird nunmehr vor Ort produziert und auf die jeweiligen kulinarischen Traditionen abgestimmt (Maggi Fix für Rindsragout, für Erdnusssauce, für Maniokblätter usw.). Durch den großen Marktanteil des Konzerns stützt ein Nestlé-Produkt das andere, und so hatte 2015 das Milchpulver Nido in der DR Kongo seinen Auftritt – zur »Bekämpfung der Unterversorgung in Zentralafrika«, wie die Befürworter betonen. Der Wirtschaftskrieg in diesem Marktsegment ist nur noch ein fernes Echo, denn Maggi hat seinen Konkurrenten Jumbo (feilgeboten von der spanischen Holding Agrolimen) buchstäblich eingestampft.

In Goma, der Provinzhauptstadt von Nordkivu, hat das kolossale rote ›M‹ auf leuchtendgelbem Grund rein gar nichts mit den Hamburgern von McDonald's zu tun, dafür aber alles mit der in Dominoform abgegebenen Würzmischung. Erfolgreich setzte sich der kleine Würfel gegen das Salz durch, das ehedem die Marktstände beherrscht hatte. Und sein geringer Preis tut ein Übriges: 100 Kongo-Francs (0,08 Euro) für die große, 50 für die kleine Version. Zudem verdienen die Marktfrauen sich eine kleine Marge dazu, indem sie sie in den Geschäften einkaufen und dort veräußern. Schließlich kostet das Kochen Zeit und Geld, und beides fehlt jenen einfachen Leuten zunehmend, die in großen Metropolen wie in entlegenen Dörfern in ihren Kochtöpfen rühren.

Die Ärmsten in Afrika, die nur einmal täglich essen – einige Löffel weißer Bohnen und etwas Fufu* zum Beispiel –, sind die eifrigsten Nutzer des *magischen Würfels.*

Derweil regen sich zahlreiche Stimmen gegen die Übermacht des künstlichen Würzwürfels, der die frischen Lebensmittel verdrängt, die täglich auf den Märkten verfügbar sind: rote Zwiebeln, Lauch, Tomaten, Knoblauch, Sellerie und Palmöl. Andere kritisieren ihn als Geschmacksverderber, der die Aromenvielfalt geschmälert und die Rezepte vereinheitlicht habe, indem er sich bei den marinierten, den frittierten und den gebratenen Speisen ebenso durchsetzte wie bei den Soßen, und der die sozialen Unterschiede eingeebnet habe. Wieder andere beklagen schließlich die chemischen, gesundheitsschädlichen Zutaten. Einige Inhaltsstoffe wie Glutamat und Maltodextrin sollen zum Teil für Bluthochdruck und Diabetes verantwortlich sein, die in der afrikanischen Bevölkerung seit langem grassieren.

Doch womöglich blickt der Maggi-Würfel auf seine besten Jahre bereits zurück.

Mami Wata

Im Repertoire der afrikanischen Voodoo*-Gottheiten kommt Mami Wata ein besonderer Platz zu. Die Frau, die halb Fisch oder halb Schlange ist, und ihr Mythos als mächtiges Geschöpf des Wassers haben alle Grenzen des afrikanischen Kontinents überquert, die Karibik erreicht und den amerikanischen Kontinent von Nord nach Süd durchquert. Je nach Region variieren ihre Merkmale; doch überall besitzt sie feengleiche Schönheit und schwarzes Haar (gelockt oder kraus), das sie elegant mit einem golden Kamm bändigt, während ihr glitzernder Schmuck und die Schlange, die sie begleitet, üblicherweise Furcht und Faszination zugleich erwecken.

Mami Wata hat also das Privileg, als eine der seltenen »panafrikanischen« Gottheiten gelten zu können, denn man findet sie sowohl bei den Igbo-Völkern Nigerias, bei den Bamileke in Kamerun, als auch bei den Bakongo oder bei den Ewe in Benin. Unter Namen wie »Königin der Frauen«, »Ehrbare Frau«, »Königin des Wassers« oder »Schönste Frau« wird sie im schwarzen Afrika gebührend verehrt. In Nigeria etwa trägt man zu Ehren der »Ezenwaany« (›Königin der Frauen‹) rot-weiße Kleider, denn diese beiden Farben stehen beim Volk der Igbo für die Doppelseitigkeit von Mami Wata, die zugleich Tod und Schönheit verkörpert, Furcht und Faszination.

In manchen Regionen des Kongo trägt sie den Namen Mamba Muntu (›Wasserwesen‹), doch die Kongolesen wissen, dass Mami Watas Leben sich nicht nur im Wasser abspielt. Die Göttin kann sich genauso gut auf den Märkten verbergen, in den Bars, inmitten der Massen, und vor allem in den Bordellen der einfachen Stadtviertel, denn wie sollte man Mami Wata von Sex und Verführung trennen? Natürlich sind alle Männer angezogen von diesem Geschöpf, dessen Schönheit … einfach göttlich ist. Sie müssen gegen die Versuchung ankämpfen oder nachgeben. Wer sich ihr hingibt, geht den ersten Schritt ins eigene Verderben. Enthaltsamkeit dagegen gilt der Göttin als Treue, und die wird reich belohnt, denn es winken großer Reichtum und eiserne Gesundheit …

Mandela, Winnie

Am 2. April 2018 verstarb in Johannesburg eine Frau, die seit langem die Gemüter erregt hatte. Sie wurde 81 Jahre alt. Sogar nach ihrem Tod hadern noch unzählige Menschen mit ihr. Sie hieß Winnie. Winnie Madikizela Mandela. Sie war mehr als die treue Gefährtin ihres Ehemanns Nelson Mandela; sie war selbst eine führende Aktivistin. Ihr ganzes Leben war ein einziger anstrengender Kampf. Lieder, Filme, Opernlibretti, Modekollektionen, Bücher und Tausende Artikel zeichnen ihre außerordentliche Laufbahn nach. Häufig wurde sie auf den Rang der Handlangerin reduziert, der Frau an der Seite ihres großen Gatten. Dabei kam Winnie nicht aus dem Nichts. Sie wurde 1936 geboren als Abkömmling zweier Familien mit großen Widerständlern, dazu gehörten etwa ihr Großvater, Stammeshäuptling Mazingi, und ihre Mutter, Gertrude Mzaidume, die in ihrer Gemeinschaft an der Seite ihres Mannes Columbus als erste Frau Naturwissenschaften unterrichtete. Ausführlich erzählt Winnie von ihrer Kindheit in ihrer Autobiographie, *Ein Stück meiner Seele ging mit ihm*. Als sie 1957 Nelson Mandela kennen lernte, war sie 21 und hatte schon viel Erfahrung.

Was dann kam, ist bekannt. Gefängnis, innere Emigration, Demütigungen, Einschüchterung, 27 Jahre lang blieb ihr nichts erspart. Sie aber widersetzte sich, konterte, kämpfte. Manchmal alleine, häufig im Untergrund. Gelegentlich trug sie auf ihren Schultern die gesamte Struktur des ANC (African National Congress), machte den von Repression und Depression geschlagenen Aktivisten neuen Mut. Sie errichtete das Bauwerk wieder, knüpfte Verbindungen mit der neuen Generation von Aktivisten an der Seite des verstorbenen Chris Hani (1942–1993), inspirierte die Jugend und brachte Bewegung nach Soweto, in ihr Township, das sie nach der Abschaffung der Apartheid und der Präsidentschaft Nelson Mandelas nicht mehr verlassen sollte.

Als der Sieg errungen war, blieben ihr dessen Früchte versagt. Nach der Scheidung war sie isoliert. Sie wurde nie die »First Lady«, die im Abendkleid vor einem Chrysanthemenmeer posiert. Man hielt sie fern von den inneren Kreisen der Macht. Die Wortführerin des Kampfes gegen die Apartheid blieb auf dem Kurs, den sie sich in ihrer Jugend gesetzt hatte: die Würde der Ärmsten verteidigen, den Stimmlosen ihre Stimme leihen. Die letzten Kämpfe ihres Lebens waren nicht vergeblich. Sie verteidigte ihre eigene Ehre gegen die neue Elite aus dem ANC. Nur Soweto bleibt ihr treu und mit Zuneigung ergeben. Für den übrigen Kontinent funkelt Winnie Mandelas unauslöschlicher Stern im Himmel.

Mbappé, Kylian

Für uns ist Kylian Mbappé ein Symbol. Ein afrikanisches Symbol im erweiterten Sinn, den wir hinter diesem Adjektiv sehen. Wie passend, dass das Fußballwunder Mbappé allein in seiner Person so vieles vereint: Kamerun, das Land seines Vaters, Algerien, das Land seiner Mutter, seine Heimat Frankreich und die universellste aller Sportarten. Vergessen wir einmal kurz seine Biographie. Für die Welt geboren ist Kylian Mbappé in unseren Augen am

Samstag, dem 30. Juni 2018, im russischen Kasan. Der National-
spieler mit der Nummer 10, getragen von unseren hysterischen
Schreien, dem überschäumenden Publikum. In der Kabylei wie
in Yaoundé, in Fort-de-France oder in Paris, der Schrei kam wie
aus einer Kehle. Nationale Einmütigkeit, mancher sagt sogar
weltweite Einmütigkeit. Im russischen Stadion funkelten die
Blitzlichter, die gute Nachricht verbreitete sich rasant. Selbst die
Sonne war nur noch ein Feuerball. Und die Sonne verneigte sich
vor unserem Star, der drei Mal in Folge das Stadion geblendet,
seine Welt vermessen hat und dann in Jubel ausgebrochen ist.
Sag, wer du bist, forderte ihn die Sonne auf. Nachname: Mbappé.
Vorname: Kylian. Geburtsjahr: 1998, der historische Jahrgang
vom WM-Titel der Black-Blanc-Beur-Mannschaft[1]. Geburtsort:
Bondy, Département Seine-Saint-Denis, die Pariser Banlieue
par excellence.

An diesem Abend im Jahr 2018 beim WM-Achtelfinale im
russischen Kasan gewann Kylian Mbappé mit seinen Kameraden
souverän gegen die gefürchtete Auswahl Argentiniens: 4:3.
Doppelpack von Mbappé, ein Elfmeter des quirligen Stürmers
Antoine Griezmann, der Mbappé viel verdankt, und ein großartiges Tor des jungen Verteidigers Benjamin Pavard. Natürlich
entstammen die Mitspieler häufig derselben Galaxie wie der
Junge aus Bondy. Sie sind Afrikaner auf ihre Weise, ganz und gar,
französisch, europäisch und universell. Ob sie Paul Pogba heißen, N'Golo Kanté, Blaise Matuidi, Benjamin Mendy, Steven
Nzonzi oder Presnel Kimpembe, sie alle stammen aus Wakanda,
das seit Generationen die Stadien erhellt. Die Reihe ihrer Ahnen
ist lang: von Marius Trésor bis Lilian Thuram, von Yannick Noah
bis zum liberianischen Präsidenten George Weah, von Roger
Milla bis Zinédine Zidane. Mbappés Leistung fiel auch Pelé auf,
dem Leitstern dieser Wakanda-Galaxie. König Pelé beglück-
wünschte den Jungen aus Bondy: »Glückwunsch, Kylian Mbappé, zwei WM-Tore in so jungen Jahren, da bist du in guter Gesellschaft. Viel Glück in deinen weiteren Spielen. Außer gegen Brasilien.«

Kylian Mbappés Karriere hat gerade erst angefangen. Wie es weitergeht, erzählen wir im nächsten Band unseres Wörterbuchs.

Mbembe, Achille

Vor einigen Jahren war in den Kreisen derer, die in der Wirtschaft den Ton angeben, wiederholt ein Gerücht zu hören, das meist im Gewand einer kalten, wissenschaftlich verifizierten Analyse daherkam: Afrika ist zu nichts nutze. Es ist nur eine Last für den Rest der Menschheit. Mit seinen 2 Prozent Welthandelsanteil könnte es von den Börsenradars verschwinden, und man würde es nicht einmal merken. Das heißt? Vielleicht können die anderen Kontinente ihm etwas Aufwind geben. Zu glauben, Afrika könne über sich selbst hinauswachsen, wäre aber illusorisch, lautete die Schlussfolgerung. Ob aus Arroganz oder aus Gedankenlosigkeit, jedenfalls erklärte der französische Präsident Nicolas Sarkozy vor einem Publikum von Studierenden und Lehrkräften der UCAD (Université Cheikh Anta Diop) in Dakar, »dass der Afrikaner nicht genug in die Geschichte eingetreten ist. [Er] kennt nur den ewigen Wiederbeginn der Zeit im Rhythmus der endlosen Wiederholung derselben Gesten und derselben Worte.« Das war 2007.

Seit Jahrzehnten tritt immer wieder ein Intellektueller auf den Plan, um allein mit den Waffen der Vernunft die Vorurteile, die stereotypen Interpretationen und die unangemessenen Schemata niederzuringen, die all denen als Pappnase dienen, die wie Nicolas Sarkozy oder der einstige Journalist Stephen Smith aus Ignoranz, Verachtung oder Herablassung das afrikanische Antlitz entstellen wollen. Dieser Intellektuelle ist kein anderer als der Historiker und Politologe Achille Mbembe. Der Erbe von Frantz Fanon*, Amílcar Cabral, Jean-Marc Ela und Fabien Eboussi Boulaga ist 1957 in Kamerun geboren, im Land der Bassa. Sehr früh erlebte Achille Mbembe die Erschütterungen eines Bruderkriegs und machte es sich zur Aufgabe, das Andenken der Märtyrer zu wahren. Nach einem brillanten Studium in Paris ging er als Dozent an die besten Universitäten der USA, doch der Ruf der Heimat war stärker als alles andere. In Dakar leitete er zeitweise den Rat für die Entwicklung der sozialwissenschaftlichen Forschung in Afrika (CODESRIA), bevor er einem Ruf an die Witwatersrand-Universität im südafrikanischen Johannesburg folgte. Der Autor der *Kritik der schwarzen Vernunft* (2013) verbrachte zwar einige Monate an der Duke University in North Carolina, doch sein Beobachtungsposten bleibt Südafrika. Von Johannesburg aus durchdringt sein prüfender Blick Afrika und die ganze Welt.

Als hellsichtiger Beobachter mischt Achille Mbembe in seinen eleganten, schwungvollen Texten die große Geschichte mit der Geschichte des Alltags:

> Juli. Ich wurde tatsächlich an einem Julitag geboren, als sich der Monat gen Ende neigte, in einem afrikanischen Landstrich, den man erst spät ›Kamerun‹ genannt hat – in Erinnerung an das Entzücken, das die portugiesischen Seeleute im 15. Jahrhundert befiel, als sie in der Nähe von Douala den Fluss hinauffuhren und sich an der Menge der Krustentiere gar nicht sattsehen konnten, die es dort gab, weshalb sie die Stelle ›Rio dos Camaroes‹, also ›Garnelenfluss‹, tauften. Ich bin im Umkreis dieses namenlosen Landstrichs aufgewachsen, denn muss man, wenn der Name, den er trägt, in gewissem Sinne bloß dem Staunen von jemand anders entspringt, nicht von einem lexikalischen Fehlgriff sprechen?[2]

Aus diesem Fehlgriff, dieser Wunde schöpft er die Kraft für ein vielfältiges Werk, das weltweit Anerkennung findet. Für die Anprangerung der Schranken und der Barbaren. Doch das ist längst nicht alles. Im Kreis seiner Gefährten unter den Intellektuellen und den Aktivisten setzt sich Achille Mbembe leidenschaftlich und stetig für die Menschenwürde und die Schönheit der Welt ein. Darin erfüllt er den Auftrag, den Frantz Fanon* ihm anvertraut hat.

Militärinterventionen

Frankreich pflegt weiterhin eine »Kultur« der Intervention in seinen ehemaligen Hoheitsgebieten, in denen sein Einfluss andauert. Obwohl die einstigen französischen Kolonien seit den 1960er Jahren nach und nach unabhängig wurden, verlässt man sich dort weiterhin auf Frankreich.

Wir erinnern uns etwa, dass Charles de Gaulle 1964 den gabunischen Präsidenten Léon M'Ba, der einem Putsch von Teilen seiner Armee zum Opfer gefallen war, wieder einsetzen ließ. Viel von sich reden machte eine weitere Intervention unter Präsident Pompidou, bei der im Tschad unter der Regierung von François Tombalbaye 1969 bis 1971 gegen die von Libyen unterstützten Rebellen der Nationalen Befreiungsfront des Tschad (FROLINAT) vorgegangen wurde. Frankreich war damals für viele der Zauberschild, das Schwert, das den gordischen Knoten durchschlug und wieder klare Verhältnisse schuf.

Unter dem Präsidenten Valéry Giscard d'Estaing kam es dann sogar zu mehr als fünf Einmischungen: Zu nennen sind die Operation »Lamantin« in Mauretanien zur Befreiung der französischen Geiseln und gegen den *Front Polisario* auf mauretanischem Boden; die Operation »Tacaud«, um die Nationale Befreiungsfront des Tschad zurückzudrängen, die die Regierung unter Félix Malloum bedrohte; die Operation »Barracuda« in der Zentralafrikanischen Republik 1979 bis 1981 zum Sturz von Jean-Bédel Bokassa und zwecks der Wiedereinsetzung des vormaligen Präsidenten David Dacko; 1977 in Zaire die Operation »Verveine« zur Unterstützung von Maréchal Mobutu gegen die Rebellen in Shaba; und ebenfalls in Zaire 1978 die Operation »Léopard« in Kolwezi zur Niederschlagung der aus Angola unterstützten Katanga-Rebellion, mit der das Regime des Diktators in letzter Minute gerettet wurde.

Die Afrikaner, die gegen diese vielen Interventionen waren, begrüßten die Machtübernahme durch François Mitterrand im Jahr 1981 als heilsame Wendung. Er war kein Politiker der Rechten, und mit der Ernennung von Kommunisten zu Ministern setzte er ein starkes Zeichen. Frankreich schien damit nahbarer, gar menschlicher, und entfernte sich von dem Klischee, das die meist »roten« afrikanischen Nationen vom Kapitalismus im Kopf hatten. Paradoxerweise sollten jedoch gerade unter Präsident Mitterrand die Einsätze auf afrikanischem Boden deutlich häufiger werden und der Begriff *Françafrique* erst seine ganze Bedeutung entfalten. Frankreich war nunmehr allgegenwärtig, von Togo unter der Herrschaft von Eyadema bis nach Gabun unter Omar Bongo, außerdem in Mobutus Zaire, in Somalia unter Ali Mahdi, im Tschad unter dem bedrängten Hissène Habré, auf den Komoren, wo der Söldnerführer Bob Denard wütete, und sogar in einem portugiesischsprachigen Land, Guinea-Bissau, wo man die interafrikanische Friedenstruppe unterstützte. Mitterrand wurde zum Gendarm Afrikas, rettete diverse Diktatoren und empfing sie mit großem Pomp im Elysée-Palast. Der Fall Ruanda zeigt, wie sehr Frankreich mit dem Feuer spielte, als es sich mit einem Regime einließ, das Revanchismus und Extremismus praktizierte und einen der letzten Völkermorde des 20. Jahrhunderts ins Werk setzte. Die französischen Behörden unterstützten damals uneingeschränkt den Präsidenten Juvénal Habyarimana, einen der Verantwortlichen für den Völkermord, der über eine Million Ruander das Leben kostete.

Als in Frankreich 1988 wieder die Rechte die Macht übernahm, setzte man große Hoffnung in diesen Wechsel und erwartete sich ein Ende dieses kolonialen Paternalismus samt einer Außenpolitik, die derart auf den berühmten *pré carré africain* setzte, eine Art Sperrgürtel zum eigenen Schutz. Jacques Chirac, seit Jahrzehnten Mitterrands politischer Gegner, würde es allerdings auf über zehn »françafrikanische« Interventionen bringen: etwa die Operationen »Khaya« und »Licorne« in Côte d'Ivoire; die Operation »Aramis« in Kamerun, um das Land in der Auseinandersetzung mit Nigeria um die Erdöl-Halbinsel Bakassi zu unterstützen; die Operationen »Almandin« in Zentralafrika unter Ange-Félix Patassé mit der Entsendung mehrerer tausend

Soldaten, um eine Meuterei der Armee niederzuschlagen. Unter anderem intervenierte Frankreich erneut im Tschad, dann in der Demokratischen Republik Kongo und in Dschibuti.

Weniger Einsätze gab es unter Präsident Nicolas Sarkozy, doch seine Beziehungen zu Libyen sowie die Militärpräsenz in Dschibuti und im Tschad setzten die französische »Tradition« fort. Und in Côte d'Ivoire beendete die französische Armee die Herrschaft von Laurent Gbagbo und unterstützte die Präsidentschaftskür von Alassane Ouattara nach einer Wahl, die von einem Teil der ivorischen Bevölkerung bis heute angefochten wird.

Unter dem Präsidenten François Hollande kam es zu etlichen Interventionen in Afrika, von denen einige noch unter Emmanuel Macron fortdauern: die Operation »Serval« in Mali, die Operationen »Sangaris« und »Boali« in der Zentralafrikanischen Republik und der Einsatz gegen die Islamisten in Somalia ...

Im Grunde ist und bleibt Afrika für Frankreich ein Spielfeld, auf dem die einstige Kolonialmacht ihre Hegemonie vorführt und in einer immer stärker globalisierten Welt ihren Platz am Tisch der Großen rechtfertigt. Das halbe 20. Jahrhundert über war diese Welt bipolar organisiert, aufgeteilt zwischen Sowjetunion und USA in ihrem gnadenlosen Kalten Krieg. Das Ende dieser Auseinandersetzung in den 1990er Jahren verlegte den Schauplatz der Konflikte in die noch fragilen afrikanischen Nationen, die zwar dreißig Jahre zuvor die Kolonisatoren abgeschüttelt hatten, aber weiterhin unfähig waren, sich selbst zu verwalten, weil sie immer noch der aus dem Kolonialsystem ererbten Abhängigkeitskultur ausgeliefert waren. Konflikte regionalisieren sich, dauern an, ziehen immer mehr Beteiligte innerhalb und außerhalb des Kontinents mit hinein. Frankreich paktiert je nach seinen wirtschaftlichen, strategischen oder geopolitischen Interessen mal mit den »Rebellen«, mal mit den »offiziellen Streitkräften« in dem Bestreben, an der Spitze dieser Länder Regimes zu installieren, von denen es sich einen besseren »Dialog« verspricht ...

Nardal, Paulette

In Betrachtungen über die Bewegung der Négritude ist häufig
von einem auffälligen Frauenmangel die Rede. Übersehen wird
dabei aber eine gewichtige Figur dieser Strömung, die sich für
die Wertschätzung der vom afrikanischen Kontinent stammenden Kulturen einsetzte: Paulette Nardal (1896–1985) war die erste schwarze Frau, die an der Sorbonne studierte, und stand
stets an vorderster Front, wenn es um die »Sache der Schwarzen«
ging; so zog sie auch ihre Schwester, Jeanne Nardal, mit in den
Kampf, aus dem Ende der 1930er Jahre die Négritude hervorge-
hen sollte. Provozieren wir überhaupt noch mit der Behauptung,
dass die Négritude in erster Linie eine von Frauen initiierte
Strömung ist, statt nur die Namen Léopold Sédar Senghor*,
Aimé Césaire* und Léon-Gontran Damas zu wiederholen, des
männlichen Dreigestirns aus Senegal, aus Martinique und aus
Guyana? Paulette Nardal lebte im südlichen Pariser Vorort
Clamart, wo sie einen literarischen Salon betrieb. Die drei Männer der Négritude gehörten zu ihren Gästen, selbst René Maran
konnte man dort begegnen, dem ersten Schwarzen, der mit
dem Prix Goncourt ausgezeichnet wurde.[1] Ebenfalls in Clamart
sollten einige Afroamerikaner von der Bewegung der Harlem
Renaissance, die in Frankreich im Exil lebten, ihren »Brüdern«
und »Schwestern« begegnen. Maran, Nardal und der Haitianer
Léo Sajous gründeten 1931 die berühmte, englisch- und französischsprachige *Revue du Monde noir* (›Zeitschrift der schwarzen

Welt‹), deren Leitartikel die Konturen der Négritude-Bewegung in an Klarheit nicht zu übertreffenden Worten nachzeichnet:

> Unser Ansinnen: die Bereitstellung eines Organs für die intellektuelle Elite schwarzer Rasse und die Freunde der Schwarzen, in dem sie ihre künstlerischen, literarischen und wissenschaftlichen Arbeiten publizieren können. Die Erforschung sämtlicher Belange der schwarzen Kulturen und der Naturschätze Afrikas, der dreimal heiligen Heimat der Schwarzen, und ihre Verbreitung über Presse, Bücher, Vorträge oder Kurse. Die Schaffung einer intellektuellen und moralischen Verbindung unter den Schwarzen der Welt ohne Ansehen ihrer Nationalität, damit sie einander besser kennenlernen, sich brüderlich lieben, wirksamer für ihre gemeinsamen Interessen eintreten und ihre Rasse darstellen können – so lautet das dreifache Ziel, dem die *Revue du Monde noir* nachgehen wird. Damit werden die Schwarzen gemeinsam mit der Elite der anderen Rassen und all denen, die das Licht des Wahren, Schönen und Guten empfangen haben, zur materiellen, intellektuellen und moralischen Vervollkommnung der Menschheit beitragen [...]. Und so werden die 200 Millionen Angehörigen der schwarzen Rasse, obwohl sie auf diverse Nationen verteilt sind, über die Grenzen hinweg eine große Demokratie bilden als Vorbotin der universellen Demokratie.[2]

Ngũgĩ wa Thiong'o

Nur mühsam können wir das Vergnügen verbergen, mit dem wir Ngũgĩ wa Thiong'o vorstellen, einen Autor, der in der globalen Literatur- und Kunstwelt in etwa das ist, was der gewaltige *Iroko* oder der mächtige *Moabi* für den afrikanischen Wald darstellt. Dieser Mann mit dem scharfsinnigen Verstand und der unerschütterlichen Energie ist zugleich ein sehr bescheidener, aufmerksamer und herzlicher Mensch, der uns mehrfach in seinem Büro in der University of California, Irvine, empfangen hat. Jedes Mal nahmen wir das Gespräch da wieder auf, wo wir es bei unserer letzten Begegnung unterbrochen hatten.

In Frankreich und in der frankophonen Welt weiß man wenig von der Bedeutung dieses kenianischen Autors, Dramaturgen, Essayisten und Wissenschaftlers, der freilich einhellige Anerkennung genießt, nicht nur für sein literarisches Werk, sondern auch für seine kritischen, anregenden Gedanken zu großen soziokulturellen Themen – so legt er insbesondere die Verbindungen zwischen Nation und Narration offen, zwischen Macht und deren Inszenierung, zwischen Sprache und Identität, zwischen Imperialismus und Neokolonialismus. Kaum einmal hört man in Frankreich von seinem leidenschaftlichen, überzeugenden Plädoyer für die Anerkennung der Literaturfähigkeit der afrikanischen Sprachen, für die er seit über vierzig Jahren eintritt. In der anglophonen Welt und anderswo regt sein funkensprühendes Werk seit Jahrzehnten zu Analysen, Adaptationen, Polemiken und natürlich zu Übersetzungen an.

Seit einem knappen Jahrzehnt wird sein Name auch für den Literatur-Nobelpreis gehandelt. Es ist nun an uns Lesern, den gewundenen Wegen zu folgen, die jedes anspruchsvolle Werk nimmt, und dessen süßeste Früchte zu ernten.

Ngũgĩ wa Thiong'o, geboren 1938 in Kamiriithu im Hochland Kenias, das damals der britischen Herrschaft unterstand, gehört zu der Übergangsgeneration, die Zugang zu den besten Kolonialschulen hatte und gleichzeitig im tiefsten Herzen verwundet war, weil man ihren Vorfahren alles genommen hatte, was das Salz ihres Lebens darstellte – ihr Land, ihre Sprache, ihre Riten, Rhythmen und Glaubensvorstellungen. Der junge Ngũgĩ, Sohn einer bäuerlichen Familie, behielt all die kleinen Beben und großen Erschütterungen dieser zerfallenden Welt in Erinnerung – die Enteignung der Kleinbauern durch die britischen Siedler, die Knechtung der Pachtbauern in den großen Farmen, die Christianisierung der Bäuerinnen, die mit dem Gebetsbuch geschlagen wurden, die gärende Wut der jungen Leute auf die Kolonialordnung, die schließlich zu dem berühmten Mau-Mau-Krieg in den 1950er Jahren führte.

Über die Auseinandersetzung mit den afrikanischen Völkern bestimmen deren ehemalige Kolonialsprachen. Künstler, Forscher und ökonomische Akteure arbeiten in völlig abgeschotteten kulturellen und sprachlichen Welten. Die Studierenden in Dakar wissen nichts von dem, was in Nairobi oder Maputo gelesen wird, und umgekehrt. Und während das fünfzig Titel umfassende Werk von Ngũgĩ wa Thiong'o in der anglophonen Welt gefeiert wird, muss man leider einräumen, dass es bei den Frankophonen relativ unbekannt ist, so wichtig auch die Pionierrolle gewesen sein mag, die die Zeitschrift *Présence Africaine** (›Afrikanische Gegenwart‹) einnahm. Erst mit einem Vierteljahrhundert Verspätung erschien sein Hauptwerk, *Decolonising the Mind*, in französischer Übersetzung bei einem kleinen Verlag (La Fabrique, 2011), gefolgt von einem anderen Essay, *Secure the Base* (*Pour une Afrique libre*, Paris: Philippe Rey 2017). Ganz frei wird Afrika erst sein, wenn Ngũgĩ wa Thiong'os auf Kikuyu geschriebene Werke ins Wolof, ins Arabische, ins Sesotho und Lingala übersetzt sind und wenn sie unter der Sonne von Dakar, Rabat, Maseru und Kinshasa ihre Blüten treiben.

Nkrumah, Kwame

Kwame Nkrumah (1909–1972), einer der Begründer des Panafrikanismus und Vater der Unabhängigkeit Ghanas, regierte sein Land zunächst als Premierminister und von 1960 bis 1966 als Präsident. Nach seiner Ausbildung in England und den USA gründete er seine Partei, die Convention People's Party, deren Hauptziel die Unabhängigkeit seines Landes von der Kolonialmacht Großbritannien war. Er rief zu Boykott und zivilem Ungehorsam auf, was ihn bis 1951 ins Gefängnis brachte – doch im selben Jahr gewann seine Partei die Parlamentswahlen. Er kam aus der Haft frei, wurde Premierminister und wandte sich einer panafrikanischen, antikommunistischen Politik zu. Prägend waren für ihn schwarze amerikanische Intellektuelle, die die »Rückkehr zum Ursprung«, ins Mutterland predigten, allen voran Gestalten wie Marcus Garvey oder W. E. B. Du Bois. Eine solche Autonomie gegenüber den Kolonialbehörden erforderte Mut, aber Nkrumah nutzte den landwirtschaftlichen Reichtum seines Landes, vor allem aus dem Kakaoanbau, um dessen Infrastruktur wieder in Gang zu setzen. Bald führte in der politischen Landschaft kein Weg mehr an ihm vorbei, und er forderte die Unabhängigkeit seines Landes. Die Briten standen vor vollendeten Tatsachen, und am 6. März 1957 wurde Ghana unabhängig.

Hier einige Worte des großen Panafrikanisten aus Ghana:

»Ich habe die volle Gewissheit, dass der Tod die Flamme nicht auslöschen kann, die ich in Ghana und in Afrika entzündet habe. Noch lange nach meinem Tod wird sie weiterbrennen und hoch getragen werden, um alle Völker zu erleuchten und zu führen.«[3]

»Ich bin Afrikaner – nicht, weil ich in Afrika geboren bin, sondern weil Afrika in mir geboren ist.«

»Man sah in uns noch das Abbild des Kleinkindalters der Menschheit. Man sagte von unserer hochentwickelten Kultur, sie sei primitiv und von Trägheit gelähmt, man müsse uns also unter Vormundschaft stellen.«[4]

»Die Unabhängigkeit ist nur das Vorspiel für einen neuen, noch komplexeren Kampf um das Recht, unsere wirtschaftlichen und sozialen Belange selbst zu regeln.«

Obama, Barack

Barack Obama, geboren am 4. August 1961 in Honolulu, wurde am 4. November 2008 zum 44. Präsidenten der Vereinigten Staaten von Amerika gewählt und für ein zweites Mandat bis zum 20. Januar 2017 bestätigt. Der erste schwarze US-Präsident ist auch der Sohn eines Afrikaners, was sein besonderes Verhältnis zu diesem Kontinent begründet. Alle Beobachter sind sich einig, dass sein Aufstieg genauso der spezifischen Geschichte der USA zu verdanken ist wie seiner außerordentlichen individuellen Intelligenz. Trotzdem: Die Freudenszenen in den afrikanischen Metropolen waren unbeschreiblich, die Massen bejubelten den Sieg, als würde der gebürtige Hawaiianer per Zauberkraft auch ihre heimischen Autokraten ersetzen.

Als Obama 2009 bei seiner ersten Afrikareise die Landebahn des Flughafens Kokota in der ghanaischen Hauptstadt Accra betrat, war ihm klar, welche Flut an Gefühlen er dort auslöste. Seine Entscheidung, nach Accra zu fliegen, war eine Würdigung der Demokratie: In Ghana hatten die Wähler in ihrem Wunsch nach politischem Wandel und wirtschaftlichem Fortschritt soeben einen 64-jährigen Juraprofessor, John Atta Mills, zum Präsidenten gekürt und damit erneut einen friedlichen Übergang vollzogen. Dieser politischen Ausnahme zollte der amerikanische Präsident mit seinem Besuch Respekt, regte damit gleichzeitig zu einer neuen politischen Ordnung in Westafrika an und ermutigte die anderen afrikanischen Nationen, sich auf den Pfad von Recht und Gerechtigkeit zu begeben. Alle afrikanischen Diktatoren erinnern sich an Obamas energische Rede, die er, damals noch Senator von Illinois, im August 2006 an der Universität von Nairobi (Kenia) hielt.[1] Der spätere Präsident stellte sich als »Freund«, als »Verbündeten« und als »Bruder« vor, und als solcher wies er umgehend auf die »Unfähigkeit Kenias« hin, »eine transparente, verantwortliche Regierung aufzustellen«, erwähnte die verheerenden Folgen der Korruption und verurteilte unumwunden die »fatale Vorstellung, das Ziel der Politik [...] bestünde darin, seiner Familie oder seinem Stamm das größte Stück des Kuchens zu sichern«. Die Konformisten betonten, der künftige Präsident habe sich von seinen Emotionen mitreißen lassen, habe doch sein eigener Vater zu genau dieser ersten Generation hoher Führungskräfte gehört, die aus den niedrigsten ethnischen und politischen Gründen ausgegrenzt, totgeschwiegen und manchmal auch umgebracht wurden. Zwar war Barack Obama Senior bei einem Autounfall ums Leben gekommen, aber zu diesem Zeitpunkt war er durch jene Ungerechtigkeiten, Verbitterung und Alkohol bereits in schlechter Verfassung gewesen.

In seiner ruhigen, subtilen und kraftvollen Art zog Präsident Obama eine direkte Verbindung zwischen aufmerksamem, empathischem Zuhören einerseits und dem Respekt vor demokratischen Prinzipien andererseits. Vor dem ghanaischen Parlament betonte Präsident Obama, die Zukunft Afrikas gehöre den Afrikanern selbst, und der Westen könne nicht für alles verantwortlich gemacht werden:

Es ist einfach, mit dem Finger auf andere zu zeigen und ihnen die Schuld zuzuweisen. [...] Aber der Westen ist nicht verantwortlich dafür, dass in Simbabwe in den letzten zehn Jahren die Wirtschaft zerschlagen wurde, oder für die Kriege, in denen Kinder als Kämpfer eingesetzt werden.«[2] Und nach der Peitsche folgte das Zuckerbrot: »Ich kann Ihnen Folgendes versprechen: Amerika wird bei jedem Schritt des Weges an Ihrer Seite stehen – als Partner, als Freund.

Dieser Aufenthalt in Ghana fand in der afrikanisch-amerikanischen Community ein bedeutendes Echo. Er endete mit einem Besuch in Cape Coast, einem wichtigen Erinnerungsort für den Sklavenhandel. Barack Obama und seine Frau Michelle sowie seine Töchter Malia und Sasha waren auf Pilgerreise, sie kehrten zu den Wurzeln zurück. Es war eine Erinnerung an die Geschichte der Sklaverei. Ghana steht für den panafrikanischen Traum von Kwame Nkrumah*. Und seine lateritrote Erde birgt die ewige Ruhestätte von W. E. B. Du Bois, dem großen Denker, der von der Identität der Afro-Amerikaner und aller anderen Söhne und Töchter der schwarzen Diaspora sprach.

Omar, Ibn Saïd

Wir alle kennen in groben Linien Samuel Huntingtons These vom Kampf der Kulturen – demnach existieren sechs oder sieben geopolitische Räume, die aus kulturellen und religiösen Gründen miteinander in Konflikt geraten werden. Diese Prognose lässt sich aus einem sehr einfachen Grund nicht aufrechterhalten: Die kulturellen und religiösen Räume sind weder undurchlässig noch voneinander abgegrenzt. Und auch in der Vergangenheit sind sie es nie gewesen. Um ein Beispiel zu nennen, das die Verfechter des Kampfs der Kulturen vielleicht verwundern mag: Der Islam ist in Samuel Huntingtons Heimat kein Fremdkörper. Der Islam ist sogar in den USA derart verwurzelt und derart mit der amerikanischen Erfahrung verschmolzen, dass diese Bindung für sehr viele unsichtbar geworden ist – so erklären es uns diverse Islamwissenschaftler.

Den Einfluss des Islams in Nordamerika erhellte eine Ausstellung über die Autobiographie von Omar Ibn Saïd (1831), der als Sklave aus Westafrika in die USA gekommen war. Dieses kostbare Werk zeichnet sich dadurch aus, dass es unseres Wissens wohl das einzige Dokument ist, das von einem Sklaven verfasst wurde, während er seine Versklavung mit einem geschärften Bewusstsein für sein Schicksal erlebte. An prominenter Stelle stößt der Leser auf eine Koransure, die al-Mulk-Sure (›Die Königsherrschaft‹). Die auf Arabisch verfasste Autobiographie liefert zahlreiche Details über Omar Ibn Saïds Leben, lässt uns in seinen unerschütterlichen muslimischen Glauben eintauchen und vermittelt uns auch seine Offenheit gegenüber anderen »Völkern, die Gott fürchten«.

Zur Eröffnung der Ausstellung in der Lobby des New Yorker Hauptquartiers der Vereinten Nationen fand auch eine wichtige Debatte über die »Wurzeln des Islams in Amerika« statt. Die Geschichte dieses belesenen, gebildeten Sklaven lässt niemanden gleichgültig. Er wurde im 18. Jahrhundert in der Region Fouta Toro geboren, dem Land zwischen den beiden Flüssen, die Senegal und Gambia jeweils ihren Namen gaben. Die ersten 25 Jahre seines Lebens widmete Omar Ibn Saïd dem Studium der muslimischen Sitten und Gelehrten seiner Region. 1807 geriet er nach einem militärischen Konflikt in Gefangenschaft, wurde an Europäer verkauft und auf einem Schiff nach North Carolina verschleppt, wo er bis zu seinem Tod 1864 für einen Plantagenbesitzer arbeitete. Der von seinen Landsleuten verehrte Weise wurde zum Sklaven erniedrigt, dem würdelosesten Stand überhaupt.

Obwohl sie als einer der Schätze der Literatur aus der Zeit vor dem Sezessionskrieg gilt, war diese Autobiographie Anfang des 20. Jahrhunderts verschollen. 1955 wurde sie in Virginia wiedergefunden und 1998 an einen privaten Sammler versteigert, der sich für afroamerikanische und islamoamerikanische Objekte aus dem 18., 19. und 20. Jahrhundert interessierte. Zuvor gehörte dieses Werk einem Abolitionisten, der damit beweisen wollte, dass Schwarze keine minderwertigen Menschen sind.

Der stetige Beitrag der Muslime zum Reichtum der amerikanischen Kultur ist so tief verankert, dass er inzwischen fast vollständig mit ihr verschmolzen ist.

So betont Sylviane Diouf, Forscherin am Schomburg Center for Research in Black Culture in New York, eine der wichtigsten

Hinterlassenschaften der ersten Muslime wie Omar Ibn Saïd sei der »Triumph des menschlichen Widerstands«, und ergänzt: »Stellen Sie sich vor, Sie sind ein Sklave, der von morgens bis abends Zuckerrohr schneidet oder Baumwolle pflückt, und trotzdem sehen Sie sich als Gelehrten, als religiöse Autorität, als Student, und daher schreiben Sie. Stellen Sie sich vor, Sie richten Schulen ein, um Ihren Kindern Lesen beizubringen, obwohl Sie selbst versklavt sind, und das machen Sie heimlich. Das ist der Triumph des menschlichen Widerstands.« Und dann verweist Diouf auf die Spuren des muslimischen Einflusses in der Musik, den kulturellen Traditionen und im Vokabular Amerikas – bis heute sind sie stark spürbar. So sei zum Beispiel im Blues »der muslimische Sprechgesang, der Gebetsruf hörbar [...]; alles ist da.« Und Zahid Bukhari, Forscher am Center for Muslim-Christian Understanding an der Georgetown University, lässt uns raten: »Fragen Sie Muslime auf der ganzen Welt nach den fünf beliebtesten Muslimen des 20. Jahrhunderts.« Und natürlich hat er gleich die Antwort parat: »Ich bin sicher, dass unter den fünf Genannten zwei Amerikaner wären: Muhammad Ali* und Malcolm X.«

1831 schrieb Omar Ibn Saïd aus dem Gedächtnis ein Kapitel des Korans nieder, und andere Sklaven, andere freigelassene Schwarze transkribierten in Amerika den gesamten Koran. Damit bauten diese Gelehrten Brücken, ohne zu ahnen, wie stark und dauerhaft sie sein würden. Die erstaunliche Rede von Präsident Barack Obama in Kairo am 4. Juni 2009, also gleich zu Beginn seiner Amtszeit, sollte die Bindungen zwischen den USA und einem Teil der muslimischen Welt stärken, die seit den Attentaten vom 11. September 2001 angespannt waren:

Und dieser Kreislauf des Misstrauens und der Zwietracht muss aufhören. Ich bin hierher nach Kairo gekommen, um zwischen den Vereinigten Staaten und den Muslimen weltweit einen Neuanfang zu suchen, einen Anfang auf der Grundlage gegenseitigen Interesses und gegenseitigen Respekts, gestützt auf die Tatsache, dass Amerika und Islam einander weder ausschließen noch konkurrieren müssen. Nein, sie überschneiden sich und haben gemeinsame Prinzipien – Prinzipien von Gerechtigkeit und Fortschritt, Toleranz und der Würde aller Menschen.[3]

Mehrfach wiederholte der Präsident, der Islam sei zu allen Zeiten Teil der amerikanischen Geschichte gewesen.

Noch etwas hätte Omar Ibn Saïd zutiefst befriedigt: Das erste Land, das die Vereinigten Staaten anerkannte, war ein afrikanisches und muslimisches Land, nämlich Marokko. Bei der Unterzeichnung des Vertrags von Tripolis 1796 äußerte der zweite Präsident, John Adams, seine Vorahnung: »Die Vereinigten Staaten hegen keinerlei Feindseligkeit gegen die Gesetze, die Religion oder die Ruhe der Muslime.«[4]

Omar Ibn Saïds Schicksal ist kein Einzelfall. Historiker kennen diverse ähnliche Lebensgeschichten, etwa die von Abu Bakr al-Siddiq, einem gebildeten Mann aus Timbuktu, der in Djenné aufwuchs und nach einem Krieg in Bouna (Elfenbeinküste) in Gefangenschaft geriet; daraufhin wurde er nach Kumasi (Ghana) verschleppt und an britische Sklavenhändler verkauft, die ihn 1805 nach Jamaika verschifften; damals war er etwa 15 Jahre alt. Abu Bakr al-Siddiqs Lebensweg kennen wir aus einem autobiographischen Dokument von 1834, das die Welt der Sahelzone im 18. und 19. Jahrhundert schildert. Abu Bakr al-Siddiq wurde von einem Händler gekauft, der sich seine Schriftkenntnis zunutze zu machen wusste: Der junge Mann führte ihm die Bücher in afro-jamaikanischem Englisch ... und mit arabischen Schriftzeichen! Seine Biographie ist ein wertvolles Zeitdokument; wir erfahren darin, dass Timbuktu, Djenné, Bouna, Bondoukou, Kong oder Borno damals bedeutende muslimische Handels- und Gelehrtenzentren waren, in denen sich diverse Ethnien mischten (Mandinka, Soninke, Songhai, Fulbe, Hausa, Mauren etc.); die verschiedenen Sprachen und Kulturen schufen gemeinsam ein kosmopolitisches Umfeld, das die Mobilität der Bevölkerung förderte. Die These, Afrika sei ausschließlich auf mündliche Überlieferung angewiesen, ist teilweise ein Mythos, der rückblickend konstruiert wurde, um die Kolonisierung zu rechtfertigen.

Ouologuem, Yambo

Der Maler Yambo Ouologuem machte 1968 mit seinem ersten Roman, *Das Gebot der Gewalt,* auf sich aufmerksam. Der Roman des ersten mit dem Prix Renaudot ausgezeichneten afrikanischen Autors wurde Kult und Fluch zugleich.

Yambo Ouologuem, geboren am 22. August 1940 in Bandiagara im Land der Dogon, besuchte in Bamako das Gymnasium und ging 1960 nach Frankreich, um dort an den besten Hochschulen zu studieren (philologisches Grundstudium am Lycée Henri-IV, École normale supérieure in Saint-Cloud, danach ein Studium der Romanistik und Anglistik) und schließlich in Soziologie zu promovieren. Tags war er Gymnasiallehrer in Charenton, nachts Schriftsteller – an seiner Revolution feilte Yambo Ouologuem in aller Ruhe. Niemand ahnte auch nur das Geringste, niemand kannte ihn, weder im Frankreich unter de Gaulle noch anderswo.

In Afrika zerrieben sich die letzten portugiesischen Besitzungen (Angola, Mosambik) in einem langen Bürgerkrieg, befeuert vom Kalten Krieg und den neokolonialen Beutezügen. Nach der Euphorie der Unabhängigkeit, die in vielen Staaten lediglich formal erfolgte, ballten sich über dem restlichen Kontinent immer mehr schwarze Rauchsäulen, weil sich ein Putsch an den anderen reihte.

In den künstlerischen und intellektuellen Kreisen, die häufig tief im politischen Getriebe steckten, herrschte große Desillusionierung. »Adieu, Négritude«, verkündeten im Einklang Senghors* alte Weggefährten und die jungen, ungeduldigen Studenten. Nach diesem symbolischen Vatermord wurde sehr vieles in

Frage gestellt. Diesen Hintergrund bespielte Yambo Ouologuem mit Verve und Talent. Und durchaus nicht ohne Ehrgeiz.

Sein erster Roman ist ein Fresko über acht Jahrhunderte in einem imaginären afrikanischen Reich; er stellt ganz und gar das Bild auf den Kopf, das Europäer und Afrikaner (die verwestlichten wie die islamisierten) auf Afrika projizieren. Er ist ein kolossales Abrissunternehmen, schon die ersten Sätze stimmen darauf ein:

> Unsere Augen trinken gleißende Sonne und wundern sich, besiegt, ihrer Tränen. *Maschallah! Oua bismillah!* [...] Wollte man vom blutigen Abenteuer des Negerpacks berichten – Schande über die Elenden! – brauchte man kaum über die erste Hälfte unseres Jahrhunderts hinauszugehen; doch die wahre Geschichte der Neger beginnt sehr viel früher, mit den Saïfs im Jahre 1202 unserer Zeitrechnung, im afrikanischen Reich Nakem, südlich von Fessan, lange nach den Eroberungszügen des Uyba ibn Nāfi.[5]

Geistliche und weltliche Anführer, Monarchen von gestern oder postkoloniale Pseudofürsten – keine Obrigkeit verschont Yambo Ouologuem in seinem romanesken Furor; Ahmadou Kourouma* wird in *Der letzte Fürst* (1968) ins selbe Horn stoßen. Vollendet wird dieser formale und thematische Bruch zehn Jahre später, wieder im Verlag Éditions du Seuil, von zwei neuen wütenden, revolutionären Stimmen: dem viel zu früh verstorbenen Kongolesen Sony Labou Tansi (*Verschlungenes Leben*, 1979) und dem Guineer Tierno Monénembo (*Les Crapauds-brousse*, 1979, ›Die Dschungelkröten‹), der 2008 den Prix Renaudot erhalten sollte.

Und nach dem Aufstieg folgte der Absturz. 1971 kochte um Ouologuem eine Affäre hoch, als ein amerikanischer Forscher befremdliche Ähnlichkeiten zwischen *Das Gebot der Gewalt* und *Der Letzte der Gerechten* von André Schwarz-Bart aufdeckte, das ebenfalls bei Seuil erschienen war und 1959 den Prix Goncourt erhalten hatte. Wenige Monate später wurden weitere Plagiatsvorwürfe laut. Der Autor wurde an den Pranger gestellt, sein Verleger springt ihm kaum zur Seite. Im Angesicht der Meute veröffentlichte der malische Stilist ein Manifest zu seiner Verteidigung und, unter Pseudonym, einen erotischen Roman. Entmutigt zog Yambo Ouologuem sich schließlich nach Mali zurück, kappte alle Kontakte zur Literaturszene und schließlich zu allem, was ihn an den Westen erinnerte. Er verkroch sich ganz in sich und sprach nie mehr von seinem einstigen Werk. Er schrieb nie wieder. Am 14. Oktober 2017 starb er in Sévaré, Mali. Er wurde 77 Jahre alt.[6]

Pauline (Brief von Patrice Lumumba an seine Frau)

Es handelt sich hier um ein ganz außergewöhnliches Dokument. Es enthält das Vermächtnis eines tragischen Helden, um dessen Tod auf dem gesamten afrikanischen Kontinent bittere Tränen geweint wurden: den letzten Brief an seine Frau Pauline. Zur Erinnerung: Ende November 1960 wurde der große kongolesische Held Patrice Lumumba auf der Flucht in die Provinz Kasaï, die unter der Kontrolle seiner Anhänger stand, in Katanga gefangen genommen. Aus dem Gefängnis schrieb er seiner Frau Pauline. Am 17. Januar 1961 wurden Patrice Lumumba und zwei seiner Weggefährten, Maurice Mpolo und Joseph Okito, gefoltert und getötet. Er war 35 Jahre alt.

Meine geliebte Gefährtin,
ich schreibe dir diese Worte, obwohl ich nicht weiß, ob sie dich erreichen werden, wann sie dich erreichen werden und ob ich noch lebe, wenn du sie liest. Während meines gesamten Kampfes für die Unabhängigkeit meines Landes habe ich nie auch nur einen Augenblick daran gezweifelt, dass die heilige Sache, der meine Gefährten und ich unser ganzes Leben verschrieben haben, am Ende den Sieg davontragen wird. Doch was wir für unser Land wollten: das Recht auf ein ehrbares Leben, eine unbefleckte Würde, eine uneingeschränkte Unabhängigkeit – alles das haben die belgische Kolonialmacht und ihre Verbündeten (mit der direkten und indirekten,

überlegten und unüberlegten Beihilfe von einzelnen hohen Vertretern der Vereinigten Nationen, der Institution, in die wir unser ganzes Vertrauen setzten, als wir um ihre Unterstützung baten) nie gewollt.

Sie haben einzelne unserer Mitbürger bestochen, sie haben dazu beigetragen, die Wahrheit zu entstellen und unsere Unabhängigkeit zu besudeln. Was soll ich sonst dazu sagen? Ob ich sterbe, lebe, frei bin oder im Gefängnis auf Befehl der Kolonialisten – auf meine Person kommt es nicht an. Wichtig ist der Kongo, unser armes Volk, dessen Unabhängigkeit sie in einen Käfig verwandelt haben, in dem sie uns von außen betrachten, manchmal mit diesem wohlmeinenden Mitleid, manchmal mit Freude und Vergnügen. Doch mein Glaube bleibt unerschütterlich. Ich weiß und spüre tief in mir, dass mein Volk früher oder später all seine inneren und äußeren Feinde abschütteln wird, dass es sich erheben wird wie ein Mann, um dem entwürdigenden, schändlichen Kapitalismus einen Riegel vorzuschieben und um unter einer reinen Sonne seine Würde wiederzuerlangen.

Wir sind nicht allein. Afrika, Asien und die freien und befreiten Länder überall auf der Welt werden immer an der Seite der Millionen Kongolesen stehen, deren Kampf erst endet, wenn es in unserem Land keine Kolonialisten oder deren Söldner mehr gibt. Meinen Kindern, die ich zurücklasse und vielleicht nie wiedersehe, sollt ihr sagen: Die Zukunft des Kongo ist schön, und das Land erwartet von ihnen wie von allen Kongolesen, dass sie die heilige Pflicht erfüllen, unsere Unabhängigkeit und unsere Souveränität wieder herzustellen, denn ohne Würde gibt es keine Freiheit, ohne Gerechtigkeit gibt es keine Würde, und ohne Unabhängigkeit gibt es keine freien Menschen.

Weder Brutalität noch Grausamkeit oder Folter haben mich je dazu gebracht, um Gnade zu flehen, denn lieber will ich erhobenen Hauptes und im unerschütterlichen Glauben und vollen Vertrauen in die Zukunft meines Landes sterben,

als in Unterwürfigkeit und Verachtung der heiligen Grund-
sätze weiterzuleben. Eines Tages wird die Geschichte sprechen, aber es wird nicht die Geschichte sein, die in Brüssel,
Washington, Paris oder bei den Vereinten Nationen gelehrt
wird, sondern in den Ländern, die sich vom Kolonialismus
und seinen Marionetten befreit haben. Afrika wird seine eigene Geschichte schreiben, und das wird nördlich wie südlich
der Sahara eine Geschichte von Ruhm und Würde sein. Wei-
ne nicht um mich, meine Gefährtin. Ich weiß, mein Land, das
so viel leidet, wird seine Unabhängigkeit und seine Freiheit
zu verteidigen wissen.

Es lebe der Kongo! Es lebe Afrika![1]

Présence Africaine

Présence Africaine (›Afrikanische Gegenwart‹) ist der Name
einer Zeitschrift sowie eines Verlags in der Rue des Écoles im
5. Arrondissement von Paris. Die Zeitschrift wurde 1947 von
Alioune Diop gegründet, einem echten Mittler der afrikanischen
Kulturen. Ging es darum, den afrikanischen Stimmen weltweit
Gehör zu verschaffen, führte an ihm kein Weg vorbei. Die Zeitschrift *Présence Africaine* kann seit ihrer Gründung auf äußerst
namhafte, gar nicht ausschließlich afrikanische Mitarbeiter
zählen: Auch dank der Beiträge von André Gide, Albert Camus,
Richard Wright oder Michel Leiris wurde die Zeitschrift zu einer
der angesehensten Plattformen für die Kulturen der schwarzen
Welt.

Der 1949 gegründete Verlag vereint die grundlegenden
Schriften der schwarzafrikanischen Literatur und Philosophie.
Die erste Veröffentlichung war die *Bantu-Philosophie: Ontologie
und Ethik* des Missionars Pater Placide Tempels. Zahllose Texte
aus dem Verlag sind Klassiker geworden: *Zurück ins Land der Geburt* und *Über den Kolonialismus* von Aimé Césaire*, *Nations*

nègres et culture (›Schwarze Nationen und Kultur‹) von Cheikh Anta Diop*. Seit dem Tod von Alioune Diop 1980 leitet den Verlag seine Frau Yandé Christiane Diop; er residiert weiterhin im legendären Haus in der Rue des Écoles und hat einige aktuelle Stimmen im Programm, darunter etwa Fatou Diome, Daniel Biyaoula und Alain Mabanckou.

Quinquéliba (oder Kinkéliba)

Quinquéliba (oder Kinkéliba)

Das Streben nach dem ewigen Leben ist und bleibt eines der beliebtesten Abenteuer der Menschheit. Quinquéliba ist eine Pflanze aus der Ordnung der Myrtenartigen, deren getrocknete Blätter in vielen Ländern wie Burkina Faso, Gambia, Mali, Senegal und selbst in der Zentralafrikanischen Republik zur Zubereitung von Tee genutzt werden – sein Spitzname lautet übrigens »Langes-Leben-Tee«. Abgesehen davon, dass dieses Getränk für Fastenzeiten empfohlen wird, soll es auch Heilkräfte besitzen, besonders zur Behandlung von Verstopfung, Gewichtsverlust oder zur Regelung des Blutdrucks.

Ruanda (Genozid an den Tutsi)

1994 war ein grauenhaftes Jahr für Afrika, denn es ist das Jahr des Völkermords in Ruanda. Über eine Million Menschen fielen ihm zum Opfer; es war einer der letzten Genozide des 20. Jahrhunderts. Die Hutu verbündeten sich gegen die Tutsi in einem Hass, der einer westlichen Ideologie entsprang – sie hatte die angeblich höherwertigen Schwarzen (Tutsi) den angeblich minderwertigen Schwarzen (Hutu) gegenübergestellt.

Die Massaker der Hutu an den Tutsi schrieb man zunächst der angeblichen Barbarei der »afrikanischen Natur« zu. Das erklärt zu großen Teilen die Zurückhaltung der internationalen Gemeinschaft, die sich erst nach langem Zögern dazu durchringen konnte, das Wort »Völkermord« in den Mund zu nehmen, obwohl vor Ort zahlreiche Beobachter immer dringlicher auf die sich zuspitzende Situation hinwiesen. Heute zeigen Texte von Überlebenden, von Journalisten, Historikern und »engagierten« Schriftstellern das Ausmaß dessen, was Jean-Pierre Chrétien damals als »tropischen Nationalsozialismus«[1] bezeichnete.

Warum dauerte es vier Jahre (bis 1998), bis die afrikanischen Schriftsteller dieser »Erinnerungspflicht« nachkamen? Dann nämlich erschienen mehrere Werke – am bedeutendsten die von Tierno Monénembo (*L'Aîné des Orphelins*, 2000, ›Der Älteste unter den Waisen‹), Abdourahman Waberi (*Schädelernte*, 2000) und Boubacar Boris Diop (*Murambi: Das Buch der Gebeine*, 2000). Doch während der Massaker gab es keine gewichtige Stimme, die sich erhoben oder Gehör verschafft hätte. Alle warteten wir auf das Eingreifen der Anderen, des Westens. Und unterdessen gingen die Massaker weiter. So betrachtet glich die späte Reaktion der afrikanischen Intellektuellen und Schriftsteller einer post mortem verabreichten Arznei. Damit brachte dieser Völkermord die Machtlosigkeit des angeblichen afrikanischen Bewusstseins zutage. Die Moralpredigten nach dem Völkermord waren genauso blamabel wie die beobachtende Haltung, die die Afrikaner selbst offenbar einnahmen. Wahrscheinlich liegt darin unsere Schuld und indirekt unsere »Beihilfe ohne Tötungsabsicht«, falls diese aufgeblasene Formulierung unser Gewissen irgendwie beruhigen kann. In unserem Schweigen oder unserer viel zu langsamen Reaktion.

Rumba (kongolesische)

Mit ihren Wurzeln in der kubanischen Rumba der 1930er Jahre ist die kongolesische Rumba ein gutes Beispiel für den kulturellen Austausch zwischen Karibik und Afrika. Die kubanische Rumba ist in den beiden Kongo-Staaten nicht etwa zufällig ›vom Himmel gefallen‹. In den 1930er Jahren förderte der Frachtverkehr an den afrikanischen Küsten den Austausch zwischen Afrikanern und den kubanischen Matrosen, und mit der Musik, die sie mitbrachten, konnte man sich vor Ort gut anfreunden; die Leute erkannten sich darin wieder, als hätte unsere Musik sich auf die Reise in ferne Länder gemacht und wäre mit neuen Tönen, neuen Akzenten zu uns zurückgekehrt. So ergoss sich also diese kubanische Musik über die afrikanischen Küsten, besonders in Léopoldville (heute Kinshasa) und Brazzaville.

Die beiden kongolesischen Staaten sollten zu Bastionen dieser kubanischen Rumba werden, mit lokalen Abwandlungen der musikalischen Struktur auf der Solo-Gitarre, deren helle Klänge wie von selbst in die Beine gingen.

Seit den Vorreitern wie Grand Kallé, dem Komponisten von »Indépendance Cha Cha«*, ist viel Zeit vergangen, und die kongolesische Rumba hat sich ebenfalls grundlegend gewandelt; die neue Generation verkörpern heute lautstarke neue Stimmen wie zum Beispiel JB Mpiana, Wera Son, Papa Wemba, Koffi Olomidé und Roga-Roga.

Typisch für die allerersten Lieder der kongolesischen Rumba waren romantische Schwärmereien und Sprechgesänge, die um ein unerschöpfliches Thema kreisten: die Liebe. Der Text, der in einem gehobenen Lingala verfasst war, enthielt damals nur vereinzelte aus dem Französischen abgeleitete Wörter. Prägendes Mitglied der Band TPOK Jazz um Franco Luambo Makiadi war zeitweise der Künstler Simaro, genannt »der Dichter«. Seine Lieder umkreisten zeitlose Themen (Tod, Liebe, Geld, Armut) – siehe etwa seine berühmten Titel »Kadima«, »Diarrhée verbale« oder »Mbongo«.

Die Hochburg der Rumba war von den späten 1960er bis in die 1980er Jahre die zairische Hauptstadt Kinshasa mit TPOK Jazz (kurz für *Tout Puissant Orchestre Kinois de Jazz,* ›allmächtiges Jazzorchester von Kinshasa‹) und Afrisa International um Tabu Ley, den Vater des französischen Rappers Youssoupha. Doch auch Brazzaville sprudelte vor bemerkenswerter musikalischer Aktivität, vor allem mit der Band Les Bantous de la Capitale samt ihren Frontmännern Jean-Serge Essous, Pamélo Mounka, Kosmos Moutouari, Pierre Moutouari, Youlou Mabiala, Loko Massengo, Michel Boyibanda und anderen.

Dabei konkurrierten die beiden Hauptstädte nicht etwa, sondern befruchteten sich in ihrer künstlerischen Zusammenarbeit gegenseitig. Viele der Musiker aus Brazzaville hatten ihre ersten Schritte in Kinshasa gemacht (Youlou Mabiala, Michel Boyibanda …), und mehrere der Künstler aus Kinshasa spielten in oder gründeten gar Orchester in Brazzaville (zum Beispiel Ricardo Lemvo).

Als Reaktion auf das unausgesprochene Drängen der Discos, der kongolesischen Clubs und sogar einiger afrikanischer Hauptstädte, in denen Lingala nicht geläufig ist, legen die Sänger heute nicht mehr so viel Wert auf den Text, der in den Klassikern lange

Dreh- und Angelpunkt war, etwa in »Indépendance Cha Cha« von Grand Kallé, in »Mokolo na kokufua« und »Nzalé« von Tabu Ley, »Chérie Kamikaze« und »Petit Chéri« von Youlou Mabiala oder in »Mario« und »Mamou« von Franco.

Die neue Generation überlässt den Text meist der Improvisation eines Master of Ceremonies, des »Atalaku« – die berühmtesten sind (oder waren) in den beiden Kongos Mbochi Lipasa, »CNN«, Dolce Parabolique, Roi David, »Bill Clinton«, Bébé Kérosène, Tutu Kaludji und Kila Mbongo.

Der verkümmerte Text der Atalakus beschränkt sich manchmal auf eine Aufzählung von Eigennamen: Stars, Politiker, alle möglichen *Sapeurs* (vgl. Sape*) aus der Pariser oder Brüsseler Szene. Dieses Phänomen bezeichnet man als *générique* (›Abspann‹); es entsteht immer seltener aus musikalischem Interesse heraus und ist inzwischen ein reiner Wirtschaftsfaktor. Unternehmen nutzen es für ihre Werbung, so etwa Import-Export-Firmen (Kin Service Express, Kin Fret Service) oder Geldtransferdienste wie Western Union, indem sie die Konzerte kongolesischer Musiker sponsern.

Dieses Phänomen markiert einen Wendepunkt, denn viele kongolesische Musiker wussten vorher gar nicht, dass Werbung immer einen monetären Gegenwert hat. So bewarb Ende der 1970er und bis Ende der 1980er Jahre Papa Wemba in seinen Alben noch gratis mehrere europäische Modedesigner (Armani, Boulevard, Comme des Garçons, Firenze, Gianni Versace, Gianfranco Ferré usw.) oder Luxusschuhmarken wie J. M. Weston, Church's oder Dr. Martens.

Im Übrigen ist das Eindringen des Französischen in die kongolesische Musik heute nicht mehr nur auf den Titel beschränkt; nicht selten halten sich die Sprache Voltaires und die des Rumba-Urgesteins Wendo Kolosoy inzwischen die Waage! Natürlich leben auch die meisten kongolesischen Musiker dieser neuen Generation irgendwo zwischen Kinshasa, Brazzaville, Brüssel und Paris und haben in Europa manchmal eigene Orchester: Soukous Stars etwa, eine der bekanntesten Bands, wurde 1989 von den Gitarristen Dally Kimoko und Lokassa Ya Mbongo, dem Bassisten Ngouma Lokito sowie den Sängern und Songwritern Ballou Canta, Zitany Neil und Shimita gegründet.

Und selbst wenn es ein bisschen drollig wirkt: Jeder kongolesische Künstler, egal aus welchem der beiden Länder, wird sich in jedem seiner Lieder selbst zum Besten, Umschmeicheltsten, Beliebtesten erklären. Dieser Personenkult ist prägend für den ganzen Song, und manche sind durchweg nichts anderes als Loblieder auf den Hauptstar. Vom Eigenlob im Lied freilich ist es bis zu persönlichen Angriffen häufig nur noch ein kleiner Schritt. Obendrein heizen die kongolesischen Fans die Rivalitäten noch an, so dass Letztere in den Texten immer mehr Raum einnehmen. Diese Rivalität ist heute einer der Punkte, die die Fangemeinde spalten. Gelegentlich ist es ihretwegen sogar schon mitten in Paris zu Raufereien gekommen.[2]

S

Sanglot de l'homme noir (Le)

Le Sanglot de l'homme noir (›Das Schluchzen des schwarzen Mannes‹) ist ein gesellschaftspolitisches Sachbuch, das Alain Mabanckou 2012 bei Fayard veröffentlichte. Sein Titel ist angelehnt an *Das Schluchzen des weißen Mannes* von Pascal Bruckner (1983). Der Text befasst sich mit der Wahrnehmung der Zuwanderung in Frankreich, dem Leidensweg der Immigranten; vor allem aber fordert er die Schwarzen in Frankreich mit Nachdruck auf, ihr Schicksal selbst in die Hand zu nehmen, nicht in ihrer Identität zu verharren und sich nicht dazu verleiten zu lassen, dem pessimistischen Narrativ von einem an die Hautfarbe gebundenen Fluch anzuhängen.

Sankara, Thomas

Thomas Sankara? Die Jugend hat seinen Namen schneller parat als Lucky Luke seinen Revolver. Wie soll ich dir, mein Freund, meine Freundin, diese Geschichte erzählen, wenn sie dir noch nicht zu Ohren gekommen ist? Eines ist jedenfalls sicher. Du wirst alle Schattierungen von Gefühlen durchmachen – von Trauer über Angst und Freude bis zur Wut –, wenn du ihr ein bisschen Aufmerksamkeit schenkst. Erinnerst du dich an den denkwürdigen Abend des 4. August 1983? Es war ein Abend der Ausgelassenheit, voller Jubel und Hoffnung, wie man sie in einem Leben oder einem Jahrhundert in Afrika nur sehr selten erlebt. Ein Mann erhob sich unter den Militärs. Mit seinen Gefährten übernahm er mit Waffengewalt die Macht, verjagte die korrumpierte Clique, die sein Land bisher regierte. Dieser Mann, äußerlich bescheiden, aber gesegnet mit strahlendem Charisma und überbordender Energie, hieß Thomas Noël Isidore Sankara. Eigentlich hatte er nichts als seinen feurigen Glauben, sein zauberkräftiges Wort und seinen legendären Mut. Kaum an der Macht, ging er mit revolutionären Methoden daran, alles zu verändern. Obervolta, das Land, das Schützen lieferte und Arbeitskräfte für die Plantagen der Elfenbeinküste, existiert nicht mehr. Es lebe Burkina Faso, das »Land der integren Menschen«!

Natürlich wird der schwarze Prophet auf halbem Weg zur Strecke gebracht werden. Blaise Compaoré, sein Freund und die Nummer zwei in der Militärhierarchie, wird ihn verraten. Und die Götter, im Einklang mit der von den Ahnen ererbten Erde, werden nach Rache rufen. 27 Jahre später wird der Treubrüchige von der Macht verjagt werden. Und in den Nächten von Ouagadougou geht das Gespenst von Thomas Sankara um.

Mindestens einmal hast du diese moderne Tragödie schon gehört, sagst du. Das wundert uns nicht. Es ist die Geschichte von Patrice Émery Lumumba, dem Märtyrer des Kongo. Es ist die Geschichte von Amílcar Cabral, dem Helden von Guinea-Bissau. Es ist die Geschichte von Thomas Sankara. Denn ja, mein Freund, meine Freundin, in Afrika wiederholt sich die Geschichte!

Sape

Es soll Menschen geben, für die die SAPE einfach nur eine Bewegung junger Kongolesen ist, die sich mit ostentativem Luxus kleiden. Doch weit gefehlt: Die urbane Kultur der *Société des Ambianceurs et des Personnes Elégantes* (›Gesellschaft der Stimmungsmacher und eleganten Menschen‹), die zunächst an beiden Ufern des Kongo-Flusses aufkam, geht weit über einen extravaganten Kleidungsstil mit bunten Farben hinaus. Fragt man ihre Anhänger, die *Sapeurs*, so ist die Sape eine Körperästhetik, eine andere Art, die Welt zu betrachten – und in gewissem Sinn auch die soziale Forderung einer nach Orientierung suchenden Jugend. So wird also der Körper zum Ausdruck eines Lebensstils. Man muss dafür Krawatten binden können, einen bestimmten, etwas schlenkernden Gang beherrschen, die Backen aufblasen – der Sapeur sagt »Luft pumpen« –, und so weiter. Wer die Bedeutung dieser Gesten nicht erfasst, gehört nicht zum »Milieu«, und die Sapeurs bezeichnen ihn als »lahmen Stier«. Denn eben auf den Pep kommt es an, auf das gewisse Etwas, das jeden Anzug, sobald er von einem Sapeur getragen wird, in eine »andere Dimension« hebt. Wie sagen die Sapeurs: Dann steckt doch einen lahmen Stier in einen Anzug von Francesco Smalto oder Gianni Versace – das kann gar nichts anderes als ein Fiasko werden! Ein Kleidungsstück trägt man nicht einfach blindlings drauflos. Es gehört immer eine Haltung, ein Gestus dazu. Alles ist Berechnung, es gilt noch das kleinste Detail hervorzuheben, das dem Sapeur ein Quäntchen mehr Eleganz verleiht, seinen Körper noch ein bisschen wertiger macht. Denn nicht die Kleider machen den Sapeur, sondern sein gewisses Etwas. Lernen kann man das durch Beobachtung; und auch diese Beobachtung folgt wiederum bestimmten »Riten«. Bestimmt ist das der Grund, weshalb man bei der Sape im Kongo von einer »Religion« spricht, der berühmten *religion ya kitendi* (wörtlich ›Religion vom Stoff‹). Dem Kleiderkult zu huldigen, gibt dem Sapeur das Gefühl, die Welt zu überragen, sich von der »Masse« abzuheben und zu ihrem Anführer zu werden. Ja, für den Sapeur machen Kleider definitiv Leute ...

Man könnte in der Modekunst der Kongolesen zwei sehr gegensätzliche Trends unterscheiden: Authentizität und Sape. Für den Sapeur gibt es keine Authentizität, denn die Sape streitet dem »Lokalen« jeglichen Wert ab, sie predigt den Gedanken der Überfahrt, der Reise nach Europa, wo man sich aufhält, sich mit Markenkleidung ausstattet, um dann im Triumph in die Heimat zurückzukehren, nach einer vollständigen Metamorphose des Körpers. Diese Rückkehr ins Land der Geburt ist eine ganz andere als die, die der berühmte martinikanische Dichter Aimé Césaire* besang. Die Sape ist die Antithese der traditionellen afrikanischen Vorstellung vom Schönen, die in den lokalen Stoffen liegt, der Eleganz der Ahnen. Der Sapeur ist, übrigens ganz wie die Autoren der Négritude-Bewegung, überzeugt, dass er die Kolonisatoren mit ihren eigenen Waffen schlägt: Die Kleider, die sie genäht haben, diese Kleider, die sie nicht zu tragen wissen, weiß er, der Sapeur, hingegen ins rechte Licht zu setzen. Eleganz ist damit »schwarz«. Und eben darin entspricht die Sape-Bewegung indirekt den Zielen der afrikanischen Literatur aus der Kolonialzeit – oder sogar der Postkolonialzeit –, als afrikanische Autoren sich durch ihre Fähigkeit auszeichneten, die europäischen Meister zu übertreffen, zu zeigen, dass sie die französische Sprache besser beherrschten als die Franzosen selbst.

Die Sape wird manchmal als eine der Folgen der Kolonisierung wahrgenommen – und um dieser Interpretation zuvorzukommen, erklären viele Sapeurs, ihre Bewegung sei bereits vorkolonialen Ursprungs und gehe auf die ferne Zeit zurück, in der unsere Vorfahren im Königreich Kongo ihre traditionellen Trachten aus Raphiabast zur Schau trugen. Mag sein – aber warum zelebriert man dann nicht eben diese traditionelle Eleganz? Ein Rätsel.

Die zweite Tendenz dieser Modekunst könnte man als »Politik der Rückkehr zur Authentizität« bezeichnen, um den Begriff des Diktators Mobutu Sese Seko zu zitieren; er prägte ihn bei einer Rede, die den Bewohnern beider Seiten des Kongo-Flusses noch gut im Gedächtnis geblieben ist. Der Präsident definierte damals die Rückkehr zum Ursprung wie folgt:

»Was ist das, eine Politik der Rückkehr zur Authentizität? Ganz einfach: dass wir uns künftig kategorisch weigern, uns als beglaubigte Kopien zu verstehen! Das heißt, wir können im Namen der Revolution nicht mehr hinnehmen, dass wir auf diesem Kontinent afrikanische Franzosen, afrikanische Belgier, afrikanische Amerikaner, afrikanische Italiener sind, sondern wir sind authentische Afrikaner!«

Wenn einige Sapeurs also zähneknirschend einräumen, dass die Sape ihren Ursprung in der Aufmachung der Kolonialisten nimmt – immer wie aus dem Ei gepellt und nie ohne Tropenhut –, bestätigen sie damit den Gedanken einer kulturellen Entfremdung, einer Auslöschung des afrikanischen Wesens, das zur Marionette des ehemaligen Kolonialherrn wird. Ein Schwarzer hinter der weißen Maske ...

Schwarz und Weiß

Albert Londres' Reportage *Schwarz und Weiß: Die Wahrheit über Afrika* erschien zunächst 1928 in der Tageszeitung *Le Petit Parisien* und im Folgejahr in Buchform bei Albin Michel. Der französische Autor und Journalist legte damit das damals eindringlichste Zeugnis über die angebliche afrikanische »Finsternis« ab. Als Londres beschloss, für vier Monate nach Afrika zu gehen, musste er nicht nur lernen, mit den Beamten des 1894 gegründeten Kolonialministeriums umzugehen, sondern auch mit den kleinen Funktionsträgern der 1919 eingerichteten Agence générale des colonies. Deren quasi göttlicher Auftrag bestand darin, ein ideales Bild der imperialistischen Heldentaten zu zeichnen, in dem die Weißen als Führer vorangehen sollten, die afrikanischen Massen ihnen lächelnd zu folgen hatten und quer durch diese ideale Welt Brücken, Straßen und Hafenmauern dem Afrika von morgen den Weg bereiteten. Im Kongo war der Bau der Eisenbahn, der 1800 Kolonisierte das Leben kosten sollte, in vollem Gang. *Schwarz und Weiß* zeugt von Londres' Mut und Objektivität, wenn er die Zwangsarbeit anprangert, im Grunde eine neue Form der Sklaverei, die Frankreich in seinen Kolonien fortführte. Diese Kongobahn, die die afrikanischen Wälder durchschneiden sollte, um die Bodenschätze Afrikas über den Ozean in die weite Welt zu verschiffen, wurde damit zum Symbol schlechthin für die Ausbeutung des afrikanischen Kontinents durch die Kolonisatoren.[1]

»Schwarze Frau«

»Schwarze Frau« ist ein Gedicht von Léopold Sédar Senghor*, das 1945 in der Sammlung *Chants d'ombre* (›Schattengesänge‹) veröffentlicht wurde, einer echten Hommage an die schwarzen Kulturen. Es ist gewiss derjenige Text Senghors, der wirklich in die Geschichte eingegangen ist. Der lyrische Überschwang dieses Mannes aus der Küstenstadt Joal, die Sinnlichkeit seines Gedichts und dessen spirituelle Dimension verzauberten ganze Generationen von Gymnasiasten, darunter Ihre ergebenen Autoren. Glaubt man der Feder dieses Serers, ist Afrika ein »gelobtes Land« mit weiblichen Konturen, während die Gedanken der Négritude-Bewegung – die dem Dichter so teuer war – offenbar aus einem Quell mit der Rede von der Farbe, der Schönheit, der Nacht oder auch dem unerbittlichen Willen zum Widerstand gegen die Zeit entspringen.

> Nackte Frau, schwarze Frau
> Gekleidet in deine Farbe die Leben, in deine Form die
>   Schönheit ist!
> In deinem Schatten bin ich aufgewachsen, deine sanften
>   Hände verbanden mir die Augen.

Und da entdecke ich dich im Herzen des Sommers, des Mit-
tags, gelobtes Land, hoch von der Höhe versengten Passes
Und deine Schönheit trifft mich ins Herz wie der Blitz eines
Adlers.

Nackte Frau, dunkle Frau
Reife Frucht mit festem Fleisch, düstere Ekstasen des
schwarzen Weines, Mund, der meinen Mund zum Singen
bringt,
Savanne mit klarer Ferne, Savanne, du zitterst im feurigen
Kosen des Ostwinds,
Geschnitztes Tam-Tam, gespanntes Tam-Tam, du tosest
unter den Fingern des Siegers
Und deine schwere Altstimme ist der Festgesang des
Geliebten.

Nackte Frau, dunkle Frau
Öl, das kein Lufthauch kräuselt, stilles Öl auf athletischen
Flanken, den Flanken der Fürsten von Mali,
Gazelle mit himmlischen Fesseln, die Perlen sind Sterne auf
der Nacht deiner Haut,
Verzückte Spiele des Geistes sind die Reflexe von rotem
Gold auf dem Glanz deiner Haut.
Im Schatten deiner Haare erhellt meine Angst sich, nah
deinen Sonnenaugen.

Nackte Frau, schwarze Frau
Ich besinge deine vergängliche Schönheit, hefte die Form
ins Ewige
Ehe das eifersüchtige Schicksal zu Asche dich macht, um die
Wurzeln des Lebens zu nähren.

Senghor, Léopold Sédar

Léopold Sédar Senghor überspannt ein Jahrhundert literarischer, kultureller und politischer Geschichte. Er prägte mehrere Kontinente, insbesondere das Afrika seiner Herkunft und das Europa seines Lebensabends. Senghor verkörpert ein außergewöhnliches Schicksal in seinem Jahrhundert; ein kleiner schwarzer Junge aus dem Kolonialreich, der beinahe Priester geworden wäre und dessen Stern am Firmament seiner Zeit erstrahlen sollte.

Senghor wurde am 9. Oktober 1906 im senegalesischen Joal geboren, der Wiege seiner Familie an der Petite-Côte im Land der Serer, in der magischen Welt, dem später so viel besungenen »Königreich der Kindheit«; er starb am 20. Dezember 2001 in Verson bei seiner Schwiegerfamilie in der Normandie. Sein Begräbnis fand am 29. Dezember 2001 in Dakar statt, wo er auf dem Friedhof Bel-Air an der Seite seines Sohns Philippe-Maguilen ruht.

Es ist beileibe nicht einfach, Senghors Jahrhundert in ein paar Daten zusammenzufassen, mit seinen hellen und seinen dunklen Momenten, den Beulen und den Schrammen. 1928 traf er in Paris ein, besuchte das renommierte Lycée Louis-le-Grand, wo er Georges Pompidou ebenso begegnete wie einem Großteil der damaligen Intellektuellen. 1934 gründete er mit dem aus Martinique stammenden Studenten Aimé Césaire* eine bescheidene Studentenzeitschrift, *L'Étudiant noir* (›Der schwarze Student‹), von der nur eine einzige Ausgabe erschien; doch damit war die Négritude-Bewegung in die Welt gesetzt. Im Mund dieser jungen schwarzen Dichter wurde die Beleidigung schlechthin, das Wort *nègre*, zur Losung, zur Kampfparole, zum Erkennungsmerkmal. Ein Jahr später bestand Senghor als erster Schwarzer die akademische Lehramtsprüfung der Agrégation. Was für ein Symbol für die Fürsprecher der französischen Assimilationspolitik! Er wurde Lehrer, geriet im Zweiten sogenannten Weltkrieg in Kriegsgefangenschaft, ging 1945 in die Politik. Er verfasste, natürlich neben vielen anderen Denkern, in den 1950er und 1960er

Jahren die Glanzstücke der Négritude-Bewegung und wirkte mit an der Gründung und Konsolidierung des Verlags Présence Africaine* seines Landsmanns Alioune Diop sowie an den beiden internationalen Kongressen für schwarze Autoren und Künstler (Sorbonne, Paris 1956 und Rom 1959). Danach wurde er von September 1960 bis Dezember 1980 Staatschef in seinem Heimatland Senegal, begann ab 1974 mit der Anerkennung des Mehrparteiensystems dessen demokratische Öffnung, trat aus freien Stücken vom Präsidentenamt zurück und erhielt 1984 den Ruf unter die »Unsterblichen« der Académie Française.

Dieser schnelle Abriss erzählt nicht besonders viel von Senghors vielen Facetten, von dem Dichter, dem Gläubigen, dem Essayisten, dem Herold der Négritude, dem hellenistischen Ästheten, dem Verfechter des multikulturellen Métissage (der für seine Abstammung und seinen aus dem Portugiesischen abgeleiteten Nachnamen einstand – Senghor kommt von *senhor*, dem Wort für ›Herr‹ oder ›Mann‹), dem Botschafter der Frankophonie und so weiter. Über das Werk von Léopold Sédar Senghor ist viel geschrieben worden; Beweihräucherung und Anfeindung halten sich dabei die Waage. Die frankophone afrikanische Elite tat sich immer schwer mit dieser omnipräsenten Gestalt und mit seinem unermesslichen Werk. Man war für Senghor oder gegen ihn. Letzteres war in den 1970er Jahren gar eine Mode bei den jungen Intellektuellen, die sich mit dem strauchelnden Marxismus dieser Zeit befassten.

Er war Dichter und Politiker, ein Dichter-Präsident, dem aber auch einige Abhandlungen und politische Schriften zuzuschreiben sind. Sein Hauptwerk ist und bleibt, wie er selbst es an seinem Lebensabend sagte, sein dichterisches Werk. Die überwiegend bei Seuil erschienenen Bände füllen ein Regal: *Chants d'ombre*, 1945 (›Schattengesänge‹); *Hosties noires*, 1948 (›Schwarze Hostien‹); *Éthiopiques*, 1956 (›Äthiopika‹); *Nocturnes*, 1961 (›Nachtgesänge‹); *Lettres d'hivernage*, 1973 (›Winterbriefe‹); *Elégies majeures suivies de Dialogue sur la poésie francophone*, 1979 (›Große Elegien, gefolgt von Dialog über die frankophone Dichtung‹); und natürlich die wirkmächtige Anthologie, die er bereits 1948 zusammengestellt hatte: *Anthologie de la nouvelle poésie nègre et malgache de langue française* (PUF) mit einem klangvollen Vorwort von Jean-Paul Sartre unter dem Titel »Orphée noir« (›Schwarzer Orpheus‹).

Und trotz seiner Schattenseiten, seiner ideologischen Widersprüche, seiner politischen Fehler besaß Senghor die Eleganz, sein Leben als Kunstwerk zu leben. Auch das ist ein Markenzeichen der ganz Großen.

Sharif, Omar

Den Hinweis verdanken wir Google: Am 10. April 2018 erschien ein Google Doodle zu Ehren des wohl berühmtesten afrikanischen Schauspielers: des Ägypters Omar Sharif. Der Mann mit dem ewigen Lächeln und dem zeitlosen Schnurrbart wurde am 10. April 1932 in Alexandria geboren. In seiner Geburtsurkunde steht der Name Michel Dimitri Chalhoub.

Seine lange, ruhmreiche Karriere begann Anfang der 1950er Jahre in Ägypten. Seine besten Rollen gaben ihm britische und amerikanische Regisseure. Er brillierte in großen Filmen wie *Lawrence von Arabien* (1962) oder *Doktor Schiwago* (1965). Der Ausnahmeschauspieler war ein frühes Sprachenwunder – er beherrschte Arabisch, Englisch, Französisch, Spanisch und Italienisch –, und unter seinen unzähligen Preisen finden sich drei Césars und drei Golden Globes. Um der schönen Augen der ägyptischen Schauspielerin Faten Hamama willen trat er zum Islam über; er heiratete sie 1955. Nach ihrer Trennung 1974 verließ Omar Sharif für einige Zeit Ägypten, kehrte dann aber in die afrikanische Heimat zurück, die sein Nährboden gewesen war. Sein Markenzeichen war die Zigarette im Mundwinkel – angeblich rauchte der Schauspieler täglich 100 Stück. Am 10. Juli 2015 erlag er in Kairo einem Herzinfarkt; er wurde 83 Jahre alt.

Sow, Ousmane

Es ist unvergessen, wie vom 20. März bis zum 20. Mai 1999 der aus Senegal stammende Bildhauer Ousmane Sow in der französischen Kunstwelt Schlagzeilen machte. Alle Medien überschlugen sich im Lob für seine Ausstellung auf dem Pariser Pont des Arts – eine große Revolution in der Geschichte der afrikanischen Kunst.

Ousmane Sow (1935–2016) begann schon als Kind in Dakar mit der Bildhauerei. Dennoch konzentrierte er sich erst sehr spät ganz auf seine Kunst – im reifen Alter von 50 Jahren. Vorher war er Physiotherapeut und stellte die Kunst fast ganz hintan. Bis 1987 war er völlig unbekannt, dann aber fand auf Anregung des französischen Kulturinstituts in Dakar seine erste Ausstellung statt. Es folgte seine Mitwirkung an der Documenta in Kassel, und auf der Biennale in Venedig waren 1995 zwei seiner Skulpturen zu entdecken: der *Nouba assis* (»Sitzender Nuba‹) und der *Nouba debout* (»Stehender Nuba«).

Ousmane Sow arbeitete in der Stille und Zurückgezogenheit seines Hauses in Dakar. 1984 schuf er *Les Nouba* (›Die Nuba‹), 1989 *Les Masai* (›Die Massai‹), 1990 *Les Zoulou* (›Die Zulu‹), 1993 *Les Peul* (›Die Fulbe‹), und 1998 *La bataille de Little Bighorn* (›Die Schlacht von Little Bighorn‹). Letzteres Werk umfasste bei der Ausstellung in Dakar 35 Einzelfiguren, und die Ausstellung auf dem Pont des Arts sogar doppelt so viele!

Das französische Publikum konnte die über zwei Meter hohen monumentalen Skulpturen aus nächster Nähe bewundern; besonders auch die ausdrucksstarken Gesichter aus der Werkstatt eines Bildhauers, der die Grenzen der künstlerischen Schöpfung über das Gewohnte hinaus erweiterte. Bei diesen Werken sind alle Züge sehr präzise gestaltet, besonders bei den Nuba-Kämpfern aus dem Südsudan, deren mächtige nackte Körper, die vernarbten Gesichter und die verzaubernden Blicke den Betrachter packen und »ansprechen«.

Über allen Skulpturen von Ousmane Sow schwebt eine Seele, die einen streift und in ein anderes Universum eintauchen lässt. Man spürt das Leben, die Bewegung, den Atem, das Maßlose, das den Schöpfer antrieb. Ousmane Sow arrangierte seine »Protagonisten« wie ein Regisseur, etwa für die berühmte *Schlacht am Little Bighorn*. Dort stellte der Bildhauer eine Szene aus der Geschichte der amerikanischen Ureinwohner nach, mit 11 Pferden, 24 Kriegern und Unionssoldaten. Jedes Detail hatte seinen Platz: am Boden liegende Leichen, Skalps, tote Pferde ...

Von dieser denkwürdigen Ausstellung auf dem Pont des Arts bleibt im Gedächtnis, dass die Bildhauerei für Ousmane Sow eine Alchimie aus Poesie, Magie und Leben ist. Jedes Stück trägt zu einer Inszenierung bei, und das Schweigen, in dem sie entstanden ist, gehört niemandem als dem Bildhauer selbst. Doch zugleich zeigt Ousmane Sow auch, wie »spektakulär« Skulpturen sein können, denn als kampferprobter Künstler wusste er, dass das Leben ein großes Spektakel ist ...[2]

Sy, Omar

Omar Sys Schicksal ist nicht nur auf dem Bildschirm glorreich, sondern auch im echten Leben. Der 1978 in der Nähe von Paris geborene Komiker und Schauspieler Omar Sy wohnt inzwischen in Los Angeles, nachdem er Paris und die französische Kinowelt erobert hat. Berühmt wurde er mit dem Film *Ziemlich beste Freunde,* der bittersüßen Komödie von Eric Toledano und Olivier Nakache, deren Erfolg im Jahr 2012 mit dem Harry Potters gleichzog. Getragen von einem fantastischen Schauspielerduo (François Cluzet in der Rolle eines im Rollstuhl sitzenden Milliardärs und Omar Sy in der seines Faktotums) lockte *Ziemlich beste Freunde* bis Ende des Jahres weltweit über 31 Millionen Zuschauer in die Kinos. Zusammen mit Fred Testot hatte Omar Sy schon zuvor seine Fangemeinde auf dem Kabelsender Canal+ mit der Sketchsendung SAV (*Service Après-Vente,* ›Kundendienst‹) gehabt; damit folgte er den Fußstapfen des Franzosen marokkanischer Herkunft Jamel Debbouze, der ebenfalls als Komiker begonnen hatte, bevor er zum Kinostar wurde.

Omar Sy, Jamel Debbouze, der Rapper La Fouine und der frühere Chelsea-Stürmer Nicolas Anelka haben alle etwas gemeinsam: Sie sind in Trappes geboren und aufgewachsen, einer finanzschwachen Kleinstadt nicht weit von Versailles. Im Februar 2012 erhielt Omar Sy, später der Darsteller von *Le Flic de Belleville* (*Belleville Cop*), den César für den besten Schauspieler. Seine senegalesischen Eltern können auf ihren Sohn wirklich stolz sein. Obendrein ist der hervorragende Schauspieler ein großartiger Vater, treuer Freund und aufmerksamer, engagierter Staatsbürger.

Tim im Kongo

Eine Zeit lang spaltete eine Debatte die afrikanischen Intellektuellen: Manche sprachen sich für eine Verurteilung von Hergés Comic *Tim im Kongo* (1931/1946) aus, weil sie ihn für rassistisch gegenüber den Afrikanern befanden. In der Tat stellt *Tim im Kongo* die Schwarzen als geistlose Barbaren dar, und ihre Sprache soll ihre Dummheit spiegeln; es ist die Sprache, die nach Ansicht des Autors »diesen Leuten« angemessen ist. Zu seiner Verteidigung hatte Hergé angegeben, das sei damals eben die vorherrschende Ideologie in Bezug auf die Schwarzen gewesen, und er sei davon geprägt gewesen »wie jedermann«. Was nicht stimmt, denn schon lange vor dem Erscheinen von *Tim im Kongo* sahen viele europäische Intellektuelle Afrika und die Afrikaner mit anderen Augen. So sprachen sich etwa zwischen 1927 und 1929 bedeutende Veröffentlichungen für eine Aufwertung der Stellung der Schwarzen aus und positionierten sich damit als Plädoyers gegen den Kolonialismus. Erinnern wir uns etwa an die beiden Tagebücher von André Gide*, *Kongo und Tschad (1927/28),* oder an *Schwarz und Weiß* (1928) von Albert Londres. Und was immer man der Aufklärung des 18. Jahrhunderts vorwerfen mag: Immerhin war schon diese Zeit dennoch die des Humanismus und damit der Suche nach einem gewissen Gleichgewicht zwischen den Menschen. Hergé musste davon wissen. Folglich traf er eine fundamentale Entscheidung: Er würde mit seinem Werk die belgische Kolonisierung im Kongo legitimieren. Es war nämlich so, dass sehr viele Belgier auf keinen Fall in dieses ferne Land entsandt werden wollten. Da war schon Propaganda nötig. In diesem Sinn leistete Hergé dem belgischen Kolonialsystem klare Schützenhilfe, und *Tim im Kongo* war auf seine Weise genauso »strategisch« wie die Propaganda, die das französische Militär verbreitete, um Kämpfer für den Militärdienst in Algerien zu rekrutieren. Soll man also diesen Comic abwerten, indem man ihm eine Art »Warnhinweis« beifügt, wie es gelegentlich gefordert wurde? Nein, denn der erwachsene Leser kann *Tim im Kongo* aus etwas größerer Distanz heraus lesen. Schließlich weiß er – oder sollte er wissen –, dass dieses Buch in seinem Zentrum die Kolonialfrage behandelt. Was die Schwarzen in der Welt heute durchmachen, ist das Ergebnis einer rassistischen Ideologie, die im Bewusstsein mancher geistigen Brandstifter fest verankert ist. Nehmen Sie ein beliebiges Geschichtsbuch aus der Zeit von *Tim im Kongo*, und sehen Sie nach, was da zur Kolonisierung steht! Es ist eine Glorifizierung, die Kolonialmacht fordert Anerkennung für ihre Größe, schließlich hat sie die Aufklärung in die entlegenen Gebiete im Herzen der Finsternis getragen!

Hergés Werk muss als Spur der belgischen Geisteshaltung der 1930er Jahre sichtbar bleiben. Es ist einer der historischen Beweise für eine Form des Denkens im Westen – wohlgemerkt nicht für die gesamte westliche Denkart! Die Debatte wird fast schon drollig, wenn man sie nur aus einem »afrikanistischen« oder gar »fundamentalistischen« Blickwinkel interpretiert. Schließlich entspringt die Vorstellung, die sich der Weiße vom »Neger« macht, ja nicht *Tim im Kongo*. Als Tim »in den Kongo kam«, war die rassistische, kolonialistische Ideologie in Bezug auf die Schwarzen schon längst etabliert. [...][1]

Tirailleurs sénégalais

Die Tirailleurs sénégalais (Senegalschützen) stellten das Korps der Kolonialtruppen im französischen Kaiserreich. Man nannte sie auch die *Force noire* (›Schwarze Streitkraft‹). Allerdings kamen keineswegs alle Schützen aus Senegal; der Name rührt lediglich daher, dass das erste Regiment 1857 in Senegal aufgestellt wurde. Doch bereits damals waren darin Soldaten aus verschiedenen Ländern Schwarzafrikas vertreten, die unter französischer Flagge kämpften.

Hunderte dieser tapferen Kämpfer sollten einer himmelschreienden Katastrophe zum Opfer fallen, die man eines Tages in den französischen Geschichtsbüchern besser wird beleuchten müssen. Mehr als 400 von ihnen wurden nämlich von französischen Militärs erschossen und liegen in Afrika in Massengräbern.

Betrachten wir einmal genauer dieses tragische Ereignis, das viele als Staatslüge bezeichnen ...

Im Zweiten Weltkrieg wurde die Stadt Lyon zum Schauplatz von Massakern an Afrikanern. Am 19. und 20. Juni 1940 – also nur einen Tag nach Charles de Gaulles berühmtem Aufruf vom 18. Juni – war sich Frankreich bewusst, den Krieg bereits verloren zu haben; trotzdem schickte es das 15. Kontingent der Senegalschützen in die Monts d'Or nördlich von Lyon den deutschen Angreifern entgegen. Eine Schlacht nur um der Ehre willen? Die Afrikaner wurden niedergemetzelt. Von den 1800 Mann des Kontingents fielen über 1300. Praktisch alle waren Afrikaner. Andere wurden von den NS-Truppen gefangen genommen und in verschiedene Lager im fortan besetzten Frankreich verlegt.

Bei der Befreiung 1944 kamen etliche dieser Tirailleurs wieder frei. Die Veteranen wurden direkt nach Senegal geschickt und in Thiaroye, einer Stadt vor den Toren Dakars, zur Demobilisierung in Militärlagern gesammelt.

Die erwähnte Tragödie von Lyon war noch frisch im Gedächtnis, als am 1. November 1944 die französische Armee selbst diesen befreiten Tirailleurs ihren Undank bewies – dabei forderten diese nur ihren Sold und ihre Gefangenenentschädigung. Sie weigerten sich, nach Hause zurückzukehren, solange Sold und Entschädigungen nicht ausgezahlt waren. Um sich Gehör zu verschaffen, starteten sie Protestaktionen und stoppten insbesondere den Wagen eines hochrangigen französischen Militärs, des Generals Dagnan. Der versprach ihnen, ihre Forderungen an die zuständigen Behörden weiterzuleiten, rief stattdessen aber Verstärkung herbei. Der französische Journalist und Drehbuchautor Pat Perna erinnert daran, welche Waffen Frankreich gegen diese Tirailleurs auffuhr: »Drei Indigenen-Kompanien, einen amerikanischen Panzer, zwei Halftracks, drei Panzerwagen, zwei Infanterie-Bataillone sowie einen Trupp Unteroffiziere und französische Soldaten.«[2]

Es erging der Befehl, gegen diese Helden der Schlacht von Lyon das Feuer zu eröffnen. Über 400 von ihnen fielen, doch bis heute spricht Frankreich lediglich von rund 30 Toten, was wahrscheinlich eine der traurigsten Staatslügen der französischen Geschichte darstellt.

Kein Schluss für diesen Eintrag wäre passender und angebrachter als die Worte der französischen Journalistin Gaëlle Lebourg, die wie eine Ode an diese Kämpfer und ihr Andenken klingen:

Frankreich hat lange nur 35 Tote anerkannt, die auf dem Militärfriedhof begraben sind. 2014 spricht Frankreich dann von 70 Toten und einem unbekannten Bestattungsort. Dabei ruhen wohl um die 400 Soldaten bis heute in Massengräbern. Diese Tirailleurs hatten sich in den Dienst Frankreichs gestellt, und doch wurden sie von Frankreich ermordet, weil sie die Ausbezahlung ihres Soldes eingefordert hatten. Statt diese Erschießungen anzuerkennen, verstricken sich die offiziellen Vertreter Frankreichs in historischen Intrigen, frisieren Dokumente aus den Archiven, legen gefälschte Berichte vor, um die Geschichte zu verschleiern.[3]

U

Ubuntu

Ließe sich die afrikanische Philosophie der letzten Jahre unter den Begriff *Ubuntu* subsumieren? In den Bantusprachen bedeutet dieses Wort ›Gemeinsinn, Menschlichkeit‹; in Zentralafrika findet sich das gleiche Konzept unter der Bezeichnung *Kimuntu*. Bekannt machten Ubuntu die beiden südafrikanischen Nobelpreisträger Nelson Mandela und Desmond Tutu. Ihr Ziel war die Überwindung des Apartheid-Systems und der Rassentrennung; dazu verwiesen sie auf die Notwendigkeit des Dialogs, des Gesprächs, um zu einer nationalen Aussöhnung zu finden und eine Gesellschaft neu aufzubauen, die anerkennt, dass das Individuum immer nur im Verhältnis zur Gruppe existiert. Das Interesse des Einzelnen solle sich stets den Bedürfnissen der Gruppe beugen. Man solle für die anderen »ansprechbar« sein, sich bewusst sein, dass man Teil »einer größeren Sache« sei, wie es laut dem Buch *Reconciliation: The Ubuntu Theology* (›Versöhnung: Die Ubuntu-Theologie‹) Kardinal Tutu formuliert. Greifbar wurde diese Philosophie in ihrer ganzen Tragweite in der ruandischen Gesellschaft nach dem Völkermord und in der Art und Weise, wie die Ruander die juristische Aufarbeitung organisiert haben. Insbesondere richteten sie *Gacaca* ein (lokale Gerichte unter Vorsitz der Dorfältesten mit einem demokratischen Rederecht für alle Parteien), in denen man den Hunderttausenden Gefangenen den Prozess machen konnte, denen eine Teilnahme am Genozid von 1994 zur Last gelegt wurde. In diesem Sinn ist Ubuntu zugleich ein Raum für die Aussprache, eine

Art, sein Gedächtnis zu läutern, indem man verübtes Unrecht gesteht, und ein Ringen um Versöhnung. Bei jeder Gelegenheit nach Harmonie zu streben, heißt auch, Ubuntu in den vielen Facetten und Prozeduren zu praktizieren, die diesen Begriff ausmachen …

Uhuru

Das Wort *Uhuru* bedeutet auf Swahili ›Freiheit‹. In Afrika wurde diese Freiheit überall teuer erkämpft; und entgegen der manchmal kolportierten Legende ist die Unabhängigkeit keinem Volk einfach so zugefallen. Kein Nationalstaat ist durch die Großzügigkeit und Gnade irgendeiner Kolonialmacht in die Welt gekommen. Uhuru ist einer der vielen Namen dieser Freiheit, die ihre eigenen Farben trägt: Rot, Gelb und Grün. Sie hat ihre Lieblingsepoche: die 1960er Jahre oder, in den Worten des Schriftstellers Ahmadou Kourouma*, die »Sonnen der Unabhängigkeiten«. Ausgelebt wird sie vor allen Dingen in der Musik, im Tanz und in der geselligen Kunst. Die Interpreten der traditionellen afrikanischen Musik, die Griots und die Trommler huldigen ihr genauso wie moderne Songwriter, die großen Stimmen von Jazz, Hiphop oder Reggae. Nicht umsonst nennt sich eine berühmte jamaikanische Reggae-Band Black Uhuru.

Uhuru, die Freiheit, ist auch die Namensgeberin für einen Gesang. Was könnte er anderes sein als eine Revolutionsmusik in der Tradition vieler berühmter Hymnen, die mit erhobener Faust gesungen werden, vom »Chant des partisans« über »Bella Ciao« und »Le Temps des cerises« bis »Hasta Siempre« – sie alle sind in Afrika bekannt. Vom Swahili bis ins Arabische hat das Wort stets dieselbe etymologische Wurzel: *Uhuru* heißt im Maghreb *Al Hourria*. In Zentralafrika ist es zugleich Tonarchiv und lebendige Erinnerung. Sie werden das Stück gleich erkennen – der Text stammt von Thomas Kanza, Gesang Vicky Longomba und Grand Kallé, die Gitarre spielt Docteur Nico, den Bass Brazzos und die Maracas Petit Prince. Jetzt erinnern Sie sich wieder, stimmt's? »Indépendance Cha Cha«* erschien am 30. Juni 1960 als 45-er Single. Am selben Tag errang der Kongo sein Uhuru – oder wenn Sie unbedingt wollen, seine Unabhängigkeit!

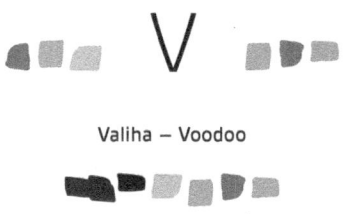

V

Valiha – Voodoo

Valiha

Für die Jüngeren, die von Hollywood gesäugt wurden, bevor sie mit eigenen Augen die Welt entdeckten, ist Madagaskar vor allem ein Animationsfilm. Lachen Sie nicht, wir haben es mehrfach probiert, und der Film verzeichnet erstaunliche Trefferquoten. Aber im Ernst: Für uns zumindest ist Madagaskar Afrika. Und Afrika ist Madagaskar. Wer als Reisender nach Antananarivo, nach Mahajanga oder nach Toliara kommt, hat die Wahl zwischen Zebus, Lemuren oder dem Ahnenkult, um die Rote Insel zu charakterisieren. Wir haben uns für die Valiha entschieden, ein uraltes Musikinstrument, das angeblich aus Südostasien stammt und dessen vielseitiges Repertoire die schöpferische Phantasie der Madagassen gut wiedergibt. Die Valiha ist eine Art röhrenförmige Zither aus Bambus. Man klemmt sie sich im Stehen oder Sitzen unter den Arm, so dass beide Hände zum Zupfen frei sind. Die Valiha wird regional sehr unterschiedlich gespielt, im sakralen oder im profanen Kontext, zum Privatvergnügen oder als gesellschaftliches Ereignis. Rhythmen, Stimmung und sogar die Bauart des Instruments können stark variieren. Die vielen ethnischen Traditionen – Betsileo, Antandroy, Sakalava, Merina, Tsimihety, Betsimisaraka … – sind ein Quell immer neuer Melodien für dieses heilige Instrument, das nach einer langen Auszeit seit kurzem die Herzen der Madagassen zurückerobert hat. Die großen Künstler Justin Valiha und Rajery bestätigen: Es braucht nur ein paar Valiha-Töne morgens, mittags und abends, und Tag für Tag wächst Ihre Empfänglichkeit fürs Glück!

Voodoo

In ein paar Zeilen die ganze Vielfalt und die rituelle, kulturelle, spirituelle und religiöse Tiefe des Begriffs Voodoo (auch Vodun, Voudou, Wudu oder Wodu) zusammenzufassen, ist keine einfache Aufgabe. Wahrscheinlich bräuchten wir mehrere Nachschlagewerke, um ihm ganz gerecht zu werden. Für uns bezeichnet Voodoo die Gesamtheit der religiösen Praktiken aus dem ehemaligen Königreich Dahomey (heute Benin, Togo und ein Teil Nigerias), die mit dem Sklavenhandel auch in die Neue Welt verpflanzt wurden: vom Süden der USA über Kuba*, »Schwarzbrasilien« (Bahia*) und Haiti* bis in die Andenkordilleren.

Während auf Haiti der Begriff Voodoo verwendet wird, spricht man auf Kuba von *Santería* und in Brasilien von *Candomblé*. Aber unabhängig von der Bezeichnung ist das Bedürfnis überall dasselbe. Es geht darum, dass die Menschen sich die Unterstützung oder das Wohlwollen der Götter oder unsichtbaren Mächte sichern müssen, die Erde, Wasser oder Himmel bewohnen. Sie individuell oder kollektiv anzurufen, ist unabdingbar für ein glückliches Leben. Als Name für die Götter, Gottheiten und anderen Naturmächte, die das Pantheon dieser afrikanischen Animismen bevölkern, hat sich ein Yoruba-Begriff durchgesetzt; *Orishas* oder *Orixás*.

In Afrika, auf Haiti und überall sonst wurde Voodoo häufig von der katholischen Kirche und der weltlichen Herrschaft bekämpft. In der Sklavenzeit galt Voodoo auf Haiti als Hexerei und wurde verboten. Seit der Unabhängigkeit Haitis (1804) kam es zu mehreren Verfolgungsschüben von Seiten der Kirche und der politischen Obrigkeit. So glitt die Ausübung des Voodoo in eine Form des Untergrunds ab, als der junge Staat 1860 ein Konkordat mit dem Vatikan unterzeichnete, das Schulen und Kultureinrichtungen ausschließlich der katholischen Kirche unterstellte. Erst mehrere Jahrzehnte später änderte sich die Lage zugunsten der Geisteswesen aus den heiligen Wäldern Afrikas. In den 1930er Jahren bildete sich in Haiti eine neue Haltung heraus.

Auslöser für diesen Bruch war der Arzt, Diplomat, Ethnologe und Schriftsteller Jean Price-Mars; seine Schrift *Ainsi parla l'Oncle* (›Also sprach der Onkel‹), die 1928 inmitten der amerikanischen Besatzung der Insel (1915–34) erschien, machte Voodoo gesellschaftsfähig, und seither gilt er nicht mehr als »reine Hexerei« oder »afrikanischer Makel«.

Price-Mars' Pionierarbeit inspirierte eine literarische, intellektuelle und politische Strömung. So entstand 1942 in Haiti ein *Bureau d'ethnologie* unter Leitung des Schriftstellers Jacques Roumain, dessen Aufgabe es war, eine ethnologische Gesamtschau der kulturellen Reichtümer des Voodoo zu erstellen. Fortan galt er gar als »Seele des Volkes« oder als Ausdruck der kulturellen Authentizität der Haitianer schlechthin, bis sich auf Betreiben des Arztes, Ethnologen und Diktators François Duvalier, genannt »Papa Doc«, gar die politische Macht seiner bemächtigte.

Dieser kurze Abriss zeigt, wie eng Voodoo mit dem Schicksal der Menschen verwoben ist. Er ist aus einer langen Reifezeit hervorgegangen und war Kristallisationspunkt für eine eigene Identität der Sklaven. Ja, mehr noch: Voodoo ist der Erinnerungsort des Kampfes gegen den Sklavenhandel und die Versklavung der Schwarzen. Er ist der »Urquell, der die Négritude dazu brachte, sich zu erheben«, um Aimé Césaire* zu paraphrasieren.

Wir können diesen Eintrag nicht beschließen, ohne auf ein großartiges Museum hinzuweisen, das absolut einzigartige Château Vodou[1], das heute die weltweit umfangreichste Privatsammlung westafrikanischer Voodoo-Objekte beherbergt. Dieses Museum steht … in Straßburg! Was bewiese besser die Reiselust der schelmenhaften Orishas …

Wainaina, Binyavanga

Binyavanga Wainaina verdient einen Eintrag in unser Lexikon, erstens weil er irrsinnig talentiert und sein Ton vom ersten Satz an unverkennbar ist. Und zweitens, weil sein Werk in der frankophonen Welt weiterhin zu wenig bekannt ist – es hat sich noch kein Verlag gefunden, der neugierig genug wäre, ihn zu übersetzen. Mit unseren bescheidenen Mitteln versuchen wir hier, diese Ungerechtigkeit wiedergutzumachen.

Binyavanga Wainaina wurde 1971 im kenianischen Nakuru geboren und studierte in Südafrika. Einige Jahre lehrte er in den USA, dann kehrte er in seine Heimat zurück, wo er zur Entwicklung des Kultur- und Verlagswesens beitrug, insbesondere durch die Gründung der Zeitschrift *Kwani*, die inzwischen zum Verlag geworden ist, und durch die Veranstaltung internationaler Festivals. Er ist so dynamisch wie sarkastisch, und er scheut die Polemik ebenso wenig wie den Mediencoup, um seinem Standpunkt Gehör zu verschaffen. Bekannt wurde Binyavanga Wainaina 2002 als Träger des Caine Prize. Sein erstes Buch, ein autobiographisch geprägtes Werk mit dem Titel *Eines Tages werde ich über diesen Ort schreiben*, erschien im Original 2011 bei Graywolf Press. Daneben aber steht sein kurzer, provozierender Essay *How to Write About Africa* (›Schreiben über Afrika. Eine Anleitung‹), der 2005 in der Londoner Zeitschrift *Granta* erschien und vielfach übersetzt wurde; er würzt bis heute noch spannende Debatten. Wir verwenden ihn in unseren Kursen mit amerikanischen Studierenden, um zur Diskussion anzuregen. Und mit dieser Brandschrift wollen wir ihn hier vorstellen oder wieder ins Gedächtnis rufen.

Schreiben über Afrika. Eine Anleitung. Verwenden Sie im Titel immer das Wort ›Afrika‹ oder ›Finsternis‹ oder ›Safari‹. Der Untertitel kann auch Worte wie ›Sansibar‹, ›Massai‹, ›Zulu‹, ›Sambesi‹, ›Kongo‹, ›Nil‹, ›unendliche Weite‹, ›Himmel‹, ›Schatten‹, ›Trommel‹, ›Sonne‹ oder ›vergangen‹ enthalten. Nützlich sind auch Worte wie ›Guerillas‹, ›zeitlos‹, ›ursprünglich‹ und ›Stammesbrauch‹. Beachten Sie, dass das Wort ›Leute‹ Afrikaner bezeichnet, die nicht schwarz sind, während schwarze Afrikaner immer als ›Volk‹ zu bezeichnen sind.

Zeigen Sie auf dem Cover Ihres Buchs oder im Inneren nie einen in sich ruhenden Afrikaner, es sei denn, dieser Afrikaner hat den Nobelpreis gewonnen. [...][1]

Wax

In letzter Zeit greift die Mode immer häufiger zu diesen farbenfrohen Stoffen: Waxprints oder Waxstoffe werden in mehreren Regionen Afrikas getragen, insbesondere in Zentralafrika, Westafrika, Südafrika und dank der afrikanischen Diaspora natürlich auf allen fünf Kontinenten. Man könnte auch darin einen Triumph des Exotismus feststellen, denn wenn der Kontinent bei Ausstellungen oder Feiern außerhalb Afrikas symbolisiert werden soll, sind immer diese gefärbten Stoffe dabei, als würden sie den Kontinent wirklich verkörpern. Dabei ist Wax gar kein traditionell afrikanischer Stoff, ursprünglich wurde er in Holland hergestellt. Erst später folgte die Ausbreitung bestimmter »falscher Waxprints« aus Westafrika, vor allem von der Elfenbeinküste. Dementsprechend gibt es holländische Waxprints, belgische und so weiter ...

Wie das englische Wort *wax* suggeriert, wird der Stoff mit einer feinen Wachsschicht überzogen, die ihn glänzend und zugleich wasserabweisend macht. Heute nutzt man in vielen afrikanischen Ländern die berühmte javanische Batiktechnik für jeweils eigene Waxprints. Es ist ein Prozess, für den echtes Geschick vonnöten ist: Man zeichnet das Motiv auf einen Stoff, trägt dann Wachs auf und taucht ihn in verschiedene Farbbäder oder bringt Farbe auf; schließlich entfernt man das Wachs mit dem Bügeleisen oder in kochendem Wasser.

Manche afrikanischen Diktatoren – etwa Mobutu Sese Seko in Zaire – nutzten Waxprints für ihren Personenkult: Sie sahen es sehr gerne, wenn darauf ihr Porträt abgebildet war. So wurde von den Menschen verlangt, bei offiziellen Besuchen ihres Herrschers diese Stoffe zu tragen. Doch angesagt ist der Stoff auch bei Hochzeiten, Festen oder Beerdigungen. Inzwischen haben sich Waxprints nicht nur in der westlichen Mode verbreitet, wie man in den verschiedensten Ausstellungen oder Shows sehen kann, sondern auch bis ins afro-amerikanische Milieu, wo sie paradoxerweise als ein Ausdrucksmittel der afrikanischen Identität verstanden werden ...

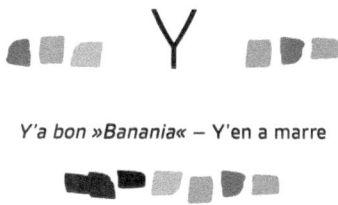

Y

Y'a bon »Banania« – Y'en a marre

Y'a bon »Banania«

In dem Bestreben, auf die damalige Patriotismuswelle aufzu-springen, setzte die 1914 gegründete Kakaomarke »Banania« die ursprüngliche Illustration auf ihren Werbeplakaten ab: eine Frau von den Antillen mit Kopftuch und Kreolenschmuck. In dieselbe Zeit fällt die Rekrutierung der »Schwarzen Streitkraft«, der Ti-railleurs sénégalais*, von denen im Jahr 1914 bereits 30 000 Mann die Reihen der französischen Regimenter füllten. Am 14. Juli 1913 defilierten sie erstmals zum Nationalfeiertag durch Paris. Ehre? Anerkennung? Immer langsam. Jedenfalls weckte ihr Auftreten landesweit Aufmerksamkeit. Die angeblichen Wilden kämpfen beherzt für das ewige Frankreich. Welche Wer-beagentur würde sich nicht auf diese goldene Gelegenheit stür-zen? Nun, genau das tat die Marke Banania. Und zwar absolut schamlos. Ob man dort wohl ahnte, wie sich ihre Geste in den kommenden Jahrzehnten, Jahrhunderten sogar auswirken wür-de? 1916 verbreitete der Künstler Giacomo de Andreis die Alle-gorie, die auf ewig die Marke Banania symbolisieren sollte: ein lachender Tirailleur sénégalais in seiner Paradeuniform. Neben diesem Bild steht der Slogan *Y'a bon*, ein verballhorntes *c'est bon* (›das schmeckt gut‹) in Anspielung auf das gebrochene Französ-sisch, das man diesen Männern zuschrieb.

Wohlbemerkt sollte sich das Bild im Lauf der Jahrzehnte ver-ändern. 1987 wich das Strahlen des Tirailleurs dem der Sonne. Bis die Marke 1999 aus Marketinggründen wieder zum Lächeln des Tirailleurs griff, allerdings in einer neuen Graphik. »Nachdem diese Bildsprache Ende der 1980er Jahre aufs Abstellgleis geschoben worden war, erfuhr sie in einer Nostalgiewelle ein kurzes Wiederaufleben, bevor sie 2011 endgültig als das verurteilt wurde, was sie ist: die schweigende Zustimmung zu einem strukturellen Rassismus, der jedoch entschieden zu bekämpfen ist.«[1]

Seither ist das Bild das Beispiel schlechthin für die Nachhaltigkeit der rassischen und kolonialen Vorurteile gegenüber den Schwarzen. In seinen *Hosties noires* (›Schwarze Hostien‹, 1948) empört sich darüber Léopold Sédar Senghor*. Der Dichter verspricht, »jedes Banania-Lächeln auf allen Mauern Frankreichs« zu zerreißen.

In jüngerer Zeit stiftete der Verein Les Indivisibles[2] 2009 einen Preis, die »Y'a bon Awards«; er wird jährlich an öffentliche Personen vergeben, die sich durch ihre rassistischen Äußerungen ›hervorgetan‹ haben. Zu den ›geehrten‹ Preisträgern zählen unter anderen Alain Finkielkraut, Luc Ferry, Jacques Séguéla, Nicolas Sarkozy, Brice Hortefeux und Eric Zemmour.

Y'en a marre

Anhand der Bewegung *Balai citoyen** haben wir bereits gesehen, wie sich angesichts staatlichen Scheiterns die Zivilgesellschaft um öffentliche Belange kümmert; *Y'en a marre* (›Nase voll‹), eine verkürzte Version von ›Nase voll vom Nichtstun‹, geht in eine ähnliche Richtung. Diese Bürgerbewegung des friedlichen Widerstands entstand 2011 in Senegal und vereint Journalisten und Rapper; ins Leben gerufen wurde sie unter anderen von den Rappern Keur Gui, Simon, Fou Malade, Xuman sowie den Journalisten Fadel Barro und Aliou Sané, nachdem es zu unzähligen Stromausfällen gekommen war, zur Unterversorgung mit Wasser und Gas und zur allgemeinen Empörung angesichts des Versagens der senegalesischen Regierung.

Die Bewegung rief die Jugend dazu auf, ihren Einfluss auf die

Präsidentschaftswahlen 2012 geltend zu machen, um Präsident Abdoulaye Wade aus dem Amt zu »fegen«; tatsächlich war ein ungewöhnlicher Anstieg der Eintragungen in die Wählerlisten zu beobachten. Am 23. Juni 2011 erreichte die Protestbewegung ihren Höhepunkt in einer Demonstration vor dem Parlament, gefolgt vom Einknicken des Staatspräsidenten. Mehrere Mitglieder der Bewegung wurden verhaftet, weil sie vor der berühmten Place de l'Obélisque demonstriert hatten. Doch die Botschaft ist angekommen, in Senegal und auch sonst auf dem afrikanischen Kontinent: Immer mehr Regierende geraten – ganz zu Recht – in Bedrängnis, weil die Jugend ›die Nase voll hat‹ von dem Polit-zirkus, der seit den Unabhängigkeiten in Afrika aufgeführt wird, oder, wie unsere Eltern sagen würden, »seit die Weißen weg sind« …

Z

Zembla – Zemidjian (Zem)

Zembla

Zembla! Die Comic-Figur, die uns als Kinder am meisten beeindruckte. Sein Name kam uns »sehr afrikanisch« vor im Vergleich zu *Tim und Struppi* oder Blek le Roc. Wir folgten ihm auf seine Abenteuer mit seinen Freunden Rasmus, Petoulet, Takuba, Satanas, Bwana und vor allem Yéyé, übrigens ein schwarzes Kind wie wir.

Dass wir Yéyé mochten, lag vor allem daran, dass wir in ihm unseren Bruder sahen, unseren Freund. Und wir wollten auf keinen Fall, dass ihm etwas Schlimmes zustieß. Für den kleinen Roddy in den Abenteuern von Blek le Roc hatten wir so viel Mitgefühl nicht übrig. Roddy war eher hellhäutig, mit kleinen Sommersprossen. Er folgte Blek le Roc und Professor Occultis durch den amerikanischen Unabhängigkeitskrieg gegen die bösen englischen Truppen, die berühmten »roten Hummer«. Nein, Roddy war nicht wie wir, und seine Brüder wollten wir nicht sein.

Außerdem brachten uns bei Zembla die Ungeschicklichkeiten des Zauberers Rasmus zum Lachen. Er war von einer Menschlichkeit, die ihn zugleich sympathisch und bemitleidenswert machte. Wenn er seine Tricks verpatzte, waren wir betreten und hofften, eines Tages würde er doch noch zum größten Zauberer der Welt werden und die Unglücklichen auf Erden zu glücklichen Menschen machen, die einander liebten, wie wir es in der Sonntagsschule gepredigt bekamen.

Viele von Zemblas Freunden waren Tiere – und das beruhigte uns. Nach unserer Überzeugung hatten die wilden Tiere eine

Seele, sie waren der Ursprung des Menschen, und jeder von uns hatte einen tierischen Doppelgänger, der sich tief im Wald verbarg.

Das Känguru Petoulet erstaunte uns – so ein Tier hatten wir bei uns noch nie gesehen – natürlich nicht! Es kam von einem Kontinent, den wir auf der Weltkarte in unserem Klassenzimmer nicht finden konnten. Petoulet war uns das allerliebste Raubtier. Löwe und Panther waren Fleischfresser, Petoulet dagegen war, wie man heute sagen würde, Vegetarier. Trotzdem musste er jagen, um die ganze Bande rund um Zembla zu ernähren, vor allem Satanas, der ständig hungrig war.

Der Löwe Bwana machte uns natürlich Angst, aber er war nicht ganz so böse wie der aus den Märchen, die uns unsere Eltern erzählten, denn darin verschlingen die Löwen alle Kinder, bis das allerkleinste mit Hilfe der Waldgeister endlich herausfindet, wie sich die Raubtiere bezwingen lassen. Dass er Bwana genannt wurde, wirkte auf uns nicht wie eine Beleidigung, denn nur in der Sprache der Kolonisatoren stand dieses Wort symbolisch für Unterwerfung und Unterdrückung, während es auf Swahili einfach ›Meister‹ bedeutet. In diversen Comics dagegen sieht man immer wieder, wie der Schwarze vor dem Weißen buckelt: »Jawohl, Bwana ...«

Königin Takuba hatte nur einen Traum: Zembla zu heiraten. Und da fragten wir uns schon, warum eigentlich die meisten dieser Comichelden »ein Problem« mit dem weiblichen Geschlecht hatten. Entweder waren sie ohnehin Einzelgänger, oder aber sie würdigten die Frauen kaum eines Blickes oder fanden es wichtiger, durch die Welt zu reisen, als eine Frau zu haben. Niemand weiß, ob Tim die Frauen liebte. Ebenso wenig bei Lucky Luke, Tex Willer oder Blek le Roc ...[1]

Zemidjian (Zem)

Nein, Zemidjian ist kein armenischer Familienname! Auf Fon, der Sprache, die im südlichen Benin gesprochen wird, bedeutet das Wort ›Nimm mich schnell mit‹. Ein Zem ist also ein beninisches Transportmittel, ein ›ziviles‹ Motorradtaxi. Da öffentliche Verkehrsmittel nicht vorhanden oder zumindest nicht zu gebrauchen sind, wussten die Leute sich eben anders zu helfen. Und es funktioniert so gut und ist so praktisch, dass andere Länder in Westafrika aufmerkten – heute tuckern Zems nicht nur durch Benin, sondern auch durch Togo, wo sie auf Mina *Oleyia?* heißen, also: ›Gehen wir?‹. Die Zems haben ihren Anteil am Niedergang der traditionellen Taxis. Manche meinen, mit den Zems hatten die Afrikaner schon längst der Erfindung von Uber vorgegriffen ...

Abgesehen davon, dass sie in Sachen Umweltverschmutzung und Kundensicherheit kritisiert werden, zeigen die Zems, wie beherzt die Menschen in Afrika ihr Schicksal selbst in die Hand nehmen und wie sie es schaffen, das Versagen der jeweiligen Regierungen irgendwie auszugleichen.

Anhang

Anmerkungen

A

1 Der Eintrag »Abenteuer Stadt« basiert auf einem Artikel von Alain Mabanckou, erschienen auf der Website Cercle de Réflexion du Bassin du Congo (›Arbeitskreis Kongobecken‹) unter dem Titel »L'Afrique à l'heure de la mondialisation«. https://www.crbc.fr/post/l-afrique-a-l-heure-de-la-mondialisation.

2 Nnedi Okorafor, *Wer fürchtet den Tod?*, übers. von Claudia Kern, Ludwigsburg 2017.

3 Sofern Okorafor sich nicht vielmehr dem ›Africanfuturism‹ zuordnet, der sich auf die vorkoloniale Geschichte und Kultur Afrikas bezieht. Und das würde nicht überraschen, denn sie soll den Begriff 2019 geprägt haben. (Anm. d. Übers.)

4 Muhammad Ali und Richard Durham, *Der Größte. Meine Geschichte*, übers. von Dieter Dörr, Gisela Stege und Norbert Wölfl, Ost-Berlin 1977.

5 Kofi Annan, »Die Grundrechte des einzelnen gelten für Arme wie für Reiche«, in: *Vereinte Nationen* 1/2002, S. 24 f.

6 Der Eintrag »Arlit« basiert auf einem Artikel von Abdourahman Waberi, erschienen am 16. 2. 2016 auf der Website der Tageszeitung *Le Monde* unter dem Titel »L'afrique doit compter dans le débat sur l'interdiction de l'armement nucléaire«. https://www.lemonde.fr/afrique/article/2016/02/16/l-afrique-doit-compter-dans-le-debat-sur-l-interdiction-de-l-armement-nucleaire_4866307_3212.html.

B

1 Siehe auch den Eintrag »Jugend (Brief von Amadou Hampâté Bâ an die)«.

2 Der Eintrag »Bâ, Amadou Hampâté« basiert auf einem Artikel von Abdourahman Waberi, erschienen auf der Website *All Africa* am 1. 11. 2017 unter dem Titel »Afrique: Amadou Hampâté Bâ, puits de

sagesse pour la jeunesse africaine«.
https://fr.allafrica.com/stories/201711020412.html.

3 Der Eintrag »Bahia« basiert auf einem Artikel von Abdourahman Waberi, erschienen am 22. 5. 2011 auf der Website Slate Afrique unter dem Titel »Au Brésil, on ne peut rien refuser aux orishas«. http://www.slateafrique.com/2065/bresil-ne-peut-rien-refuser-aux-orishas.

4 Siehe den Eintrag »Denkmal (für die Helden der schwarzen Armee)«.

5 Mitte der 1970er Jahre galt Jacques Foccart als graue Eminenz der französischen Afrikapolitik, die auf politischen und kapitalistischen Einfluss aus war: Foccart war *Monsieur Afrique*. (Anm. d. Übers.)

6 *Peuples noirs peuples africains*, Nr. 1 (Januar/Februar 1978), online: https://mongobeti.arts.uwa.edu.au.

7 Charles de Gaulle, »Eröffnungsrede auf der Konferenz von Brazzaville« (1944), online: https://web.archive.org/web/20061118071930/
http://www.charles-de-gaulle.org/article.php3?id_article=399.
(Der Dokumentenanhang der Originalausgabe ist nicht enthalten in: C. de G., *Memoiren 1942–46. Die Einheit – das Heil*, übers. von Wilhelm und Modeste Pferdekamp, Düsseldorf 1961.)

C

1 Als KPF-Generalsekretär amtierte Maurice Thorez damals fast genauso lang wie Stalin persönlich. (Anm. d. Übers.)

D

1 So in einer Hitler-Rede 1921: Eberhard Jäckel (Hrsg.), *Hitler. Sämtliche Aufzeichnungen: 1905–1924*, Stuttgart 1980, S. 531. (Anm. d. Übers.)

2 Siehe dazu Raffael Scheck, *Hitler's African Victims. The German Army Massacres of Black French Soldiers in 1940*, Cambridge 2006. (Anm. d. Übers.)

3 Siehe Souleymane Bachir Diagne und Shamil Jeppie (Hrsg.), *Tombouctou. Pour une histoire de l'érudition en l'Afrique de l'Ouest*, übers. von Ousmane Kane, Dakar 2011.

4　Dem Vernehmen nach gründeten sich ›Die Unteilbaren‹ – eine
Anspielung auf die Verfassung der Republik Frankreich – nach dem
Vorbild des Vereins brauner mob und dürften ihrerseits die Initia-
tive #unteilbar inspiriert haben. (Anm. d. Übers.)

5　https://www.helloasso.com/associations/les-indivisibles.

6　›Françafrique‹ zeichnet lautlich die enge Beziehung zwischen
Frankreich und Afrika nach; man versteht darunter ein Macht- und
Interessengeflecht, bis hin zur Beteiligung Frankreichs an Wahl-
fälschungen, Putsch- und Geheimoperationen. (Anm. d. Übers.)

7　2021 beerbte ihn sein Sohn Mahamat Idriss Déby als ›Interims-
präsident‹. (Anm. d. Übers.)

8　1954 als »Der Hauch der Ahnen« übersetzt und herausgegeben von
Janheinz Jahn. (Anm. d. Übers.)

9　Damien Agut-Labordère, »L'Égypte ancienne est-elle à l'origine des
civilisations ouest-africaines ?«, Interview von Laurent Ribadeau
Dumas, Franceinfo Afrique, 8. 6. 2019, https://www.francetvinfo.
fr; vgl. auch Leonhard Harding & Brigitte Reinwald (Hrsg.), *Afrika –
Mutter und Modell der europäischen Zivilisation? Die Rehabilitierung des schwarzen Kontinents durch Cheikh Anta Diop*, Berlin 1990.
(Anm. d. Übers.)

E

1　So lautet die wörtliche Übersetzung des Titels von Kouroumas
Der letzte Fürst. (Anm. d. Übers.)

2　Der Eintrag »Einer aus Kurussa« ist eine Bearbeitung des Vorworts
von Alain Mabanckou zur Neuauflage des Romans im Original:
L'Enfant noir von Camara Laye, Paris: Plon 2006. (Original
1953.)

3　Walter Rodney, *Afrika. Die Geschichte einer Unterentwicklung*,
übers. von Gisela Walther, West-Berlin 1975. (Anm. d. Übers.)

4　Nationales Zentrum für textliche und lexikalische Quellen,
www.cnrtl.fr.

5　Pascal Blanchard, Nicolas Bancel, Gilles Boëtsch, Éric Deroo
und Sandrine Lemaire (Hrsg.), *MenschenZoos. Schaufenster der
Unmenschlichkeit*, übers. von Susanne Buchner-Sabathy, Hamburg
2012, S. 17.

6 Siehe Pascal Bruckner, *Das Schluchzen des weißen Mannes. Europa und die Dritte Welt. Eine Polemik*, übers. von Christiane Kayser, West-Berlin 1984; vgl. den Eintrag »Sanglot de l'homme noir (Le)« (Erg. d. Übers.)

7 Der Eintrag »Exhibit B« basiert auf einem von Dominic Thomas und Alain Mabanckou gemeinsam verfassten Text, erschienen in dem Sammelband *Vers la guerre des identités? De la fracture coloniale à la révolution ultranationale*, herausgegeben von Nicolas Bancel, Pascal Blanchard und Dominic Thomas, Paris 2016, S. 110–119.

F

1 Jean-Paul Sartre, »Vorwort« in: Frantz Fanon, *Die Verdammten dieser Erde*, übers. von Traugott König, Frankfurt a. M. 1966, S. 7–27.

2 Frantz Fanon, »Der Tod Lumumbas. Hätten wir anders handeln können?«, in: F. F., *Für eine afrikanische Revolution. Politische Schriften*, übers. von Einar Schlereth, Frankfurt a. M. 1972.

3 Der Eintrag »Fanon, Frantz« basiert auf einem Artikel von Abdourahman Waberi, erschienen am 20. 2. 2017 auf der Website von *Le Monde* unter dem Titel »Frantz Fanon, toujours vivant«. https://www.lemonde.fr/afrique/article/2017/02/20/frantz-fanon-toujours-vivant_5082573_3212.html.

4 Nuruddin Farah, *Maps*, übers. von Inge Uffelmann, Zürich 1992.

5 Sarah Sakho, »Feymania: l'arnaque à la camerounaise«, in: *Slate Africa*, 22.12.2011, http://www.slateafrique.com/1775/feymania-arnaque-cameroun; der Verein heißt demnach Association nationale des opérateurs du secteur informel. (Anm. d. Übers.)

6 Tyler Stovall nennt u. a. James Baldwin, Josephine Baker, Jean-Michel Basquiat, Sidney Bechet, Barbara Chase-Riboud, Countee Cullen, Miles Davis, Chester Himes, Loïs Mailou Jones, Claude McKay, Charlie Parker, Ada »Bricktop« Smith, Henry Ossawa Tanner und Richard Wright. (Anm. d. Übers.)

7 Sylvie Chalaye [u. a.] (Hrsg.), *La France noire: trois siècles de présences: des Afriques, des Caraïbes, de l'Océan Indien et d'Océanie*, Paris 2011.

8 Der Eintrag »France noire«, siehe dazu die Quellenangabe unter dem Eintrag »Schwarz und Weiß« (über ein Buch, dessen Titel wörtlich übersetzt ›Land wie Ebenholz‹ lautet).

G

1 Der Eintrag »Gerima, Haile« basiert auf einem Artikel von Abdourahman Waberi, erschienen auf der Website von *Le Monde* am 8. 6. 2015 unter dem Titel »Hommage à Haile Gerima, le bel insurgé«. https://www.lemonde.fr/afrique/article/2015/06/08/hommage-a-haile-gerima-le-bel-insurge_4649779_3212.html.
2 Amadou Mahtar M'Bow, »Préface«, in: Joseph Ki-Zerbo (Hrsg.): *Histoire Générale de l'Afrique, Bd. 1: Méthodologie et préhistoire africaine*, Paris 1980, S. 9 f.

H

1 Im Mai 2021 erklärte Bundesaußenminister Maas, man werde »diese Ereignisse jetzt auch offiziell als das bezeichnen, was sie aus heutiger Perspektive waren: ein Völkermord«; außerdem sagte er ein Programm in Höhe von 1,1 Milliarden Euro zum Wiederaufbau und zur Entwicklung zu. Die Akzeptanz des entsprechenden Abkommens ist auf Seiten der Herero und Nama umstritten. (Anm. d. Übers.)

I

1 Negus ist im Heimatland des Kaffees der Titel für einen königlichen Herrscher. (Anm. d. Übers.)
2 Der Eintrag »Indépendance Cha Cha« basiert auf dem Artikel von Alain Mabanckou, erschienen am 8. 7. 2010 auf der Website von *Libération* unter dem Titel »Indépendance Cha Cha«. https://www.liberation.fr/planete/2010/07/08/independance-cha-cha_664583.

J

1 Wir zitieren längere Ausschnitte aus diesem Brief; er entstand 1985 im »Internationalen Jahr der Jugend« für den von der inzwischen aufgelösten ACCT (Agence de coopération culturelle et technique) organisierten Wettbewerb »Lettres ouvertes à la jeunesse – Concours Dialogue des générations«.

K

1 Der Eintrag »(Si) Kaddour, Benghabrit« basiert auf dem Artikel von Abdourahman Waberi, erschienen am 22. 9. 2015 auf der Website *Slate Afrique* unter dem Titel »Des hommes libres et solidaires«. https://www.slateafrique.com/613577/des-hommes-libres-et-solidaires.

2 Wir danken Jean Kabuta für seine freundliche Unterstützung.

3 Salif Keïta, *L'Oiseau sur le fromager*, Bamako 2001.

4 *Libération*, 16. 3. 2006.

5 Der Eintrag »Klimaflüchtlinge« basiert auf dem Artikel von Abdourahman Waberi, erschienen am 19. 11. 2009 auf der Website von *Courrier international* unter dem Titel »Prêter l'oreille aux poètes«. https://www.courrierinternational.com/article/2009/11/19/preter-l-oreille-aux-poetes.

6 Originale alle bei Editions du Seuil.

7 Ahmadou Kourouma, *Die Nächte des großen Jägers*, übers. von Cornelia Panzacchi, Wuppertal 2000, S. 188.

L

1 Gedicht von Abdellatif Laâbi aus *Zone de turbulences*, Paris 2011.

2 Der Eintrag »Laâbi, Abdellatif« basiert auf dem Artikel von Abdourahman Waberi, erschienen am 22. 9. 2015 auf der Website *Slate Afrique* unter dem Titel »Abdellatif Laâbi: oui à la vie«. https://www.slateafrique.com/613567/abdellatif-laabi-oui-a-la-vie.

3 Eve Beauvallet, »African Girl Power«, in: *Libération*, 1. 7. 2015, https://www.liberation.fr/theatre/2015/07/01/african-girl-power_1340389/, zuletzt abgerufen am 17.12.2021.

M

1 In Anspielung auf die blau-weiß-rote Flagge etablierte sich nach dem WM-Sieg der Franzosen der Slogan *black-blanc-beur* (›Schwarz-Weiß-Maghrebinisch‹), mit dem die Presse die Diversität ihrer Mannschaft als Erfolgsmodell feierte. (Anm. d. Übers.)

2 Achille Mbembe, *Ausgang aus der langen Nacht: Versuch über ein entkolonisiertes Afrika,* übers. von Christine Pries, Berlin 2016, S. 40.

N

1 Siehe unter »*Batuala*«.

2 *Revue du Monde Noir* 1, Paris 1931, S. 4. Online: https://gallica.bnf.fr/ark:/12148/bpt6k32946v/f21.item.

3 Kwame Nkrumah, »Judge, O Ye People!«, in: *Evening News,* 10. 12. 1963.

4 Zitiert nach: Kwame Nkrumah, *Consciencism*, New York / London 1970, S. 62 f.

O

1 »Our Past, Our Future & Vision for America«, in: *An Honest Government, A Hopeful Future,* 28. 8. 2006, University of Nairobi, Kenia, http://obamaspeeches.com/o88-An-Honest-Government-A-Hopeful-Future-Obama-Speech.htm, zuletzt abgerufen am 6. 12. 2021.

2 Zitiert nach englischem Original unter https://obamawhitehouse.archives.gov/the-press-office/remarks-president-ghanaian-parliament.

3 Zitiert nach englischem Original unter https://obamawhitehouse.archives.gov/the-press-office/remarks-president-cairo-university-6-04-09.

4 https://candst.tripod.com/tripoli1.htm, Art. 11.

5 Yambo Ouologuem, *Das Gebot der Gewalt,* übers. von Eva Rapsilber, Zürich 2019, Kap. 1.

6 Der Eintrag »Ouologuem, Yambo« basiert auf dem Artikel von Abdourahman Waberi, erschienen am 15. 5. 2018 auf der Website von *Le Monde* unter dem Titel »Ouologuem Yambo ou le retour de l'écrivain maudit«. https://www.lemonde.fr/afrique/article/2018/05/15/yambo-ouologuem-ou-le-retour-de-l-ecrivain-maudit_5299318_3212.html.

P

1 Zitiert nach dem Original unter https://www.jeuneafrique.com/182878/politique/la-derni-re-lettre-de-patrice-lumumba-sa-femme.

R

1 Jean-Pierre Chrétien, »Un ›nazisme tropical‹ au Rwanda? Image ou logique d'un génocide«, in: *Vingtième Siècle* 48 (1995) S. 131–142.

2 Der Eintrag »Rumba (kongolesische)« basiert auf dem Artikel »Paroles et musique« von Alain Mabanckou, erschienen in der Zeitschrift *Notre Librairie. Revue des littératures du Sud* 154 (2004).

S

1 Der Eintrag »Schwarz und Weiß« stammt aus der Antrittsvorlesung zu Alain Mabanckous Gastprofessur am Collège de France, gehalten am 17. 3. 2016 unter dem Titel »Lettres noires: des ténèbres à la lumière«, Paris: Collège de France 2016, S. 47 f. https://books.openedition.org/cdf/4421.

2 Der Eintrag »Sow, Ousmane« basiert auf dem Artikel von Alain Mabanckou, erschienen 1999 in der Zeitschrift *Présence africaine* 159, S. 211–214, unter dem Titel »Ousmane Sow: la sculpture du spectacle«. https://www.cairn.info/revue-presence-africaine-1999-1-page-211.htm.

T

1 Der Eintrag »Tim im Kongo« ist ein Auszug aus einem Interview mit Alain Mabanckou, erschienen am 10. 9. 2009 auf der Website *Bibli-Obs* unter dem Titel »Tintin doit rester une trace de l'esprit colonial des années 30«. https://bibliobs.nouvelobs.com/bd/20090910. BIB3965/tintin-doit-rester-une-trace-de-l-esprit-colonial-des-annees-30.html.

2 Pat Perna, »Les Mensonges de Thiaroye«, in: Revue XXI (Juni 2017) H. 39, S. 34–43.

3 Gaëlle Lebourg, »La France va-t-elle enfin reconnaître le massacre des tirailleurs sénégalais à Thiaroye?«, in: *Les Inrockuptibles*, 8. 7. 2018.

V

1 https://www.chateau-vodou.com/, zuletzt abgerufen am 15. 12. 2021.

W

1 Zitiert nach dem englischen Original unter https://www.bu.edu/africa/files/2013/10/How-to-Write-about-Africa.pdf, zuletzt abgerufen am 17. 12. 2021. Der Eintrag »Wainaina, Binyavanga« basiert auf einem Artikel, erschienen am 22. 9. 2015 auf der Website *Slate Afrique* unter dem Titel »Comment écrire sur l'Afrique? Binyavanga Wainaina se déchaîne«. http://www.slateafrique.com/613461/comment-ecrire-sur-l-afrique-binyavanga-wainaina-se-dechaine.

Y

1 https://www.histoire-image.org/fr/etudes/y-bon-banania; https://www.lemonde.fr/televisions-radio/article/2017/11/26/tv-l-histoire-savoureuse-de-banania_5220636_1655027.html.

2 Siehe unter »Diallo, Rokhaya«.

1 Der Eintrag »Zembla« ist ein Auszug aus Alain Mabanckous Buch *Écrivain et Oiseau migrateur* (›Schriftsteller und Zugvogel‹), Brüssel 2011.

Literaturhinweise

Agut-Labordere, Damien: L'Egypte ancienne est-elle a l'origine des civilisations ouest-africaines? Interview von Laurent Ribadeau Dumas. Franceinfo Afrique. 8. 6. 2019.

Aïssaoui, Mohammed: L'étoile jaune et le croissant. Paris 2012.

Ali, Muhammad / Durham, R.: Der Größte. Meine Geschichte. Übers. von D. Dörr, G. Stege und N. Wölfl. Ost-Berlin 1977. (Original 1975.)

Amin, Samir: Die ungleiche Entwicklung. Essay über die Gesellschaftsformationen des peripheren Kapitalismus. Übers. von Hildegard und Hartmut Elsenhans. Hamburg 1975. (Original 1973.)

– Die Zukunft des Weltsystems. Herausforderungen der Globalisierung. Übers. von Joachim Wilke. Hamburg 1997. (Original 1996.)

Annan, Kofi: Die Grundrechte des einzelnen gelten für Arme wie für Reiche. In: Vereinte Nationen 1/2002. S. 24 f.

Annan, Kofi / Mousavizadeh, Nader: Ein Leben in Krieg und Frieden. Übers. von Klaus-Dieter Schmidt. München 2013. (Original 2012.)

Bâ, Amadou Hampaté: Vie et enseignement de Tierno Bokar, le sage de Bandiagara. Paris: Présence africaine, 1957.

– Das seltsame Schicksal des Wangrin. Ein Schelmenroman aus Afrika. Übers. von Adelheid Witt. Ost-Berlin 1985. (Original 1973.)

– Jäger des Wortes. Eine Kindheit in Westafrika. Übers. von Heidrun Hemje-Oltmanns. Wuppertal 1993. (Original 1991.)

– Contes initiatiques peuls. Paris 1994.

– »Oui mon commandant!« In kolonialen Diensten. Zweiter Teil der Lebenserinnerungen. Übers. von Karin Boden und Monique Lütgens. Wuppertal 1997. (Original 1994.)

Battle, Michael: Reconciliation. The Ubuntu Theology of Desmond Tutu. Cleveland 2009 (zuerst 1997).

Beti, Mongo: Die grausame Stadt. Übers. von Karl Heinrich. Ost-Berlin 1963. (Original 1954.)

– Besuch in Kala. Übers. von Werner von Grünau. München 1963. (Original 1957.)

– Der arme Christ von Bomba. Übers. von Herta Meyer und Jochen R. Klicker. Wuppertal 1980. (Original 1956.)

– Sturz einer Marionette. Übers. von Heidrun Becker-Beltz. Ost-Berlin 1982. (Original 1979.)

Beti, Mongo: Sonne Liebe Tod. Übers. von Stefan Linster. Zürich 2000. (Original 1999.)

Beukes, Lauren: Zoo City. Übers. von Judith Reker. Reinbek bei Hamburg 2015. (Original 2010.)

Blanchard, Pascal / Bancel, Nicolas / Boëtsch, Gilles / Deroo, Éric / Lemaire, Sandrine (Hrsg.): MenschenZoos. Schaufenster der Unmenschlichkeit. Übers. von Susanne Buchner-Sabathy. Hamburg 2012. (Original 2011.)

Boto, Eza (i. e. Mongo Beti): Die grausame Stadt. Übers. von Karl Heinrich. Ost-Berlin 1963. (Original 1954.)

Bruckner, Pascal: Das Schluchzen des weißen Mannes. Europa und die Dritte Welt. Eine Polemik. Übers. von Christiane Kayser. West-Berlin 1984. (Original 1983.)

Bugul, Ken: Die Nacht des Baobab. Eine Afrikanerin in Europa. Übers. von Inge M. Artl. Zürich 2016. (Original 1984.)

Césaire, Aimé: Die Tragödie von König Christoph. Übers. von Janheinz Jahn. In: Theater heute 1964 (10) S. 55–68.

– Zurück ins Land der Geburt. Übers. von Janheinz Jahn. Frankfurt a. M. 1967. (Original 1939/47.)

– Über den Kolonialismus. Übers. von Heribert Becker. Berlin 2017. (Original 1950. Siehe gleichnamige Übers. von Monika Kind. West-Berlin 1968.)

Chalaye, Sylvie [u.a.] (Hrsg.): La France noire: trois siècles de présences: des Afriques, des Caraïbes, de l'Océan Indien et d'Océanie. Paris 2011.

Coetzee, J. M.: Leben und Zeit des Michael K. Übers. von Wulf Teichmann. München/Wien 1986. (Original 1983.)

– Im Herzen des Landes. Übers. von Wulf Teichmann. München/ Wien 1987. (Original 1977.)

– Eiserne Zeit. Übers. von Wulf Teichmann. Frankfurt a. M. 1995. (Original 1990.)

– Schande. Übers. von Reinhild Böhnke. Frankfurt a. M. 2000. (Original 1999.)

Dadié, Bernard B.: Un nègre à Paris. Paris 1959.

– Hommes de tous les continents. Paris 1967.

– Das Krokodil und der Königsfischer. Afrikanische Märchen und Sagen. Übers. von Klaus Möckel. Ost-Berlin 1975. (Original 1966.)

– Climbié. Nouvelles Éditions ivoiriennes, 2006. (Original 1956.)

Diagne, Souleymane Bachir / Jeppie, Shamil (Hrsg.): Tombouctou. Pour une histoire de l'érudition en l'Afrique de l'Ouest. Übers. von Ousmane Kane. Dakar 2011. (Original 2008.)

Diagne, Souleymane Bachir: Bergson postcolonial. L'élan vital dans la pensée de Léopold Sédar Senghor et de Mohamed Iqbal. Paris 2011.

– Philosophieren im Islam. Übers. von Richard Steurer-Boulard. Wien 2021. (Original 2014.)

Diallo, Rokhaya: À Nous la France! Neuilly-sur-Seine 2012.

– Afro! Fotos: Brigitte Sombié. Paris 2015.

Diawara, Manthia: In Search of Africa. Cambrigde/London 1998.

– We Won't Budge. New York 2003.

– Neues afrikanisches Kino. Ästhetik und Politik. Übers. von Herwig Engelmann. Hrsg. vom Haus der Kulturen der Welt. Berlin [u. a.] 2010.

Diop, Birago: Der Hauch der Ahnen. In: Janheinz Jahn (Hrsg./Übers.): Schwarzer Orpheus. Moderne Dichtung afrikanischer Völker beider Hemisphären. München 1954. S. 12–14.

– Aus den Geschichten des Amadou Koumba. Übers. von Christel Dobenecker [u. a.]. Ost-Berlin 1974. (Original 1947.)

Diop, Boubacar Boris: Murambi. Das Buch der Gebeine. Übers. von Sahbi Thabet. Leipzig 2010. (Original 2000.)

Diop, Cheikh Anta: Nations nègres et culture. Paris 1954.

Djebar, Assia: Fantasia. Übers. von Inge M. Artl. Zürich 1993. (Original 1985.)

Fanon, Frantz: Die Verdammten dieser Erde. Übers. von Traugott König. Frankfurt a. M. 1966. (Original 1961.)

– Aspekte der algerischen Revolution. Übers. von Peter-Anton von Arnim. Frankfurt a. M. 1969. (Original 1959.)

– Für eine afrikanische Revolution. Politische Schriften. Übers. von Einar Schlereth. Frankfurt a. M. 1972. [Neuauflage 2022.] (Original 1964.)

– Schwarze Haut, weiße Masken. Übers. von Eva Moldenhauer. Wien 2015. (Original 1952.)

Farah, Nuruddin: Wie eine nackte Nadel. Übers. von Barbara Hillgen. Frankfurt a. M. 2001. (Original 1976.)

– Maps. Übers. von Inge Uffelmann. Frankfurt a. M. 2012. (Original 1986.)

Gide, André: Kongo und Tschad. Übers. von Gertrud Müller. Hildesheim 2008. (Original 1927.)

Hane, Khadi: Des fourmis dans la bouche. Paris 2011.

Harding, Leonhard / Reinwald, Brigitte (Hrsg.): Afrika. Mutter und Modell der europäischen Zivilisation? Die Rehabilitierung des schwarzen Kontinents durch Cheikh Anta Diop. Berlin 1990.

Heckmann, Hélène: Amadou Hampâté Bâ, sa vie, son œuvre, bibliographie, actions spécifiques. Propos d'A. H. Bâ: Récolte de traditions orales, Genèse d'un livre (Wangrin). Textes d'A. H. Bâ: Lettre à la jeunesse, En Afrique, Réponse à ma mère, A l'école du caméléon. 1975/76/85. S. 40.

Hergé: Tim im Kongo. Übers. von Jens Roedler. Reinbek bei Hamburg ²1976. (Original 1931/46.)

Hitler, Adolf: Mein Kampf. Eine kritische Edition. Hrsg. von Christian Hartmann [u. a.]. München/Berlin 2016. S. 851, 1583, 1585.

Hughes, Langston: Auch ich. Übers. von Ruth Klüger (2015). FAZ (Frankfurter Anthologie). (Original 1932.)

Huillery, Élise: Histoire coloniale, développement et inégalités dans l'ancienne Afrique Occidentale Française. Paris 2008.

Keïta, Salif: L'Oiseau sur le fromager. Bamako 2001.

Ki-Zerbo, Joseph (Hrsg.): Histoire Générale de l'Afrique. Bd. 1: Méthodologie et préhistoire africaine. Paris 1980. Vorwort. S. 9–13.

Kourouma, Ahmadou: Die Nächte des großen Jägers. Übers. von Cornelia Panzacchi. Wuppertal 2000. (Original 1994.)

– Allah muss nicht gerecht sein. Übers. von Sabine Herting. München 2002. (Original 2000.)

– Der letzte Fürst. Übers. von Horst L. Theweleit (1978), bearb. von Gudrun Honke. Wuppertal 2004. (Original 1970.)

– Monnè. Schmach und Ärger. Übers. von Vera Gärttling. Zürich 2013. (Original 1988.)

Laâbi, Abdellatif: Zone de turbulences. Paris 2011.

Laye, Camara: Einer aus Kurussa. Übers. von Rolf H. Römer. Zürich/ München 1954. (Original 1953.)

Londres, Albert: Schwarz und Weiß. Die Wahrheit über Afrika. Übers. von Iwan Goll. Berlin 1929. (Original 1928.)

Mabanckou, Alain: Bleu blanc rouge. Paris 1998.

– Black Bazar. Übers. von Andreas Münzner. München 2010. (Original 2010.)

– Stachelschweins Memoiren. Übers. von Holger Fock und Sabine Müller. München 2011. (Original 2006.)
– Le sanglot de l'homme noir. Paris 2012.
– Tais-toi et meurs. Paris 2014.
Mandela, Winnie: Ein Stück meiner Seele ging mit ihm. Übers. von Anne Benjamin. Reinbek bei Hamburg 1984.
Maran, René: Batuala. Ein echter Negerroman. Übers. von Claire Goll. Basel/Leipzig 1922. (Original 1921.) [Neuübersetzung: Batouala. Ein authentischer »roman nègre«. Übers. von Caroline Vollmann. Zürich 2007.]
Marseille, Jacques: Empire colonial et capitalisme français. Histoire d'un divorce. Paris 2005. (Original 1984.)
Mbembe, Achille: Kritik der schwarzen Vernunft. Übers. von Michael Bischoff. Berlin 2014. (Original 2013.)
– Postkolonie. Zur politischen Vorstellungskraft im zeitgenössischen Afrika. Übers. von Brita Pohl. Wien 2015. (Original 2006.)
– Ausgang aus der langen Nacht. Versuch über ein entkolonisiertes Afrika. Übers. von Christine Pries. Berlin 2016. (Original 2010.)
Monénembo, Tierno: L'Aîné des Orphelins. Paris 2000.
Montesquieu, Charles-Louis de Secondat, Baron de la Brède et de: Persische Briefe. Übers. von Peter Schunck. Stuttgart 1991. (Original 1721.)
Ngoye, Achille F.: Schwarzes Ballett in Château-Rouge. Übers. von Katarina Grän und Ronald Voullié. Frankfurt a. M. 2004. (Original 2001.)
Ngũgĩ, wa Thiong'o: Dekolonisierung des Denkens. Übers. von Thomas Brückner. Münster 2017. (Original 2011.)
– Afrika sichtbar machen! Übers. von Thomas Brückner. Münster 2019. (Original 2016.)
Nubukpo, Kako [u. a.] (Hrsg.): Sortir l'Afrique de la servitude monétaire. À qui profite le franc CFA? Paris 2016.
Okorafor, Nnedi: Wer fürchtet den Tod? Übers. von Claudia Kern. Ludwigsburg 2017. (Original 2010.)
Ouologuem, Yambo: Das Gebot der Gewalt. Übers. von Eva Rapsilber. München 1969. (Original 1968.)
Péan, Pierre: Nouvelles affaires africaines : mensonges et pillages au Gabon. Paris 2014.
Pratt, Hugo: Die Äthiopier. Übers. von Resel Rebiersch. Hamburg 2016. (Original 1972/73.)

Price-Mars, Jean: Ainsi parla l'oncle. 1928.

Rodney, Walter: Afrika. Die Geschichte einer Unterentwicklung. Übers. von Gisela Walther. West-Berlin 1975. (Original 1972.)

Sartre, Jean-Paul: Schwarzer Orpheus. Übers. von Traugott König. In: J.-P. S.: Schwarze und weiße Literatur. Aufsätze zur Literatur 1946–1960. Reinbek bei Hamburg 1984. S. 39–85.

Scheck, Raffael: Hitler's African Victims. The German Army Massacres of Black French Soldiers in 1940. Cambridge 2006.

Schwarz-Bart, André: Der Letzte der Gerechten. Übers. von Mirjam Josephson. Frankfurt a. M. 1960. (Original 1959.)

Senghor, Léopold Sédar: Anthologie de la nouvelle poésie nègre et malgache de langue française. Paris 1948 (zuletzt 2015).

– Tam-tam schwarz. Gesänge vom Senegal. Ausgew. und übers. von Janheinz Jahn. Heidelberg 1955.

– Botschaft und Anruf. Sämtliche Gedichte. (darin »Schwarze Frau« und weitere Gedichte aus ›Schattengesänge‹, 1945). Übers. von Janheinz Jahn. Wuppertal 2006.

– Wir werden schwelgen, Freundin. (zweisprachig; darin »Schwarze Frau« und weitere Gedichte aus ›Schattengesänge‹, 1945). Übers. von Janheinz Jahn und Rainer Arnold, Ost-Berlin 1984.

– Bis an die Tore der Nacht. Ausgew. und übers. von Anise Koltz. Waldbrunn 1985.

Stovall, Tyler: Paris Noir. African Americans in the City of Light. Boston 1996.

Swift, Jonathan: Ein bescheidener Vorschlag. Werkauswahl sowie in deutscher Sprache unveröffentlichte Gedichte. Hrsg. und übers. von Joachim Möller. Frankfurt a. M. / West-Berlin 1988. (Original 1729.)

Tadjo, Véronique: En compagnie des hommes. Paris 2017.

Tansi, Sony Labou: Verschlungenes Leben. Übers. von Bettina Kobold. Zürich 1981. (Original 1979.)

Tchicaya U Tam'si: Buschfeuer. Falsches Herz. Gedichte. Übers. von Beate Thill und Heribert Becker. Aachen 1997.

Tempels, Placide: Bantu-Philosophie: Ontologie u. Ethik. Übers. von Joseph Peters. Heidelberg 1956. (Original 1949.)

Thiam, Pierre: Yolele! Recipes from the Heart of Senegal. New York 2009.

Verne, Jules: Das Dorf in den Lüften. Übers. von Wolf Wondratschek. Frankfurt a. M. 1968. (Original 1901.)

- Das erstaunliche Abenteuer der Expedition Barsac. Übers. von Eva Rechel-Mertens. Zürich 1978. (Original 1919.)
- Fünf Wochen im Ballon. Übers. von Felix Gasbarra. Zürich 1990. (Original 1863.)

Waberi, Abdourahman: In den Vereinigten Staaten von Afrika. Übers. von Katja Meintel. Hamburg 2008. (Original 2006.)
- Schädelernte. Übers. von Peter Trier. Kehl 2008. (Original 2000.)

Wainaina, Binyavanga: Eines Tages werde ich über diesen Ort schreiben. Übers. von Thomas Brückner. Heidelberg 2013. (Original 2011.)

Filme

Adwa: An African Victory. Regie: Haile Gerima. USA 1999.

Black Panther. Regie: Ryan Coogler. USA 2018.

Bush Mama. Regie: Haile Gerima. USA 1976.

Die freien Menschen. Regie: Ismaël Ferroukhi. Frankreich 2011.

District 9. Regie: Neill Blomkamp. Südafrika [u. a.] 2009.

Edouard Glissant: One World in Relation. Regie: Manthia Diawara. USA 2010.

Ernte: 3000 Jahre. Regie: Haile Gerima. USA 1975.

La vie sur terre. Regie: Abderrahmane Sissako. Mali/Frankreich 1998.

Le Flic de Belleville. Regie: Rachid Bouchareb. Frankreich 2018.

Morgentau. Regie: Haile Gerima. USA [u. a.] 2008.

Noirs en France. Regie: Aurélia Perreau / Alain Mabanckou. Frankreich 2022.

Paris noir. African Americans in the city of lights. Regie: Joanne Burke. Frankreich/USA 2017.

Pumzi. Regie: Kahiu Wanuri Kamera: Grant Appleton, 21', Südafrika/Kenia 2009.

Rafiki. Regie: Kahiu Wanuri. Kenia [u. a.] 2018.

Rouch In Reverse. Regie: Manthia Diawara. Portugal 1995.

Sankofa. Regie: Haile Gerima. Burkina Faso [u. a.] 1993.

Timbuktu. Regie: Abderrahmane Sissako. Mauretanien/Frankreich 2014.

Who Fears Death? Produktion: George R. R. Martin. USA, in Entwicklung.

Who's Afraid of Ngugi? Regie: Manthia Diawara. USA 2006.

Ziemlich beste Freunde. Regie: Olivier Nakache und Éric Toledano. Frankreich 2011.